U0681682

本书由中共山东省委党校创新工程资助出版

以人为核心的
新型城镇化道路研究

YIREN WEILHEXIN DE

XINXING CHENGZHENHUA DAOLU YANJIU

王格芳 等 著

人民出版社

目　　录

前　言

　　城镇化是中国现代化进程中的大战略。中国改革开放以来的实践表明，重物轻人的传统城镇化发展模式已经难以为继。2014 年 3 月，中共中央、国务院印发《国家新型城镇化规划（2014—2020 年）》明确强调"城镇化是现代化的必由之路，是解决农业农村农民问题的重要途径，是推动区域协调发展的有力支撑，是扩大内需和促进产业升级的重要抓手。""努力走出一条以人为本、四化同步、优化布局、生态文明、文化传承的中国特色新型城镇化道路，对全面建成小康社会、加快推进社会主义现代化具有重大现实意义和深远历史意义。"2015 年 10 月党的十八届五中全会通过的"十三五"规划《建议》专门就"推进以人为核心的新型城镇化"进行论述，习近平总书记重点就"关于户籍人口城镇化率加快提高"进行说明。2016 年 1 月 22 日，国务院总理李克强主持召开国务院常务会议，部署深入推进以人为核心的新型城镇化。2016 年 2 月，习近平总书记对深入推进新型城镇化建设作出重要指示：新型城镇化建设一定要站在新起点，以人的城镇化为核心。2016 年 3 月通过的国家"十三五"规划《纲要》第八篇专门论述"推进新型城镇化"。由此可见，如何走好以人为核心的新型城镇化道路，已经成为中央高度重视、亟须深入研究和探索的重大理论与实践课题。

　　本书紧紧抓住"为了人"这个城镇化的核心和"依靠人"这个城镇化的根本动力，对中国以人为核心的新型城镇化道路进行多层面的跨学科综合研究，尝试构建一个中国以人为核心的新型城镇化道路理论和行动框架。主要内容从三个维度展开：一是分析以人为核心对新型城镇化道路的内在要求，从而论述中国以人为核心的新型城镇化道路的应然内涵；二是从以人为核心视域，分析和总结国内外城镇化的经验教训,为中国进一步走好以人为核心的新型城镇化道路提供经验支撑与启示借鉴;三是针对当下中国城镇化中存在的突出问题,如"土地城镇化快于人口城镇化"、"半城镇化"、"城市病态化"、"城乡分割化"等,剖析这些问题对以人为核心的新型城镇化道路的背离及其成因,在此基础上论述中国走好以人为核心的新型城镇化道路的重点任务和推进措施。

第一章 中国以人为核心的新型城镇化道路的应然内涵

2013年11月,党的十八届三中全会通过的《中共中央关于全面深化改革若干重大问题的决定》明确指出:"坚持走中国特色新型城镇化道路,推进以人为核心的城镇化。"深入分析城镇化和以人为本的概念内涵,坚持以习近平总书记以人民为中心的发展思想为指导,明确以人为核心的新型城镇化道路的应然内涵,是把握中国以人为核心的新型城镇化道路的逻辑起点。

一、城镇化概念界定

(一)"城镇化"与"城市化"概念异同辨析

"城镇化"与"城市化"概念的异同,在我国理论界一直存在着争论。本书赞成将二者作为同义词。同时,为了与党和国家公布的正式文件的提法相一致,本书主要采用"城镇化"提法,少数地方用"城市化"是为了忠于原参考文献。

从已有的研究成果来看,认为"城镇化"与"城市化"概念相异的学者主要提出了如下几种观点。其一,以武汉大学的辜胜阻为代表,他提出"城市化是指人口向城市的集中过程,农村城镇化、非农化是农村人口向县城范围内的城镇集中和农业人口就地转移为非农业人口的过程"。[1] 大多数认为"城镇化"

---

[1] 辜胜阻:《中国二元城镇化战略构想》,《中国软科学》1995年第6期。

与"城市化"相异的学者认同这一观点。其二，以南京大学的洪银兴等人为代表，他提出"广义的城市化包含城镇化，它是城市化的初期阶段"，城镇化以发展小城镇为特征，而城市化以现代化为内容，"推进城镇城市化，就是城镇化与城市化的衔接"。① 其三，以中国社会科学院的胡必亮为代表，他提出了两条不同的城市化道路："一条是以城市发展为中心的城市化道路，另一条则是以区域一体化发展为中心的城镇化道路。"他认为"我国更应该超越传统城市化道路而走出一条新型的、以城乡区域之间一体化的协调发展为中心的城镇化道路。"②

不少学者认为，"城镇化"就是中国特色的城市化。例如，国家行政学院教授张占斌明确提出："外国的或者一般而言的'Urbanization'称之为'城市化'，中国的'Urbanization'则称为'城镇化'"。③ 北京师范大学教授沈越也明确提出"城镇化战略实际上是有中国特色的城市化道路"。④ 本书认为，2005 年 9 月 29 日中共中央政治局集体学习的研讨题目"国外城市化发展模式和中国城镇化道路"，已经蕴含着"城镇化"就是中国特色的城市化之意。

还有很多学者认为，"城镇化"与"城市化"是同义词。中国社会科学院农村发展研究所研究员党国英提出，"城市化"与"城镇化"两个提法，"二者没有根本性区别，如果翻译为英语，二者是一回事"。国务院发展研究中心农村经济研究部研究员谢扬进一步分析指出："城镇化，或称城市化、都市化，是英文单词 Urbanization 的不同译法。"⑤ 华中师范大学教授项继权也提出："'城镇化'与'城市化'是同义语，是对外来语'Urbanization'一词的不同译法。Urbanization是人口从农村向各种类型的城镇居民点转移的过程。城镇可以泛指市和镇，城市也含城镇的意思，但我国的镇量多面广，从我国国情和科学含义看，运用'城镇化'比'城市化'词语更为准确、严密，主张用'城镇化'的概

① 洪银兴、陈雯:《城市化模式的新发展》,《经济研究》2000 年第 12 期。

② 胡必亮:《城镇化道路适合中国发展》,《南方周末》2003 年第 8 期。

③ 张占斌:《新型城镇化的战略意义和改革难题》,《国家行政学院学报》2013 年第 1 期。

④ 沈越:《走有中国特色的城市化道路——新世纪我国城镇化战略刍议》,《中国特色社会主义研究》2001 年第 3 期。

⑤ 谢扬:《中国城镇化战略发展研究》,《城市规划》2003 年第 2 期。

念取代'城市化',以示中国城市化道路的特殊性。"①

从《中华人民共和国城市规划基本术语标准》和党的十六大报告等重要文献的界定与提法来看,"城镇化"与"城市化"这两个概念的实质内涵也是一致的,可以通用。自1999年2月1日起施行的《中华人民共和国城市规划基本术语标准》(GB/T50280-98)明确指出:城市化(urbanization)是"人类生产和生活方式由乡村型向城市型转化的历史过程,表现为乡村人口向城市人口转化以及城市不断发展和完善的过程。又称城镇化、都市化。"②2002年党的十六大报告指出:"要逐步提高城镇化水平,坚持大中小城市和小城镇协调发展,走中国特色的城镇化道路。发展小城镇要以现有的县城和有条件的建制镇为基础"。③这里明确提出了"提高城镇化水平",走"城镇化道路",但在强调发展县城和建制镇的同时也提出要发展大中小城市。因此,不能把"城镇化"仅仅理解为只发展小城镇,也不能把"城市化"片面理解为只发展大中小城市。正如江泽民所指出:城镇化和城市化,"实质都是要把农村富余劳动力转移出来的问题"。④党的十六大以后,党和国家文献中涉及城镇化问题时都采用了"城镇化"的提法。

（二）城镇化的内涵

从世界范围来看,近现代意义上的城镇化已经200多年了。200多年来,在城镇化概念内涵的界定上,始终没有形成一个普遍认同的权威定义,但学者们从不同学科、不同角度予以解释,可谓见仁见智,对于我们全面把握城镇化的丰富内涵具有启发意义。

有的特别强调人口向城市集中。例如,埃尔德里奇(H.T.Eldridge)认为,"人口集中的过程就是城市化的全部含义。人口不断向城市集中,城市就不断发展。人口停止向城市集中,城市化亦随即停止。"⑤再如,《大英百科全

① 项继权:《城镇化的"中国问题"及其解决之道》,《华中师范大学学报(人文社会科学版)》2011年第1期。
② 《城市规划基本术语标准》,中国建筑工业出版社1999年版。
③ 《十六大以来重要文献选编》(上),中央文献出版社2005年版,第18页。
④ 《江泽民文选》第3卷,人民出版社2006年版,第409页。
⑤ 转引自项继权:《城镇化的"中国问题"及其解决之道》,《华中师范大学学报(人文社会科学版)》2011年第1期。

书》对城市化的定义："城市化（Urbanization）一词，是指人口向城镇或城市地带集中的过程。这个集中化的过程表现为两种形式，一是城镇数目增多，二是各个城市内人口规模不断扩充。"①

有的在强调人口转移和集中的同时，突出了价值观念和生活方式层面的内涵。例如，2000 年 7 月在柏林举行的世界城市大会，把城市化定义为："城市化是以农村人口向城市迁移和集中为特征的一种历史过程，表现在人的地理位置的转移和职业的改变以及由此引起的生产与生活方式的演变，既有看得见的实体变化，也有精神文化方面的无形转变。"②又如，城市地理学家许学强指出："人口和非农产业的集中，只是物化了的城市化。只有城市人在价值观念、生活方式上实现了现代化，才是完全的城市化。"③

有的特别强调城乡之间的联系和互动。例如，美国人类学家顾定国（Gregory Guldin）曾经指出："都市化并非简单地意味着越来越多的人居住在城市和城镇之中。而应被视为一个社会中都市与非都市之间联系、结合不断加强的过程。"④又如，中国社会科学院农村发展研究所的胡必亮认为，"现代城市化问题实际上已经转变成为一个城乡区域协调发展的问题了。只要做到了某一区域内城乡之间的协调发展，也就可以说在一定的区域内整体地实现了城市化，至于人们是否真正地居住在城市，已经变得没有什么大的意义了。"⑤再如，中国工程院和中国科学院院士周干峙提出，"对中国的城市化要有全民的观点，即农业的发展和农村人均收入的提高也是城市化的重要内容"。⑥ 苏州大学博士生导师黄学贤也认为，"城镇化既包括农村人口、生产方式等社会经济关系和农村生活方式、思维方式、价值观念向城市集聚的过程，也包括城市生产方式等社会经济关系和城市生活方式、思维方式、价值观念向农村扩散的过程。可见，城镇化是一个双向的多层面的

---

① 《国外城市科学文选》，贵州人民出版社 1984 年版，第 1 页。
② 顾德伟：《新闻背景：世界城市化的发展》，《华声报》2000 年 7 月 5 日。
③ 转引自刘志军：《论城市化定义的嬗变与分歧》，《中国农村经济》2004 年第 7 期。
④ ［美］顾定国：《乡村都市化：香港、广州和珠江三角洲》，李长虹译，《广州研究》1988 年第 12 期。
⑤ 胡必亮：《关于城市化与小城镇的几个问题》，《唯实》2000 年第 1 期。
⑥ 杨世松：《刷新"农村城市化"概念》，《决策探索》2008 年第 2 期。

转换过程"。①

　　有的特别强调城镇化内涵的丰富性。例如,李克强总理曾经指出:"城镇化不是简单的人口比例增加和城市面积扩张,更重要的是实现产业结构、就业方式、人居环境、社会保障等一系列由'乡'到'城'的重要转变。"②再如,中国社会科学院城市发展与环境研究所的盛广耀认为,"城市化作为社会经济的转型过程,包括人口、地域、经济、社会、文化等诸多方面结构转换的内容,其内涵是十分丰富的"。他概括出城市化包含农村人口转为城市人口、农业活动转化为非农活动、农村地区转化为城市地区、传统的农村社会转化为现代城市社会四个过程。③

　　综观国内外相关研究成果,我们可以发现,城镇化的内涵的确是极其丰富的。城镇化不仅是指农村人口向城镇转移,第二、三产业向城镇聚集,从而使城镇数量增多、规模扩大、现代化和集约化程度提高的过程,而且也是指城市文明、城市生活方式、城市价值观念向农村扩散、渗透的过程。这一过程具体表现为:农村人口比重日渐降低、城镇人口比重日渐提高;农业从业人员越来越少,非农产业从业人员越来越多;城市文化在全社会的主导地位日益提高,乡村文化的影响越来越小;越来越多的农民思想观念得到更新、落后习惯得到改造、综合素质明显改善。由此可见,城镇化既有人口的集中、空间形态的改变和社会经济结构的变化等看得见的实体变化,也有农村意识、行动方式和生活方式向城市意识、行动方式和生活方式的转化或城市生活方式的扩散等精神文化方面的无形转变。城镇化既要实现由农民转变为城镇居民的身份上的"化",又要实现由从事农业转变为从事非农产业的就业领域上的"化",也要实现从分散的、较单一的农村生活方式转变为集中的、多样化的城市生活方式上的"化",还要实现从文化水平较低到具有较高文化和文明素养的思想文化上的"化",归根结底是要实现城乡居民由贫穷落后的生活状态转变为素质和

---

　　① 黄学贤、吴志红:《建国以来我国农村的城镇化进程——兼论行政规划的发展》,《东方法学》2010 年第 4 期。
　　② 李克强:《认真学习深刻领会全面贯彻党的十八大精神　促进经济持续健康发展和社会全面进步》,《人民日报》2012 年 11 月 21 日。
　　③ 盛广耀:《关于城市化模式的理论分析》,《江淮论坛》2012 年第 1 期。

能力不断提升、收入水平和消费水平不断提高的生活质量上的"化"。我们认为,符合以人为核心发展要求的城镇化,应当全面重视和体现上述丰富内涵。

二、以人为核心的相关概念

把握以人为核心的内涵,需要我们深入理解人的本质、人的主体地位和人的全面发展。

(一) 人的本质

马克思科学地揭示出人的本质,提出了关于人的本质的三个命题,我们可以从中明确新型城镇化的发展方向。

1. 劳动(或实践)是人的类本质

马克思明确提出劳动或实践是人与动物区别开来的本质特性。他说:"劳动创造了人本身。"①"自由的有意识的活动恰恰就是人的类特性"②。"通过实践创造对象世界,改造无机界,人证明自己是有意识的类存在物,……正是在改造对象世界的过程中,人才真正地证明自己是类存在物。"③因此,无论在城市还是在乡村,人的劳动和实践的权利,既是其谋生的手段,同样也是证明人之特性、人之价值的体现。人的生存需要、价值实现、社会关系的扩充等都是通过从事一定的劳动来获得和实现的。如果一个具有劳动能力且愿意劳动的人的就业问题得不到保障,就谈不上人的生存与发展。

2. 人的本质在其现实性上是一切社会关系的总和

马克思在《关于费尔巴哈的提纲》中指出:"人的本质不是单个人所固有的抽象物,在其现实性上,它是一切社会关系的总和。"④这也告诉我们,在新型城镇化进程中,必须处理好各种社会关系,包括市民与农民、穷人与富人、不

---

① 《马克思恩格斯选集》第3卷,人民出版社2012年版,第988页。
② 《马克思恩格斯选集》第1卷,人民出版社2012年版,第56页。
③ 《马克思恩格斯选集》第1卷,人民出版社2012年版,第56—57页。
④ 《马克思恩格斯选集》第1卷,人民出版社2012年版,第139页。

同阶层居民的关系,逐步打破发展中的不平衡和不充分现象,促进人类更美好生活目标的实现。

3. 人的需要即人的本质

马克思指出,人的需要的发展"是人的本质力量的新的证明和人的本质的新的充实。"①人的本质只能在实践活动中得到生成、体现和确证。这种实践,是基于某种需要所进行的实践,而离开人的需要的实践是不存在的。人类发展史,就是一部人的需要不断改变和发展的历史。离开了人的自身需要,人的一切实践活动和一切社会关系都将不复存在。这就要求在新型城镇化进程中,必须把握人的动态需要,根据不同时期人的需求确定发展目标。不同区域、不同人群、不同时期人的需要有着巨大差别,也正是因为这些巨大差别,在新型城镇化进程中,既要充分考虑到中国人温饱问题解决、小康实现之后新的需要,也要考虑不同人群的需要及其满足这种需要的能力。

(二) 人的主体地位

马克思不仅揭示了人的本质,而且确立了人的主体地位,即人是实践的主体。他指出:"从前的一切唯物主义——包括费尔巴哈的唯物主义——的主要缺点是:对对象、现实、感性,只是从客体的或者直观的形式去理解,而不是把它们当做人的感性活动,当做实践去理解,不是从主体方面去理解。"②主体性是指人在实践过程中表现出来的能力、作用、地位。人的主体性具有如下特征:

第一,自为的自律性。人成为主体的前提就是人必须是独立自主的。人必须为自己的决定负责。自律是同责任和义务联系在一起的。只有自主、自律并为行为和决定负责的人,才可能成为属人价值关系的主体。在新型城镇化过程中,同样给予了每一个人发展的自由空间。但是这个自由空间的使用以不影响他人为前提,这就要求了作为市民的自律性。

第二,自觉的能动性。在自然世界的意义上,人作为自然界的一部分,必须寻找和顺应自然规律;但在人类世界的意义上,人只有通过发挥能动性改造

---

① 《马克思恩格斯全集》第3卷,人民出版社2002年版,第339页。
② 《马克思恩格斯选集》第1卷,人民出版社2012年版,第137页。

自然界,才能营造适合自己发展的环境,为此,人在寻找到自然规律之后,还要必须充分利用自然规律。这种能动性规律决定了,我国的新型城镇化需要发挥每个人的能动性,实现共建共治共享。

第三,自由的超越性。自由是对人本质的终极界定,是人的主体性的最高表现形式。自由是自为和自觉的统一,真、善、美的统一,主客体的统一,只有在自由的状态下,人才是目的而不是手段。因此,在新型城镇化进程中,必须充分尊重人的超越性,不断去优化和完善。

(三) 人的全面发展

1. 人的主体性全面提升和发展

所谓人的主体性,是指人在与客体相互作用中应具有的能动性。这种能动性主要表现在两个方面:一是从人对自然、社会的认识、利用和改造方面上看,表现为人的主动性、自主性、选择性、创造性;二是从人的自然、社会的责任方面上看,表现为人的道德性、理智性、自觉性等。人的主体性应是这两方面的统一,缺少任何一个方面都是对人的主体性的片面理解,都不利于人的主体性的发挥和发展。人的主体性的全面提升,是新型城镇化的基础。

2. 人的精神生活的全面发展和人力资源开发更显得重要

所谓精神生活的全面发展,是指人们的德与智、知识与能力、素质与职能、心理与生理的全面、协调发展,是人的内在发展。这种内在发展,既是社会发展的基础和条件,也是人们追求更高生活质量的现代标志。随着中国温饱问题的解决,更多的人口进入城市。新型城镇化不仅要为人民提供更好的物质条件,而且也要重视满足人民日益增长的更高层次的精神生活需要。

人力资源开发的对象是人的智力和人的才能。随着知识经济的发展,创新型人力资源开发潜力日益增大,逐渐超越了任何自然资源。新型城镇化进程中,必须重视人力资源的开发和利用。

三、以人民为中心的发展思想

习近平总书记在坚持以人为本理念基础上,进一步提出和阐发了"以人民为中心的发展思想",为我们走好以人为核心的新型城镇化道路提供了最重要、最根本的指导思想。在党的十九大报告第三大部分论述新时代中国特色社会主义思想和基本方略时,"八个明确"当中的第二个明确就讲到"必须坚持以人民为中心的发展思想,不断促进人的全面发展、全体人民共同富裕";"十四个坚持"当中的第二个坚持讲的就是"坚持以人民为中心。人民是历史的创造者,是决定党和国家前途命运的根本力量。必须坚持人民主体地位,坚持立党为公、执政为民,践行全心全意为人民服务的根本宗旨,把党的群众路线贯彻到治国理政全部活动之中,把人民对美好生活的向往作为奋斗目标,依靠人民创造历史伟业。"①据此,我们可以认为,习近平总书记关于坚持以人民为中心的发展思想的核心要义就是:坚持发展为了人民,让人民有获得感;坚持发展依靠人民,践行群众路线;坚持发展成果由人民共享,逐步实现共同富裕;坚定理想信念,不断促进人的全面发展。

（一）坚持发展为了人民,让人民有获得感

习近平总书记明确指出:"增进民生福祉是发展的根本目的。""必须始终把人民利益摆在至高无上的地位"。②"让老百姓过上好日子是我们一切工作的出发点和落脚点。""在发展经济的基础上不断提高人民生活水平,是党和国家一切工作的根本目的。""检验我们一切工作的成效,最终都要看人民是否真正得到了实惠,人民生活是否真正得到了改善"。③ 2016 年 12 月 21 日在中央财经领导小组第十四次会议上的讲话中,习近平总书记还进一步分析说:"人民群众关心的问题是什么? 是食品安不安全、暖气热不热、雾霾能不能少一点、河湖能不能清一点、垃圾焚烧能不能不有损健康、养老服务顺不顺心、能不能租得起或买得起住房,等等。相对于增长速度高一点还是低一点,这些问题更受人民群众关注。如果只实现了增长目标,而解决好人民群众普遍关心

---

① 习近平:《决胜全面建成小康社会　夺取新时代中国特色社会主义伟大胜利——在中国共产党第十九次全国代表大会上的报告》,《人民日报》2017 年 10 月 28 日。
② 习近平:《决胜全面建成小康社会　夺取新时代中国特色社会主义伟大胜利——在中国共产党第十九次全国代表大会上的报告》,《人民日报》2017 年 10 月 28 日。
③ 中共中央文献研究室:《习近平关于社会主义社会建设论述摘编》,中央文献出版社2017 年版,第 66、4、3 页。

的突出问题没有进展,即使到时候我们宣布全面建成了小康社会,人民群众也不会认同。"①这就深刻地告诉我们:只有在发展中善于保障和改善好民生,让老百姓有获得感、幸福感和安全感,才能赢得他们的拥护和支持。否则,即使GDP 做得再大,老百姓也会觉得与他们无关。如果在发展中,环境污染了,生态破坏了,老百姓喝不上干净的水、呼吸不上新鲜的空气、吃不上安全放心的食物、出门交通拥堵严重……这样的发展势必会让老百姓很反感。另外,2014年 1 月 7 日习近平总书记在中央政法工作会议上的讲话中还指出:"当前,各种人民内部矛盾和社会矛盾已经成为影响社会稳定很突出、处理起来很棘手的问题,而其中大量问题是由利益问题引发的。这就要求我们处理好维稳和维权的关系。从人民内部和社会一般意义上说,维权是维稳的基础,维稳的实质是维权。人心安定,社会才能稳定。对涉及维权的维稳问题,首先要把群众合理合法的利益诉求解决好。单纯维稳,不解决利益问题,那是本末倒置,最后也难以稳定下来。"②这就告诉我们:保障和改善民生,是社会和谐之本;抓民生也是抓稳定。

把"坚持发展为了人民"落实到新型城镇化的各方面和全过程,就要"坚持在发展中保障和改善民生"③,努力实现经济发展和民生改善良性循环;努力保证好人民群众在政治生活和社会生活之中当家作主的地位;不断为人民群众提供更加丰富的精神食粮,努力满足人民群众不断增长的精神文化需求;紧紧抓住人民最关心最直接最现实的利益问题,"努力让每个孩子都能享有公平而有质量的教育"④,努力实现充分就业、和谐就业和体面就业,完善社会保障体系和社会安全网,为人民群众提供更多优质生态产品,使人民获得感、幸福感、安全感更加充实、更有保障、更可持续。

---

① 中共中央文献研究室:《习近平关于社会主义社会建设论述摘编》,中央文献出版社2017 年版,第 18—19 页。

② 中共中央文献研究室:《习近平关于社会主义社会建设论述摘编》,中央文献出版社2017 年版,第 147 页。

③ 习近平:《决胜全面建成小康社会　夺取新时代中国特色社会主义伟大胜利——在中国共产党第十九次全国代表大会上的报告》,《人民日报》2017 年 10 月 28 日。

④ 习近平:《决胜全面建成小康社会　夺取新时代中国特色社会主义伟大胜利——在中国共产党第十九次全国代表大会上的报告》,《人民日报》2017 年 10 月 28 日。

（二）坚持发展依靠人民，践行群众路线

2012 年 11 月 15 日，习近平在十八届中共中央政治局常委同中外记者见面会上的讲话中就明确指出："人民是历史的创造者，群众是真正的英雄。人民群众是我们力量的源泉。"①2018 年 3 月 20 日，在第十三届全国人民代表大会第一次会议闭幕会上的讲话中，习近平回顾总结中国历史指出："波澜壮阔的中华民族发展史是中国人民书写的！博大精深的中华文明是中国人民创造的！历久弥新的中华民族精神是中国人民培育的！中华民族迎来了从站起来、富起来到强起来的伟大飞跃是中国人民奋斗出来的！"②在党的十九大报告中，习近平也强调："人民是历史的创造者，是决定党和国家前途命运的根本力量。必须坚持人民主体地位，把党的群众路线贯彻到治国理政全部活动之中，依靠人民创造历史伟业。"③

依靠人民群众创造历史伟业，关键是在思想上牢固树立人民群众的主体地位、尊重人民群众的首创精神。2013 年 6 月 18 日，习近平总书记在党的群众路线教育实践活动工作会议上的讲话中指出："我们党来自人民、植根人民、服务人民，党的根基在人民、血脉在人民、力量在人民。失去了人民拥护和支持，党的事业和工作就无从谈起。""能否保持党同人民群众的血肉联系，决定着党的事业的成败。"④2013 年 12 月 26 日在纪念毛泽东同志诞辰 120 周年座谈会上的讲话中，习近平总书记又强调"在人民面前，我们永远是小学生，必须自觉拜人民为师，向能者求教，向智者问策；必须充分尊重人民所表达的意愿、所创造的经验、所拥有的权利、所发挥的作用。"⑤2015 年 1 月 12 日在中央党校县委书记研修班学员座谈会上的讲话中，习近平总书记还指出："要把调查研究作为基本功，深入基层、深入群众、深入实际，了解情况、问计于民。""重要决策方案，特别是涉及群众切身利益的重要政策措施，要广泛听取群众

---

① 《十八大以来重要文献选编》（上），中央文献出版社 2014 年版，第 70 页。
② 习近平：《在第十三届全国人民代表大会第一次会议上的讲话》，人民出版社 2018 年版，第 2 页。
③ 习近平：《决胜全面建成小康社会　夺取新时代中国特色社会主义伟大胜利——在中国共产党第十九次全国代表大会上的报告》，《人民日报》2017 年 10 月 28 日。
④ 《十八大以来重要文献选编》（上），中央文献出版社 2014 年版，第 309 页。
⑤ 《十八大以来重要文献选编》（上），中央文献出版社 2014 年版，第 697 页。

意见,不能嫌麻烦、图省事。"①

为了保障广大党员干部在新时代更好地坚持发展依靠人民,践行群众路线,中国共产党已经将之作为全党必须遵守的政治纪律和政治规矩确定下来。2016 年 10 月 27 日,党的十八届六中全会通过的《关于新形势下党内政治生活的若干准则》明确指出:"必须把坚持全心全意为人民服务的根本宗旨、保持党同人民群众的血肉联系作为加强和规范党内政治生活的根本要求。""坚持问政于民、问需于民、问计于民,决不允许在群众面前自以为是、盛气凌人,决不允许当官做老爷、漠视群众疾苦,更不允许欺压群众、损害和侵占群众利益。""党的各级组织、全体党员特别是领导干部必须提高做群众工作能力,既服务群众又带领群众坚定不移贯彻落实党的理论和路线方针政策,把党的主张变为群众的自觉行动,引领群众听党话、跟党走。"②

要在实践中真正做到坚持发展依靠人民、践行群众路线,还必须坚持由人民群众来评判干部政绩,把人民群众满意不满意作为检验工作得失成败的第一标准,否则,如果继续沿用以往更多由上级来评价干部政绩的做法,就难以防止和避免一些干部"只对上负责,而对下不负责"的思想和行为。因此,习近平总书记提出"时代是出卷人,我们是答卷人,人民是阅卷人"。③ 要让人民群众真满意而不是"被满意",才能使我们的各项事业始终经得起实践、人民和历史的检验。

在推进城镇化的过程中,我们已经遇到了诸如失地农民问题、农民工问题、农村留守问题、"城市病"问题等很多非常复杂的难题。破解这些难题,既要发挥好党和政府的主导作用,也要善于充分调动和发挥人民群众的积极性、主动性、创造性。为此,在具体实践中,要善于运用好"三张清单"(负面清单、权力清单、责任清单)来推进工作。负面清单是党和政府来约束企业等市场主体的,遵循的逻辑是"法无禁止皆可为",要求党和政府对守法者要"无事不扰",不能随意干预、限制市场主体的守法行为。权力清单和责任清单,都是

---

① 《习近平谈治国理政》第二卷,外文出版社 2017 年版,第 144、145 页。
② 《关于新形势下党内政治生活的若干准则》,《人民日报》2016 年 11 月 3 日。
③ 《习近平关于"不忘初心、牢记使命"重要论述选编》,中央文献出版社 2019 年版,第 301 页。

用来约束领导干部的。权力清单遵循的逻辑是"法无授权不可为","把权力关进制度的笼子里"①;责任清单遵循的逻辑是"法定职责必须为"。这就要求领导干部既不能滥用权力,也要切实担负起应该担负的责任,既不能为所欲为,也不能为官不为。

(三) 坚持发展成果由人民共享,逐步实现共同富裕

2015年8月21日,习近平总书记在中共中央召开的党外人士座谈会上的讲话中指出:"广大人民群众共享改革发展成果,是社会主义的本质要求,是我们党坚持全心全意为人民服务根本宗旨的重要体现。我们追求的发展是造福人民的发展,我们追求的富裕是全体人民共同富裕。改革发展搞得成功不成功,最终的判断标准是人民是不是共同享受到了改革发展成果。"②因此,我们推进城镇化,绝不是只让一部分人富起来,更不是只让少部分人生活得越来越美好,而是要让全体人民都过上好日子。

毋庸置疑,改革开放40多年来,我国确实是有很多人已经富起来了,但是也确实还存在很多穷人。贫富差距较大在城乡、区域、人群甚至是代际间呈现出持续化之势,近年来有所好转但仍未根本扭转。这个问题,必须引起我们的高度重视,并积极采取有效措施予以解决。否则,在风险累加机制和风险传递机制的作用下,我们是很难保证拥有一个长治久安的社会和谐局面的。

中国老百姓自古不患寡而患不均。改革开放以来,随着财富和阶层结构的变迁,部分社会成员产生了不公平感。习近平总书记指出:"在我国现有发展水平上,社会上还存在大量有违公平正义的现象。特别是随着我国经济社会发展水平和人民生活水平不断提高,人民群众的公平意识、民主意识、权利意识不断增强,对社会不公问题反映越来越强烈。"③因此,在中国特色社会主义的新时代,我们在总体的发展思路上,必须尽快实现从让一部分人先富起来到先富帮后富和逐步实现共同富裕的根本性转变。习近平总书记提出的新发

---

① 《十八大以来重要文献选编》(上),中央文献出版社2014年版,第136页。

② 中共中央文献研究室:《习近平关于社会主义社会建设论述摘编》,中央文献出版社2017年版,第34—35页。

③ 《十八大以来重要文献选编》(上),中央文献出版社2014年版,第552页。

展理念,其落脚点就是"共享"。

关于共享发展的基本原则,习近平总书记在党的十九大报告中指出:"坚持人人尽责、人人享有,坚守底线、突出重点、完善制度、引导预期,完善公共服务体系,保障群众基本生活,不断满足人民日益增长的美好生活需要,不断促进社会公平正义,形成有效的社会治理、良好的社会秩序,使人民获得感、幸福感、安全感更加充实、更有保障、更可持续。"①

突出重点和坚守底线,就是要突出保最基本的民生,突出保障好困难群众等弱势群体的基本生活,坚持"两不愁三保障"脱贫标准。2012 年 12 月,习近平总书记在河北省阜平县看望慰问困难群众时强调指出,"对困难群众,我们要格外关注、格外关爱、格外关心,千方百计帮助他们排忧解难,把群众的安危冷暖时刻放在心上,把党和政府的温暖送到千家万户。"②有一个哲人说过,评价一个国家和社会的文明与发达程度,不是看强者的高度,而要看弱势的地位。如果一个国家和社会,连弱者都受尊重,有地位,这个国家和社会就一定是文明发达的。

完善制度,就是要着力于实现制度的全覆盖、公平性、可持续性。2014 年 10 月 23 日,党的十八届四中全会通过的《中共中央关于全面推进依法治国若干重大问题的决定》指出:"加快保障和改善民生、推进社会治理体制创新法律制度建设。依法加强和规范公共服务,完善教育、就业、收入分配、社会保障、医疗卫生、食品安全、扶贫、慈善、社会救助和妇女儿童、老年人、残疾人合法权益保护等方面的法律法规。"③人人都追求美好生活,但是你的美好、我的美好、他的美好有时候就是有冲突的,就是弱势群体的利益诉求也并非都是合理的。那么,我们在实际工作中应该怎么办? 就是要善于运用法治思维和法治方式。根据经济社会发展水平,对保障和改善民生的水平作出科学的顶层设计和明确的法治规定,不管是哪个群体的社会成员,只要属于法律规定的民生权利,都应当一视同仁地予以保障,对于不合法的无理诉求决不能姑息迁

---

① 习近平:《决胜全面建成小康社会 夺取新时代中国特色社会主义伟大胜利——在中国共产党第十九次全国代表大会上的报告》,《人民日报》2017 年 10 月 28 日。

② 《习近平谈治国理政》,外文出版社 2014 年版,第 189 页。

③ 《十八大以来重要文献选编》(中),中央文献出版社 2016 年版,第 163—164 页。

就。这是体现公平正义的科学方式。

2016 年 1 月 18 日，习近平总书记在省部级主要领导干部学习贯彻党的十八届五中全会精神专题研讨班上的讲话中指出：党的十八届五中全会提出的共享发展理念，其内涵主要有 4 个方面：全民共享、全面共享、共建共享、渐进共享。全民共享，是就共享的覆盖面而言的。共享发展是人人享有、各得其所，不是少数人共享、一部分人共享。全面共享，是就共享的内容而言的。共享发展就要共享国家经济、政治、文化、社会、生态各方面建设成果，全面保障人民在各方面的合法权益。共建共享，是就共享的实现途径而言的。共建才能共享，共建的过程也是共享的过程。要充分发扬民主，广泛汇聚民智，最大激发民力，形成人人参与、人人尽力、人人都有成就感的生动局面。渐进共享，是就共享发展的推进进程而言的。共享发展绝不能好高骛远、寅吃卯粮，也绝不可能一口吃成个胖子，而必将有一个从低级到高级、从不均衡到均衡的过程，即使达到很高的水平也会有差别。共享发展这 4 个方面的内涵是相互贯通的，要整体理解和把握。①

2012 年 11 月 30 日，习近平总书记在主持党外人士座谈会时的讲话中指出："引导群众树立通过勤劳致富改善生活的信念，从而使改善民生既是党和政府工作的方向，又成为广大人民群众自身奋斗的目标。"②在脱贫攻坚过程中，偶尔会发现干部干、群众看这些等靠要的现象。通常情况下，民生投入会有两个效应：一个是高位预期效应，另一个是收益递减效应。因此，我们在帮助弱势群体脱贫的过程中，对于那些有劳动能力的人，要优化对他的民生投入结构：在给他"输血"保障基本生活的同时，也要重视善用"倒逼机制"让他自己"造血"，通过奖补的方式让他学会某项技术，从而拥有自身能够持久活下去的生计来源。

在推进新型城镇化进程中坚持发展成果由人民共享，必须破除"厚城薄乡"的惯性思维模式，树立"工农并举"的观念。有关专家认为，工农产品的剪刀差为城市的积累和发展作出了重大贡献。"从 1952 年至 1978 年，工农产品

---

① 习近平：《在省部级主要领导干部学习贯彻党的十八届五中全会精神专题研讨班上的讲话》，《人民日报》2016 年 5 月 10 日。

② 《习近平谈治国理政》，外文出版社 2014 年版，第 112 页。

剪刀差呈逐步扩大趋势。1978 年比 1955 年扩大 44.65%,绝对量达到 364 亿元,相对量达到 25.5%,即农民每创造 100 元产值,通过剪刀差无偿流失 25.5元。"①改革开放后一段时期,在城镇化的快速发展中,仍然延续了"厚城薄乡"的思想和行动,最集中的表现:一是以各种借口和手段限制农民进城和转变为城市居民;二是对城市各项投入远远大于农村;三是把农民排斥在社会保障体系之外。即使进入 21 世纪,这种"厚城薄乡"思想意识依然存在,"三农"问题仍未解决,而且引发了日益紧张的农民工问题、失地农民问题等。中国农村人口数量庞大的现实国情,以及全面建成小康社会和逐步实现共同富裕的奋斗目标,都决定了我们必须坚持走城乡一体、工农并举的发展之路。

(四) 坚定理想信念,不断促进人的全面发展

"我们党强调理想信念是共产党人精神上的'钙',强调'革命理想高于天',就是精神变物质、物质变精神的辩证法。广大党员、干部理想信念坚定、干事创业精气神足,人民群众精神振奋、发愤图强,就可以创造出很多人间奇迹。如果党员、干部理想动摇、宗旨淡化,人民群众精神萎靡、贪图安逸,那往往可以干成的事情也干不成。所以,我们必须毫不放松理想信念教育、思想道德建设、意识形态工作,大力培育和弘扬社会主义核心价值观,用富有时代气息的中国精神凝聚中国力量。"②

共产主义的远大理想和中国特色社会主义的共同理想,就是我们要坚定的理想信念。按照马克思主义的本真思想,共产主义远大理想的内涵,包括物质财富极大丰富、人民精神境界极大提高、每个人自由而全面发展。其中,每个人自由而全面发展,被学者们认为是马克思主义的最高命题。因为,马克思恩格斯在《共产党宣言》中指出:"代替那存在着阶级和阶级对立的资产阶级旧社会的,将是这样一个联合体,在那里,每个人的自由发展是一切人的自由发展的条件。"③在《资本论》中,马克思进一步明确指出:未来的共产主义社

---

① 田国良:《解决我国农村贫困问题的出路》,《改革与理论》1997 年第 1 期。
② 习近平:《辩证唯物主义是中国共产党人的世界观和方法论》,《求是》2019 年第 1 期。
③ 《马克思恩格斯文集》第 10 卷,人民出版社 2009 年版,第 666 页。

会是"以每一个个人的全面而自由的发展为基本原则的社会形式"。① 共产主义的远大理想并不渺茫,它像一盏指路明灯照亮了我们前行的路。坚持马克思主义指导地位,坚定共产主义的理想信念,就是要求我们在推进发展的过程中,既要见物又要见人,既要重视物质生产水平的提高更要重视人的素质的提高。

四、以人为核心的中国新型城镇化的应然内涵

以人为核心的中国新型城镇化战略,必须遵循人的本质发展规律,必须尊重人的主体地位,必须着眼于促进人的全面发展,并自觉地将这些要求贯彻落实到城镇化的各方面、全过程。

(一) 遵循人的本质发展规律

以马克思主义人的本质论为指导,在新型城镇化进程中坚持以人为核心,就要全面遵循人的类本质、现实本质和内在本质发展规律。具体体现在如下几个方面。

1. 在城镇化中促进产城融合,扩大社会就业

在以人为核心的新型城镇化进程中,最关键的就是要保障居民最基本的生存权,实现这一权利的途径就是要促进产城融合,扩大社会就业,让每一个有能力的劳动者都能通过自身努力获得就业机会,获得生存必需品,满足自我生存的需要并实现自己的价值。

所谓产城融合,就是指产业发展与城镇发展互促共进的一体化发展。产业是城镇发展的根本动力,是城镇聚集力和辐射带动力的根源。一个城镇如果没有产业支撑,就必然经济基础脆弱、功能不健全,甚至会成为"空壳"城镇,也必然会渐趋衰落。因此,推进城镇化必须以城镇产业发展为支撑,要通过优惠的政策、有效的措施,加快资金、人才、科技等生产要素的聚集,大力提

---

① 《马克思恩格斯文集》第5卷,人民出版社2009年版,第683页。

高城镇吸纳就业的能力。李克强总理明确指出："城镇化需要产业发展来充实，通过产业发展促进就业和创业，同时城镇化也能为产业发展提供更好的平台。在一些东亚国家和地区，由于很好地协调了城市化、工业化发展，实现了现代化。相反，在拉美一些国家，还有东南亚一些国家，现代化进程出现反复甚至停滞，一个很重要的原因就是在城镇化过程中产业发展没能跟进，企业结构不合理，就业创业问题解决不好，出现了城市贫民窟等社会问题。这正反两方面的情况，值得我们深思。推进城镇化，应当坚持城市发展与产业成长'两手抓'，把城镇化与调整产业结构、培育新兴产业、发展服务业、促进就业创业结合起来。"①

在过去三十多年的快速发展中，一些地方过多地强调通过兴建开发区等形成产业集聚区，并且片面重视开发区的经济功能，而忽视其居住和生活功能的配套建设。这在产业规模效益和集聚效益得到发挥的同时，也割裂了职住关系，让众多市民每天花费大量时间和精力于钟摆式交通，多数农民工蜗居于棚户区。最近几年，随着新型城镇化的建设和发展，这些开发区的功能开始转型，从单一功能的工业用地，到居住用地、商业用地等共同发展，开发区逐渐变成城市新区，产业和城市真正融合。以产城融合方式来推进新型城镇化，有利于解决人的就业问题，确保人的各项权益的实现，进而保障人的生存与发展的实现。

2.在城镇化中促进社会交往，丰富社会联系

马克思主义认为，人的现实本质是社会关系的总和，人只有存在于各种社会关系之中才是真正意义上的人。在推进城镇化过程中遵循人的现实本质发展规律，就应特别重视促进城乡之间、社会各阶层之间的流动与交往，形成和谐向上的社会关系。

加强城乡之间的交流，注重"引出"与"融入"。所谓"引出"，是指将城市的先进的公共资源引进到农村当中，促进城乡统筹、城乡一体，使农民就地享受到城市文明，就地城镇化。"融入"则是指农村人口转移到城市并实现身份

---

① 李克强：《协调推进城镇化是实现现代化的重大战略选择》，《行政管理改革》2012年第11期。

的转变,同时也就实现了生产和生活方式的转变,以及心理的转变。因此,在城镇化过程中,只有逐渐打破城乡二元体制,改革户籍制度,加强城乡之间经济、文化、社会、心理的交流,扩大城市资源向农村转移范围,加快农村人口向城市的流动速度,才能实现农民向市民的转型。

打破社会阶层之间的壁垒,构建橄榄形社会。由于历史和现实的种种原因,造成我国社会阶层之间的差距扩大。一方面,在推进城镇化过程中,应扩大中等收入阶层队伍,缩小低收入阶层比重,让大多数人实现富裕,彰显社会公平和正义,形成物质生活上的橄榄形社会;另一方面,注意促进不同社会阶层之间的联系和交往,促进社会文明和现代意识的共融、提升,形成精神文明的橄榄形社会。

3. 在城镇化中满足人的需要,改善群众生活

马克思主义认为,人的内在本质是人的需要。在现实世界中人的需要具有丰富性和多元性,而需要的发展是"人的本质力量的新的证明和人的本质的新的充实"[①]。因此,在推动城镇化过程中要满足人民日益增长的物质和文化生活的需要,改善群众生活。

满足人民群众日益增长的物质需求,改善人民物质生活质量。物质需要的满足是人类生存和发展的基础。新型城镇化发展要把改善和提高人民的物质生活水平作为最基本的要求和目的,大力发展社会生产力,通过产业转型升级和新旧动能转换,加快建设社会主义物质文明,不断满足人民群众日益增长的物质需求。

满足人民群众的精神需求,提升人民群众精神生活水平。在推进城镇化过程中,要在注重发展经济的同时,注重人们对精神文化的渴求,丰富人民精神生活。因此,在城市规划和建设过程中,应注重建一些文化广场、公共图书馆、博物馆等能丰富人们精神世界的场所。在小城镇建设中,尽量保持原生态的风光供人们欣赏观光,建设一些风景旅游区,不仅能带动当地经济的发展,也能更好地为城市居民提供休憩、解压的场所。

---

① 《马克思恩格斯全集》第3卷,人民出版社2002年版,第339页。

（二）尊重人的主体地位

习近平总书记在党的十九大报告中指出："必须坚持人民主体地位，坚持立党为公、执政为民，践行全心全意为人民服务的根本宗旨，把党的群众路线贯彻到治国理政全部活动之中，把人民对美好生活的向往作为奋斗目标，依靠人民创造历史伟业。"①推进新型城镇化，也要时时刻刻把人民放在首位，尊重人民的主体地位，遵循人民的发展意愿，使其成为城镇化建设的主角，做到城镇化发展为了人民；尊重人民的主体地位也应积极调动发挥人民的主观能动性和创造性，发挥人民的首创精神，做到城镇化发展依靠人民；尊重人民的主体地位还要求尊重人民的利益需求，保障人民的权益，使城镇化的成果惠及人民。坚持城镇化发展为了人民群众、依靠人民群众，城镇化发展成果由城乡居民共享②。中国以人为核心的城镇化战略，应全面推动人在城镇化进程中的"目标主体"、"价值主体"、"动力主体"、"责任主体"等多重主体性地位的回归，是一种科学理性和价值理性兼备的城镇化战略（区别于以往的工具理性），也是一种着重于提升质量和内涵的本质型的深度城镇化战略（区别于以往重视速度、数量和外延扩张的浅表型）。只有实施这样的城镇化战略，才能真正发挥出城镇化拉动消费、扩大和优化投资、改善民生的多重效应，促进人的全面发展与经济增长转型、社会稳定和可持续发展。

1. 城镇化发展应为了人民

坚持城镇化发展为了人民群众，必须把提高城乡居民物质文化生活质量和促进人的全面发展作为城镇化的出发点和落脚点。人们从乡村来到城市，是为了生活得更美好。必须充分认识到，城市作为城镇化的载体，应该同时肩负着生产、生活、生态和谐统一的"三生"功能。为此，必须加强基础设施和公共服务设施建设，增强城镇的综合承载能力，以不断满足人们日益增长的物质和文化生活需要。同时，坚持城镇化发展为了人民群众，还必须充分考虑人民群众需求的层次性和多样性，着力解决城镇化进程中关系人民群众切身利益的突出问题，如增加就业、加强社会保障、帮助城乡特殊困难群众解决生产生

---

① 习近平：《决胜全面建成小康社会　夺取新时代中国特色社会主义伟大胜利——在中国共产党第十九次全国代表大会上的报告》，《人民日报》2017 年 10 月 28 日。
② 王格芳：《科学发展对中国新型城镇化的内在要求》，《理论学刊》2013 年第 10 期。

活问题、纠正土地征用中侵害农民利益的问题和城镇拆迁中侵害居民利益的问题等，使广大城乡居民真正享受到城镇化发展带来的实惠。

在城镇化进程中，只有尊重人民的意愿，才能得到人民群众的普遍认同和支持。同时，要切实解决关系人民群众利益的问题，将人民的利益放在首位。"群众利益无小事。凡是涉及群众的切身利益和实际困难的事情，再小也要竭尽全力去办。"①因此，在新型城镇化发展过程中，要正确处理好政府、企业和个人的关系。从政府层面看，各级政府不能一味地追求经济发展，不能唯GDP 论英雄，更不能以侵害人民的利益来换取发展成果与政绩。例如，在城市拆迁和征收农民土地时，要切实尊重和保护人民的各项利益；在搞建设、上项目时，要充分考虑到环境是否对居民的生活产生影响；在生产过程中，要把安全放在首位，严防各类安全事故，切实保障人民的生命财产安全。从企业层面看，新型城镇化必须有适合当地的产业支撑。这类产业既要为当地经济发展提供足够的财力支撑，同时要兼顾经济增长和就业的需要，充分利用当地的自然和人力资源，能够让人民实现就业的需求和美好生活的愿望。从个人层面看，新型城镇化的发展是着眼于满足最广大人民群众的需要，每个人都有伸张个人利益的权利，但与此同时，应考虑到大部分人的利益和长远利益。

2. 城镇化发展应依靠人民

人民群众是历史的创造者，是推进城镇化的根本力量。坚持城镇化发展依靠人民群众，就要牢记人民群众的主体性地位，善于综合运用行政手段、法律手段、经济手段等多种办法，完善全体人民群众、各种社会力量参与城镇化的激励机制；坚持人民城镇人民建、人民城镇人民管，通过完善一系列的动员、组织、激励等政策措施，不断提高城镇社会的自组织程度和自我管理、自我服务能力，让广大居民积极参与到城镇管理、社区建设、济危扶困、守护文明的活动中来。

人口素质和能力是影响城镇化进程和质量的决定性因素，城镇化发展必须以人才培育为原动力。为此，在实践中，要把建立完善的城乡教育、培训体系作为城镇化的战略重点，大力提高城乡居民的文化素质和文明程度，大力提

---

① 《十六大以来重要文献选编》(上)，中央文献出版社 2005 年版，第 372 页。

高城乡居民的生存能力、就业能力和创业能力,从而夯实中国城镇化科学发展的基础。

3. 城镇化发展成果应惠及全体人民

公平正义是中国特色社会主义的内在要求。中国以人为核心的城镇化战略,应当具有包容性和公平性,努力实现全体国民共享发展成果。推进新型城镇化,必须在激发最广大人民群众积极性的同时,注重公平,分好"蛋糕",切实保障农民工、城市下岗职工、失地农民等弱势群体的正当权益,特别是要加快促进农民工由"半城镇化"向"完全城镇化"转变。要保障人民群众在就业、医疗、财产、教育等各方面的权益,尤其要特别注重和关心困难群众与弱势群体最关心的生活、就业、医疗问题,完善社会保障体系,加强社会救助工作。

城市是城镇化的核心载体,但城市和农村相互影响、不可分割。因此,中国实施以人为核心的城镇化战略,必须在提升城市人口承载力和城市发展质量的同时,努力推进城乡发展一体化和城乡"等值化",使农村在生产、生活质量而非形态上与城市逐渐消除差异。

(三) 着眼于促进人的全面发展

马克思对人的全面发展论主要是从人与社会关系入手的,他对人的全面发展理解为,人的体力和智力的充分的、最大限度的、自由的发挥与发展,因此,在新型城镇化进程中,不仅要强化人的体能、技能的提高,还要提升人的内在素质,改善人的精神面貌,实现人与城镇化的和谐发展。

1. 应强化人的劳动技能,提升人的文化素质

劳动技能是现代人必须具备的基本素质,而人的全面发展对新型城镇化的基本要求就是应在城镇化中强化人的劳动技能,提升人的劳动能力,提高其科学文化素质水平。许多失地农民与农民工的科学文化素质水平较低,只能靠传统的体力劳动徘徊于农村与城市周边,无法实现身份的真正转变;许多城市下岗人员,由于没有较高的劳动技能与科学文化素质,不能适应城市发展对个人能力的需求,而导致其沦为社会底层。因此,在推进新型城镇化实践中,应重视教育事业的发展,兴办学校和就业培训机构,提高农民与失业人员的教育水平,扩宽就业渠道,提高其收入,这样既合理配置了人力资源,又推动了新

型城镇化科学发展。

2. 应提升人的综合素质,改善人的精神面貌

人的综合素质主要包括人的心理素质、思想道德素质和科学文化素质等。在新型城镇化实践中要注重人的素质的提升,改善人的精神面貌,实现城镇社会文明,例如,在推动城镇化过程中鼓励人民培养健康的生活方式;注重基础设施的建设,诸如文化、卫生设施的兴建;举办多彩多样的文化活动;倡导健康文明的行为举止等,不仅能增强人的主体性,实现人的价值追求的多样化,还有利于疏导社会情绪,从而为建设文明城镇社会提供有力保障。

3. 应着眼于人的未来长远发展,走符合生态文明要求的城镇化之路

人的发展离不开大自然。40 多年来,中国的改革开放推进了工业化进程,也推进了文明建设的步伐,华夏大地从农业文明快速进入了工业文明,中国成为世界制造业大国。进入新世纪以来,面对工业化进程中出现的日益严重的环境污染和生态破坏问题,中国开始重视自然生态环境建设问题,强调人与自然和谐发展。党的十八大把生态文明建设纳入中国特色社会主义"五位一体"总体布局,并强调"建设生态文明,是关系人民福祉、关乎民族未来的长远大计。面对资源约束趋紧、环境污染严重、生态系统退化的严峻形势,必须树立尊重自然、顺应自然、保护自然的生态文明理念,把生态文明建设放在突出地位,融入经济建设、政治建设、文化建设、社会建设各方面和全过程,努力建设美丽中国,实现中华民族永续发展"。①《国家新型城镇化规划(2014—2020 年)》明确指出:"把生态文明理念全面融入城镇化进程,着力推进绿色发展、循环发展、低碳发展"②。

当前和今后一个时期,走生态文明的新型城镇化道路,应当着重抓好如下几个方面。

第一,在保持合理的城镇化发展速度的同时,着力提高城镇化质量。发达国家发展的经验表明,在城镇化进程中,"速度"与"质量"不可偏废。根据世界城镇化发展规律,中国正处于高速城镇化的中期阶段,为促进经济社会持续

---

① 胡锦涛:《坚定不移沿着中国特色社会主义道路前进　为全面建成小康社会而奋斗——在中国共产党第十八次全国代表大会上的报告》,《人民日报》2012 年 11 月 9 日。

② 《十八大以来重要文献选编》(上),中央文献出版社 2014 年版,第 889 页。

健康发展,必须保持一定的城镇化发展速度。与此同时,也必须清醒地认识到:中国的城镇化问题不仅表现在数量上滞后,更表现在整体质量上低下。因此,我们要在保持一个适宜的城镇化速度的同时,把城镇化发展的重点逐步转移到内涵和质量上。

第二,转变粗放型的城镇化发展方式,走集约型的城镇化道路。多年来,中国城镇化建设中,存在着较为严重的急功近利、贪大求洋、大拆大建、重复建设问题。中国人口众多、各类资源能源人均占有量很低的国情现实,决定了我们必须转变粗放型的城镇化发展方式,走集约型的城镇化道路。推进新型城镇化,必须充分发挥各级各类城市的规模效益,以最小投入获得最大产出。为此,一要重点抓好人才、技术、资金、信息等要素的集聚,提高各种生产要素和公共设施的利用效率;二要在城市用地发展形态上尽量紧凑,集约利用土地、水、能源等城市资源,建设集约节约型城镇;三要促进城乡建设由分散布局、无序扩张转向有机集中和重点布局。

第三,因地制宜,分类实施城镇化战略。中国幅员辽阔,各地自然条件多样、发展情况不一,推进城镇化可持续发展,必须因地制宜,分类实施城镇化战略。国家"十一五"规划纲要根据资源环境承载能力、现有开发密度和发展潜力,统筹考虑未来我国人口分布、经济布局、国土利用和城市化格局,将国土空间划分为优化开发、重点开发、限制开发和禁止开发四类主体功能区,并按照主体功能定位调整完善区域政策和绩效评价,提出了针对不同类型国土的评价重点。主体功能区战略对那些不适宜开发地区的领导干部来说,解除了城镇化考核指标上的顾虑和包袱,有利于中国城镇化的可持续发展,应当继续做好贯彻落实。

(四) 推进新型城镇化与乡村振兴融合发展

城市和农村作为人类社会两种主要集聚地,历来是相互影响、相互促进、动态发展的。从系统论角度看,城市和农村都是区域系统的组成部分,是不可分割的统一整体,城市依托农村而存在,农村依托城市而发展。乡村振兴战略与新型城镇化建设的目标是一致的,只是发展主体和关注区域有区别而已。城镇化的关注点更多在城市,但同时强调兼顾农村;乡村振兴的关注点在农村,但要同时推动城镇化的实现。作为一个尚未完成城镇化进程的大国而言,乡村振兴与新型城镇化本应该就是一个相辅相成、互促共进、良性互动、融合发展的过程。

城镇化与乡村振兴是统筹城乡发展的两个方面。从本质上说,城镇化过程就是城市的各种文明不断向乡村扩散和辐射的过程;乡村振兴的过程,也是城乡各种差距不断缩小的过程。因此,两者是内在统一、互相交融的。能否实现乡村振兴将会直接影响我国城镇化能否健康发展。"只要农村还是贫困落后的汪洋大海,城市的局部繁荣就只能是飘浮在大海上的冰山"①。因此,必须破除"城乡二元"传统思维模式,树立城乡一体的观念;破除"厚城薄乡"惯性思维模式,树立"工农并举"的观念;统筹城乡规划,科学合理地规划出城镇化和乡村振兴的美好蓝图。

推进城镇化与乡村振兴融合发展,必须着力提升城镇的辐射带动功能。一是强化产业的辐射带动。城市要在大力发展工业的同时,大力发展现代服务业,改造提升传统服务业,从而不断创造就业机会,吸纳乡村富余劳动力进城就业。同时,要以现代工业装备现代农业,以工业的资金、管理、技术提升农业,拉长农业产业化链条,为农民创造更大的就业空间和利润空间。二是强化人才的辐射带动。要加大对乡村基础教育的投资力度,改善乡村办学条件,不断提高农民后代的人力资本水平与受教育状况,使教育真正成为弥补城乡差距的机制。同时,大规模开展乡村劳动力培训。对留村务农的农民,进行科技培训,促进科学种田;对已经或即将转移出去的富余劳动力进行职业技能培训,增强其转产转岗就业的能力。此外,积极出台相关政策,吸引农民工和大学毕业生到乡村创业。三是强化基础设施的辐射带动。目前最重要的是实现城乡交通网络设施、城乡信息网络设施的一体化。同时,要努力缩小在教育基础设施、公共卫生设施、环境保护设施等方面的城乡差距。四是强化先进文化的辐射带动。继续开展文化、科技、卫生"三下乡"和文化对口支援活动,同时,动员社会各界力量支持乡村文化建设,积极引导对乡村文化事业的捐助,构建乡村公共文化服务体系,通过丰富多彩的文化活动,使科学规划意识、市

---

① 刘奇:《掀起中国乡村建设的第三次高潮》,《中国农村经济》2005 年第 11 期。

场竞争意识、保护环境意识、公共卫生意识、社会公德意识、民主参与意识等先进的思想理念在农民群众中普及推广。

需要指出的是,不论是城镇化,还是乡村振兴,最终都要以实现人的全面发展为目标,要让城市和农村居民增强对自身身份的认同感和角色归属感,激发城市和农村居民对城市建设和乡村振兴工作的热情,让城市更像城市,让农村更像农村。

(五) 建设共享城市①

改革开放以来,伴随着经济的不断增长,中国城镇化也得以快速发展,这为实现国家富强、民族复兴、人民幸福的中国梦奠定了坚实基础。进入新世纪之后,随着中国经济增长要素的改变以及国际政治经济环境的变化,中国经济社会发展进入转型期,进而促使城市发展模式的转变。2014 年 3 月,中共中央、国务院正式印发《国家新型城镇化规划(2014 — 2020 年)》,强调中国特色新型城镇化道路必须坚持的一条基本原则就是"以人为本,公平共享",必须"以人的城镇化为核心","使全体居民共享现代化建设成果"②。这为我国新型城镇化发展指明了方向。2014 年 5 月,习近平总书记在河南考察时提出经济发展的新常态,强调中国经济要从高速增长转为中高速增长,发展成果惠及更广大民众;2015 年 10 月,党的十八届五中全会提出"创新、协调、绿色、开放、共享"五大发展理念,其中"共享"处于压轴位置,明确了发展的价值取向和根本目的就是"共享";2017 年 10 月,在党的十九大报告中,习近平总书记又提出了"中国特色社会主义进入了新时代"的重大政治判断,强调我国社会主要矛盾已经从"人民日益增长的物质文化需要同落后的社会生产之间的矛盾"转化为"人民日益增长的美好生活需要和不平衡不充分的发展之间的矛盾"③。破解新时代人民日益增长的美好生活需要和不平衡不充分的发展之

① 王格芳:《建设共享城市:新时代以人为本新型城镇化的必由之路》,《理论学刊》2018 年第 1 期。

② 《国家新型城镇化规划(2014—2020 年)》,《人民日报》2014 年 3 月 17 日。

③ 习近平:《决胜全面建成小康社会 夺取新时代中国特色社会主义伟大胜利——在中国共产党第十九次全国代表大会上的报告》,《人民日报》2017 年 10 月 28 日。

间的矛盾,关键在共享。种种迹象都表明,随着新时代中国经济发展取得巨大成就和人们需求的变化,城市让生活更美好的核心要义应该得到更好的彰显。"城镇化是现代化的必然要求和主要标志"①。进入新世纪以来,顺应世界城镇化发展规律,中国城镇化进入快速发展阶段,越来越多的人口生活在城市,2016年中国城镇化率已经达到57.4%。以人为核心的城镇化同样应该是人民共享的城镇化。为此,加快建设具有中国特色的共享城市,理应成为我国全面贯彻落实共享发展理念的重要突破口和战略选择,也是新时代真正实现以人为核心新型城镇化的必由之路。

1. 共享城市的背景与特点

(1)共享城市的背景

城市是社会分工的必然产物,在原始社会向奴隶社会的过渡时期,随着农业和手工业的分离而出现了城市。古代城市的主要功能是政治统治和市场交易。它作为区域政治和商业中心,是统治阶级的所在地,谈不上什么共享。但从16世纪开始,随着工业发展带来城市问题的凸显,针对资本主义制度的弊端,空想社会主义者提出了初步的城市共享精神,如托马斯·莫尔设计了50个城市的乌托邦,"每户有一半人在乡村工作,住满两年轮换",托马斯·康帕内拉的太阳城、沙利·傅立叶建立未来社会组织"法郎吉"的实验和罗伯特·欧文的"新和谐公社"试验,都企图建立"人人平等、个个幸福"的新社会。但囿于当时的物质和文化条件,共享城市也只能是空想。生产的社会化与生产资料的私人占有之间的矛盾是资本主义的基本矛盾,这个不可调和的基本矛盾决定了在资本主义制度下难以真正实现城市共享。

"共享"同样是千百年来中国人的美好追求。从孔子的不患寡而患不均,到杜甫的"安得广厦千万间,大庇天下寒士俱欢颜",到孙中山的民有、民治、民享,共享都是中国人心中的一种美好愿望。但只有中国共产党人,才能真正将"共享"这种美好愿望变成现实。"共享"不但是中国共产党人的奋斗目标和理想,也是中国共产党人积极进取的动力源泉。改革开放初期,为了充分调

---

① 李克强:《协调推进城镇化是实现现代化的重大战略选择》,《行政管理改革》2012年第11期。

动广大人民群众的积极性、主动性和创造性,快速解放和发展生产力,尽快改变新中国成立后一段时期由于平均主义的大锅饭所导致的共同贫穷局面,邓小平提出"一部分地区、一部分人可以先富起来,带动和帮助其他地区、其他的人,逐步达到共同富裕。"①经过 40 多年的改革开放和现代化建设,我国经济获得了前所未有的发展(见图 1-1),经济规模已经成为世界第二,人均GDP 也逐步接近中等发达国家水平。一部分地区、一部分人已经先富起来了,到了应该更加重视如何实现共同富裕的新时代了。2015 年党的十八届五中全会指出,"共享是中国特色社会主义的本质要求。必须坚持发展为了人民、发展依靠人民、发展成果由人民共享,作出更有效的制度安排,使全体人民在共建共享发展中有更多获得感,增强发展动力,增进人民团结,朝着共同富裕方向稳步前进。"②2017 年党的十九大报告中 7 次提到了共享,强调"不断促进人的全面发展、全体人民共同富裕"③。可以说随着中国发展进入新时

全国GDP总量:

亿元

人均GDP:元

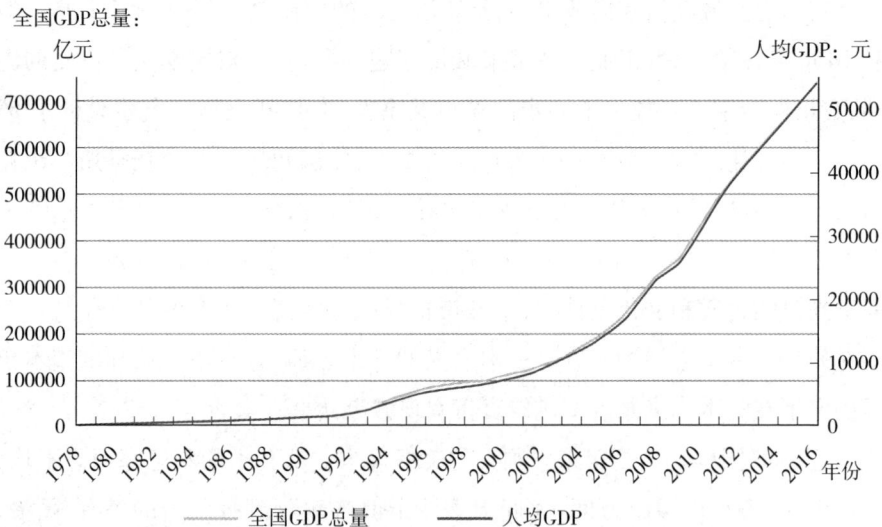

图 1-1　全国 GDP 总量和人均 GDP 动态变化

① 《邓小平文选》第 3 卷,人民出版社 1993 年版,第 149 页。

② 《中共中央关于制定国民经济和社会发展第十三个五年规划的建议》,《求是》2015 年第 22 期。

③ 习近平:《决胜全面建成小康社会　夺取新时代中国特色社会主义伟大胜利——在中国共产党第十九次全国代表大会上的报告》,《人民日报》2017 年 10 月 28 日。

代,共享成为人们对美好生活的根本诉求,迫切需要从理想逐步变为现实。在中国城镇化发展如火如荼的今天,在城市人口大大超过农村人口且快速增加的形势下,建设共享城市成为落实党的十九大精神、实现中国梦的重要体现。

(2)共享城市的特点

近年来,数字城市、智慧城市、生态城市、信息城市等概念纷纷提出,反映了我国快速城镇化和人们对美好生活向往的现实。然而对共享城市,目前尚没有一个统一的标准概念。陶希东认为,共享城市是建立在共享经济、共享社会基础上的一种城市高级发展形态,一座真正的共享城市,应该具有共享经济体系、共享社会体系、共享福利保障体系、跨界合作制度体系等四个要素及特征①。我们认为,所谓共享城市,是建立在以人为核心的价值观基础上,在完善的共享体制和机制保障下,全体市民及城市辐射区居民,共同享受城市发展的经济成果和物质积累,相互包容彼此的优秀传统文化,共同享受生态环境改善福利,在共享信息前提下一起参与城市规划、建设和治理的城市发展模式,是中国新型城镇化的高级形态。

共享城市作为一个巨系统,内涵丰富。从共享的内容看,可以包括物质层面共享(如物质财富、基础设施、发展空间等)和精神层面共享(文化、服务、信息等);从共享的主体来看,包括人和人、城市与乡村、城市与城市之间的共享等。共享城市一般具有如下特点:一是高水平。无论在物质生产领域还是市民素质方面,都达到了较高发展水平,能够满足共建共享的基本要求。二是多层次。共享渗透度高,不仅共享经济发展的过程和成果,同时在经济、社会、生态、空间、信息等子系统的各个方面都实现共享。三是全面性。共享主体多元化,参与度高,不仅市民之间实现共享,在全社会各个阶层甚至城市和乡村的各个有机体之间都能够共享。四是体制全。能够有效制约各种不良效应,实现可持续共享。五是功效强。共享具有较好连锁反应,通过共享能够更好地促进共建和共治,保障城市持续健康发展。

---

① 陶希东:《共享城市:城市规划的未来趋势》,《学习时报》2016年11月7日。

2.共享城市建设的主要层面

(1)经济发展共享

经济是城市发展的基本动力,更是共享城市建设的物质基础和居民美好幸福生活的保障。目前城市经济占全国 GDP 的 80%以上,今后随着城镇化进程的推进,这一比例仍将增加,从而为实现城市经济共享奠定基础。城市的经济共享应该包括两个层面:一是经济发展过程和机会的共享,指所有人和地区都能有共享经济的机会,都有发展的可能。我国改革开放,从沿海重点城市到沿海省份、沿边到内陆。经过 40 多年的梯度发展和产业分工,形成了不同的区域或者城市发展链条。这些链条在过去的 40 多年中,不同链条环节分享了截然不同的经济和政策红利。在链条低端的区域和城市获得了较少的发展机会和红利,而在链条顶端的区域和城市则获利丰厚,发展迅速。1978 年以来,我国区域经济差距呈现。40 年间,我国人均 GDP 最大 5 个省市和最小 5 个省市的比值呈现动态变化态势(见图 1-2),从 1978 年的 5.55,降低到 1990 年的3.49,之后又提升到 2003 年的 4.96,直到 2012 年党的十八大之后才迅速下降,2016 年为 3.21。而到了以人为核心的新时代,共享城镇化要求所有地区能够发挥自身优势的同时,都能够享受自己的优势红利。如国家主体功能区的规划建设、财政转移支付的增强就是一个信号。二是经济发展成果的共享。在坚持按劳分配原则的基础上,每个公民、每个城市、每个区域能够共享经济发展的一系列红利。40 多年来中国经济发展带来了一系列的重大变化,如城镇化进程加快,基础设施改善,人均收入提高。中国作为全世界第二大经济

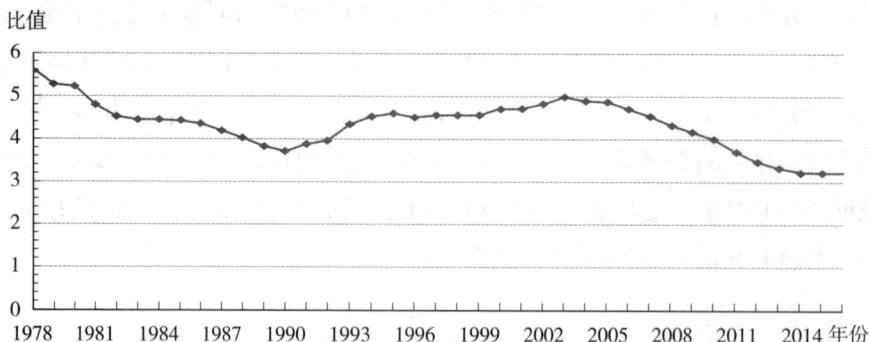

图 1-2　中国最发达 5 省市与最落后 5 省市的人均 GDP 比值年度变化图

体,已经形成了较为丰厚的经济积累。目前中央财政能力的逐渐增强,也为经济发展成果共享提供了可能。事实上,农村医疗保障、养老金、最低收入保障等,都是城乡共享发展成果的典型体现。

(2)社会文化共享

城市的本质,是一个大规模、多元化人口高度集聚的巨大公共空间。在城市的居民,都有自己的发展需求和文化特色,能否容纳和满足不同层次居民的基本需求,提升市民、社会组织享用的社会物质和空间的数量和质量,是共享城市的基本要求和社会特征。这主要包括两个层面:一是以人的发展为中心的社会共享。党的十九大报告提出"人民美好生活需要日益广泛,不仅对物质文化生活提出了更高要求,而且在民主、法治、公平、正义、安全、环境等方面的要求日益增长"[①]。社会发展的共享不仅体现在居民收入、教育、医疗、居住、养老、体育等能够提升民众获得感和幸福感的共享福利保障体系上,还体现在居民发展机会的共享上。历史发展到21世纪,城市应在满足居民基本生活需求的同时,更加考虑到基层群众的温饱和尊严。如当前实施的最低收入保障制度、九年义务教育制等都是重要体现。可以说,真正的共享城市,应该是实现了让所有民众,尤其是弱势群体都能分享到城市发展带来的实惠和好处,社会差距缩小,社会开放度、包容度明显提升。二是文化的共享。城市是不同风俗习惯、不同文化传统的多元化人口集聚地。中国56个民族,34个省级行政区域,每个民族、每个地区都有各自的文化特色。这些人群集聚在一个城市,在遵从相关法律规章制度的基础上,其文化特色都应该得到尊重和保护。这实际上就是一个社会生态的问题。无论大小人群,都应该在城市中有自己的文化发展空间和生活发展空间。百花开放,百家争鸣,不断铸就中华文化新辉煌。韩国首尔市政府2012年9月宣布的"首尔共享城市"计划,宗旨就是复兴城市共享文化以解决社会和经济问题[②]。

(3)生态环境共享

从1978年改革开放之后,中国的生态环境就随着经济发展而呈现不断恶

---

① 习近平:《决胜全面建成小康社会 夺取新时代中国特色社会主义伟大胜利——在中国共产党第十九次全国代表大会上的报告》,《人民日报》2017年10月28日。
② 赵任植:《首尔共享城市:依托共享解决社会与城市问题》,《景观设计学》2017年第3期。

化态势。本世纪初期曾经中国最大的 500 个城市中,只有不到 1% 达到了世界卫生组织推荐的空气质量标准;世界上污染最严重的 10 个城市之中,有 7 个在中国①。可以说,绝大多数中国城市居民都不得不在共同忍受着已经被严重污染了的环境。随着工业化的推进和经济转型,中国的城市污染从城市这个面到开发区的点,进而从开发区的点又扩展到农村整个面。生态环境的共享主要包括三个层面。一是洁净空气的共享。市民都有呼吸新鲜空气、看到蓝天白云的权利。在城市雾霾现象日益严重的今天,这已经成为广大居民的诉求。宁愿放缓经济发展速度,也要保障青山绿水,成为越来越多的地区和城市的具体行动。二是洁净水资源的共享。随着地下水污染的加剧,癌症等恶性病的增多,人们对饮用水的担心加剧。三是绿地空间的共享。目前很多城市已经免费开放公园,在城市规划中也规定了绿地服务半径的限制。

(4)基础设施共享

良好的基础设施是一个城市正常运营的前提,也是城市居民生活的保障。共享城市的建设,必须要保证道路、交通通信、供排水、供电、信息等广大群众工作和生活必备基础设施的共享。在信息爆炸的今天,每个人都有共享公共信息的权利。同时,在大众创业、万众创新的新形势下,共享城市建设,也要重视加强建设和共享社会孵化器、众创空间等能够提供发展机会的基础设施,以及为贫困群体提供帮助的社会慈善和互助平台设施等。另外,有专家提出,共享街区也是城市空间治理的实践原则和路径②。

3.共享城市建设的推进措施

(1)规划先行,渐进建设,打造共享城市发展的调控基础

规划是城市建设和管理的前提。我国的生态城市、智慧城市等,都有具体的发展规划。共享城市也应该编制可操作性的发展规划。城市政府部门应着眼市民对美好生活的向往,高瞻远瞩,制定互惠互利的共享城市发展战略规划,对共享城市的原则、目标、项目、任务、措施等作出统筹安排,为有序推进共享城市建设提供战略指引。而共享理念不仅要纳入城市建设规划,同时要纳

---

① 梁嘉琳:《报告称全球 10 大空气污染城市 7 个在中国》,《经济参考报》2013 年 1 月 15 日。
② 吴庆华:《共享街区:城市空间治理的实践原则与路径》,《理论导刊》2017 年第 7 期。

入土地使用、经济发展等各类重要规划。从规划实施看,要强化共享城市建设的政府调控。共享城市建设,政府必须发挥好主导作用。我国效益较好的大城市应该率先垂范,转变思维,开创共享经济新模式,打造共享城市,重新配置更多闲置资源,提高城市经济效率,促进社会的共享、包容与和谐。共享城市规划实施应该从城市发展的实际出发,小处着手,逐步突破,渐进建设,根据现有条件把当前能做的事情尽量做起来,一步步落实好以人为核心的发展,不断朝着全体人民共享的目标前进。例如,可以充分开发利用城市内部的闲置空间资源,为市民提供美好生活所需要的商场、绿地、广场、文化活动中心等公共空间。同时,要提高政府执政能力。共享城市会让政府的服务方式、税收、投入等方面有很大的改变,地方政府如何应对社会治安、城市规划、公共交通、社区服务等公共管理职能的转变和挑战是在实践中需要不断总结摸索的现实课题。[1]

(2)机制为主,法律为辅,完善共享城市建设的体制基础

有效的制度安排是共享的必然前提。共享城市建设,离不开一套完备的共享型政策和制度体系加以支撑和保障。我国广泛存在的共享性不足、受益性不均衡的问题,与不合理、不公正的制度设计和制度安排有密切关系,如城乡二元的户籍制度、土地制度、社会保障制度等。实现城市共享发展,必须首先纠偏二元化的制度安排,实现基本权益的共享。其次,还要完善领导体制和工作机制。各级城市政府在制定各级各类规划时,要提出明确反映共享发展理念的指标及政府必须履行职责的约束性指标,也要深入研究不同地方政府间的多重博弈怎么达到成本共担利益共享的"纳什均衡"[2],从而明确分工、责任和权利,完善共享机制。再次,要完善监督评价机制。加强督促检查,通过自查、互查、督查、抽查等方式,及时发现共享规划执行过程中的问题,严格抓好科学规划的贯彻落实。最后,要加快制定共享城市建设的相关法律法规体系,包括共享城市条例、共享城市建设实施办法、共享城市投资促进法等,为推动城市共享发展提供完备的法律依据。

---

① 吴庆华:《共享街区:城市空间治理的实践原则与路径》,《理论导刊》2017 年第 7 期。

② 陈雯等:《城市群区域一体化与旅游共享合作机制——长三角的经验借鉴》,《热带地理》2017 年第 6 期。

(3)经济发展,技术引领,构建共享城市建设的物质基础

共享发展决不只是分配上的公正,更不是原始意义上的绝对平等,而是在发展中共同建设、共同创造、共同享有。共建共创才能共享,共建共创的过程也是共享的过程。保障城市经济的长期稳定快速发展是根本。城市共享不是"拆东补西"式的以"多"补"少",而是变"少"为"多"。因此必须把城市经济这个"蛋糕"做大,全体人民共享才能成为现实。反之,只有通过共享,提高全体公民的消费水平,才能更快把经济发展的"蛋糕"做大。从中国历年三大需求看(见表1-1),中国最终消费支出对经济发展的贡献长期处于主导位置。但是从1980年到2010年消费贡献率一直在下降,直到2012年开始才逐步提高。这从一个方面说明中国居民的最终消费没有被更好地满足,同时也证明,通过共享能够提升居民的消费水平,将会极大地促进中国经济的发展。

表1-1 中国三大需求对GDP增长的贡献率和拉动效应表

年份	最终消费支出		资本形成总额		货物和服务净出口	
	贡献率(%)	拉动(百分点)	贡献率(%)	拉动(百分点)	贡献率(%)	拉动(百分点)
1980	77.3	6.1	20.9	1.6	1.8	0.1
1990	91.7	3.6	−74.6	−2.9	82.9	3.2
2000	78.1	6.6	22.4	1.9	−0.5	0.0
2005	54.4	6.2	33.1	3.8	12.5	1.4
2010	44.9	4.8	66.3	7.1	−11.2	−1.3
2012	54.9	4.3	43.4	3.4	1.7	0.2
2014	48.8	3.6	46.9	3.4	4.3	0.3
2016	64.6	4.3	42.2	2.8	−6.8	−0.4

资料来源:中华人民共和国国家统计局编:《中国统计年鉴2017》。

要把"蛋糕"做大,在经济进入新常态的今天,必须充分激发全社会的创造活力,推动"大众创业,万众创新",以创业创新推动经济结构调整、增强发展新动力,构建现代共享经济体系。在当今已经进入信息化时代的新形势下,必须高度重视做好"互联网+"这篇大文章,进一步加大互联网设施建设,努力搭建各类新型共享经济平台,进一步加快发展互联网经济、平台经济、跨境电

商服务。随着新时代我国社会主要矛盾发生变化,我国民众的工作和生活要求也更高了。例如,在饮食上已经由以往的单纯要求填饱肚子变为现在的既要吃饱还要吃好、吃出健康、吃出营养。满足这样的需求,绝不是传统的物质生产所能企及的,而必须依靠技术改革和供给侧改革以解决结构性矛盾。为此,要充分发挥科技创新的引领作用和科技人员的骨干中坚作用,依托"互联网+"平台集中大众力量推动科学进步和技术创新,顺畅科技成果转化通道,促进创新成果的产业化对接和应用,使一切有利于社会进步的创新愿望得到尊重、创新活动得到支持、创新才能得到发挥、创新成果得到应用。

(4)强化宣传,提升素质,形成共享城市建设的文化基础

共享本身是一种价值理念。要落实与实现共享发展,需在全社会大力宣传共生、共荣、共建、共治、共享的理念,让人人通晓"共享需要共建,共建为了共享"的道理。共享城市的共建和共治,需要培养高素质的市民和高水平的管理者,需要政府、社会、企业、市民等多元主体力量的协同建设。只有充分发扬民主,广泛汇聚民智,最大限度激发民力,充分调动人民积极性、主动性、创造性,才能形成人人参与、人人尽力、人人都有获得感的共享发展局面。

第二章　以人为核心视域下国外城镇化的经验与启示

在人类社会发展史上,城市开始出现在从原始社会到奴隶社会的过渡时期。但是真正意义的城镇化进程,则是在工业革命时期开启的。深入总结以往国内外城镇化的经验教训,对于我们科学推进以人为核心的新型城镇化具有重要的借鉴价值。

一、以人为核心视域下国外城镇化的主要经验

1996 年联合国环境规划署署长曾经指出,"城市的成功就是国家的成功。"在最近 200 多年,西方经济的快速发展和城镇化同步,也带来了国家的富强和成功。尽管不同国家、不同类型的城镇化模式所获取的成功经验都值得我们去研究、汲取和借鉴,但是作为一个超过 14 亿人的大国的城镇化,应该以发达大国或者大区域的城镇化经验为主要借鉴方向。

(一) 以人为核心的公共服务

城市公共基础服务设施,尤其是地下基础设施建设,反映着城市建设和管理者的"良心",关系着城市居民的基本生活舒适度。20 世纪中期以来,西方发达国家采取积极的政策措施,加强城市基础设施建设,积累了丰富的经验。在管理方面,政府在基础设施建设中充当着重要角色,承担起规划、建设和管

理三方面职责;在融资机制方面,它们在基础设施的投资、经营及管理等方面大胆引进市场竞争机制,实现了政府由直接生产者向组织与管理者的转变;从广泛性看,西方发达国家提供城市基础设施,既包括为生产和生活服务的交通、给排水、能源等设施,也包括教育、科研、环保等设施,它们是公共物品,能够为城市中任何居民和企业提供平等的服务,具有"非排他性"。

经过上百年的发展,尽管目前发达国家的基础设施有些已经比不上中国的上海、北京等大城市,但是它们的基础设施体现了更先进的城镇化理念。主要在如下方面:一是基础设施的均衡性。相对于中国目前基础设施的不充分、不平衡的现状,国外发达国家基础设施建设延伸到城市、近郊区和远郊区的各个地方。有些难以延伸的基础设施,也尽量通过替代等方式出现,如在边远地区以电代替暖气等。二是基础设施的长期性。发达国家基础设施规划建设经验比较丰富,投资巨大,往往更具前瞻性。如法国巴黎的地下排水系统,1854年开始建设,目前纵横交错,长达 2347 公里,包括 2.6 万个下水道盖,6000 多个地下蓄水池,13000 多个维修工,形成了一个宽敞使用的地下水库工程,这保证了一百多年来法国巴黎从来没有出现水患。

西方发达国家不仅公共硬件基础设施较好,公共服务体系也相对完善。如欧洲国家在城镇化进程中十分注重社会政策的配套,强调通过建立统一完善的社会保障体系,解决外来人口教育、医疗和养老保障等基本需求。英国、德国、意大利等实行全民公费医疗或全民医疗保险制度,城乡在社会保险、社会救助、社会福利等方面政策完全一致,各城市公共服务完善程度也相差无几。同时,通过发展混合社区,促进外来人员特别是移民的社会融合[1]。早在19 世纪,德国便创造性地开展了社会保障方面的工作。如在 1881 年颁布的《社会保障法》,就标志着德国社会保障制度的确立,以后几年又相继通过了关于建立医疗保险、事故保险以及伤残和老年保险的立法;1969 年又对社会保障制度进行了重大改革,制定了《农民养老金法案》,自此德国正式建立了由社会保险、社会救济和社会服务构成的社会保障网。英国也是西方发达国家社会保障制度建立最早的国家之一,20 世纪初英国政府制定了《老年赡养

---

[1] 李圣军:《城镇化模式的国际比较及其对应发展阶段》,《改革》2013 年第 3 期。

法》、《国民保险法》等一系列法案,到 20 世纪中叶英国已经形成了比较完善的社会保障体系。① 美国鼓励不同收入人群混合居住的房租补助券。美国政府为部分穷人提供的公共住房,往往集中在城市的某一个区域,带来很多社会问题。为促进不同群体混合居住,美国政府从 20 世纪 90 年代开始,向符合条件的低收入家庭发放房租补助券,受益家庭将家庭收入的 30%作为房租,余下与市场房租之间的差额由政府补足。1994 年,美国住房保障部又开展 MTO (Moving to Opportunity)计划,规定部分低收入家庭只有迁移到贫困率低于 10%的社区才能获得房租补助券。巴西开展城市"贫民窟"治理。据 2010 年人口普查,巴西有 6%共计 1140 万人生活在贫民窟,里约 22%的人口生活在贫民窟。为此,巴西对城市贫民窟进行治理,并推出"家庭补助金"、"巴西无赤贫"、"在家就医"等一系列社会发展计划。

(二) 以人为核心的城市规模和形态

由于各个国家的国情国策不一样,城市规模和空间形态发展也不同。在中国城镇化进程中,城市规模象征着一种身份和地位,预示着一种被认可的潜力。因此只要有条件各城市都在尽力扩大自身的规模,而城市的政治地位也间接成为城市规模扩大的助推力。于是,中国城市形态呈现蔓延扩张,导致职住分离、交通堵塞、用地粗放等一系列问题。西方发达国家的城市政治地位和城市规模并不严格对称,城市规模的扩大受到各方面尤其是市民的严格限制。因此,西方发达国家的城市规模和空间形态,更加反映了居民意愿、民俗风情以及当地的自然地理条件,更加符合市民的发展需要。总结而言,主要有如下三种模式。

1. 低密度发展的美加澳模式

美国、加拿大、澳大利亚国土空间广袤、人口相对较少,城市建设用地比较粗放。特别是"二战"后的几十年,美国在小汽车交通主导下的郊区化现象,导致城市空间发展模式由工业化时期市区边缘的高密度扩展转变为城市郊区的低密度蔓延。这尽管带来交通阻塞、环境污染、侵占农田、传统社区文化丧

---

① 朱红根等:《城镇化发展的国际经验及其借鉴》,《农村经济》2005 年第 11 期。

失等一系列问题,但是相对符合美国车轮上国家的特色以及追求自由、向往自然的风俗。近年来,美国提出"精明增长"理念,试图优化和重塑城市和郊区的发展模式。

2.集约紧凑发展的欧洲模式

欧洲由于人口密集,城市化总体上高密度、功能混用和集约紧凑。欧洲强调可持续利用土地,平衡处理城市、农村和居住用地需求,遏制城市扩张导致的生态系统脆弱、耕地减少、粮食减产等问题。为有效控制用地的无序扩张,欧洲许多国家都设定了城市发展边界。英国在大城市外围都设有绿化带,该绿化带既受法律保护,又有公众和舆论监督,成为大城市发展的最终边界。城市用地需求主要通过存量土地多功能利用和卫星城镇建设来满足。

3.基于规划和交通网络引导的城市群发展

1962—2007年,日本制定6次国土综合开发规划,提出优化国土空间开发格局、发展城市群的措施,特别重视交通网络的作用,加大城市群交通基础设施投资力度。通过持续建设,在各个城市群之间和城市群内部形成了比较完备的综合交通体系,既对城市空间扩展发挥了指向性作用,又通过形成新的交通优势区位改变了城市群的区域条件和作用范围。

(三) 以人为核心的城市规划定位和微观设计

美国各大都市和城市之间,根据区位特色和地区比较优势,形成了特色鲜明、功能明确的城市产业定位。纽约聚集了全国最大最多的商业和生产服务业,是美国的金融和贸易中心;波士顿是高科技产业和教育中心;以集装箱的容量来说,费城是北美第二大港;西雅图的电子信息产业非常发达;迈阿密是美国南部著名的旅游城市……不同类型和特色的城市,保留了不同的历史文化和市容市貌,形成了不同的支撑产业,既减少了相互恶性竞争和资源的重复建设,又不至于"千城一面",形成了特色鲜明的城镇化产业布局结构①。

德国的城市规划科学而权威。一是规划管理体系层次清晰,由联邦规划、州域规划、区域规划和市镇规划四个层次组成,覆盖从框架指导到具体建设各

---

① 李为、伍世代:《城镇化发展国际比较:经验及镜鉴》,《发展研究》2015年第5期。

个环节。二是注重可持续发展和居民需求,在规划制定过程中,须聘请专业机构对土壤、地下水、生物群落、空气等进行检验和预测,并直接贯彻到规划控制指标之中。三是重视社会参与,法律规定"在制定空间规划时必须有公众参与"、"在负责空间规划的联邦部内部必须建立一个咨询委员会"。四是赋予法律效力,基本杜绝随意修改、任意突破城市规划的现象。

美国公共空间的设计,给予市民最直接最真切的核心体验,就是人性化的关怀。在城市所有公共空间建设中,美国尽可能地在所有细节上让所有市民都感受到城市的舒适,如城市残疾人停车位的专门规划,街道旁报刊亭或阅报栏的设计,让大家感受到自己是城市的主人。这一切都显示了以人为核心的理念。

(四) 以人为核心的城市管理和环境建设

欧洲国家倡导"新合作主义"治理理念,坚持按"小政府,大社会"原则开展社会治理,加大城市政府向基层社区分权。美国的社区建设和治理很有特色,主要表现为以社区委员会为核心、公民广泛参与的自治模式。政府制定规范管理和扶持社区发展的制度框架,并通过减免税收、提供拨款和低息贷款、设立基金等方式进行资助。各类实体和个人都积极参与社区发展,非营利组织和服务机构通过提供教育、金融等各项公共服务满足社区需要。信息技术的应用能够有效提高城市管理效率。欧盟 2011 年启动总预算 100 亿—120 亿欧元的"智能城市计划",并在 2012 年投入 8100 万欧元,设立了城市智能交通、绿色能源等多个示范项目,2012 年又启动了"智能城市和社区创新伙伴行动计划"。

近年来,欧盟提出了一系列建设绿色城市的举措,推进城市生态环境优化。一是大力推行绿色建筑,出台《建筑能效指令》,设立建筑物能效最低标准,设立"绿色建筑项目"提供资助。二是鼓励绿色出行,要求成员国制定城市可持续交通计划,利用经济杠杆推广公共交通,鼓励骑自行车和步行,发布"欧洲绿色汽车倡议"。三是积极应对气候变化,支持各城市通过"市长契约"等倡议减少碳排放,发布 2050 低碳经济路线图、能源路线图和交通路线图。四是推动技术创新和绿色就业,推广采用生态友好型技术项目。

我们曾经考察过美国的大中小城市,大城市管理和规划值得借鉴,小城市的规划设计也值得中国新型城镇化发展借鉴。比如美国的大学城教堂山市(5万人左右规模)的道路设计既有美国的特点,又存在其自身特性。从宏观设计上看,这个小镇主要有两条交叉干道,东西为富兰克林大街,南北为哥伦比亚大街。这两条道路构成了整个小镇的主要骨架,也是这个区域的主干道。在市区以外,连接不同市镇的主要干道的两侧,分别有小路引入,多数就是居住区。市郊的公路密度较大,而且多是两个车道。由于是公路引导的规划设计,所以整个区域犹如一个大的项链。从微观设计上看,作为大学城,城市道路有它自己的特点。一是从主干道布局上看,两条主干道分别在学校校区的北侧和西侧,既方便了学生坐车,又防止对教学活动造成太大的影响。二是从主干道横断面设计看,两边都没有慢行道(也就是非机动车道,在中国是自行车道),全部是一块板。国内则多是两块板、三块板,甚至四块板设计。在郊区的道路,甚至连人行道都没有。整个道路设计全部是因地制宜,所以在这个地形不是很平坦的城市,难以找到一条正东西向的道路。房屋的朝向布局也同样,即使在大学中、城市里,都是因地就势的随机散点布局。从道路管理上看,美国尽管汽车众多,但在管理上还是以人为核心。这里的校园是开放的,汽车可以随便出入。但是在一条500米的道路上,可能就有5—6个人行横道。一旦发现有人在穿越马路或者有穿越马路的意图,那么汽车停车让人。所以一到下课时间,在学校里行车,跟走路的速度差不多。

(五) 以人为核心的城乡关系和城市文化

国外很多发达国家,尽管城镇化的历史不长,但是他们对于城市文化的保护值得我们学习,在城乡和谐发展方面也走在了世界前面。德国推进公共服务均等化和城乡协调发展。一是对农业地区进行政策倾斜,建立小城镇发展援助机制,大力推进农业和农村发展。二是完善社会保障制度,从就业、住房、医疗、贫困救助等多个方面对包括进城农民在内的国民权益进行全方位保护。三是加强教育,得益于义务教育和职业教育的普及,德国进城农民素质普遍较高,能够迅速适应现代产业要求,顺利融入城市生活。韩国自1970年开始发起"新村运动",通过加大财政投入、提供财政补贴和低息贷款等手段重点推进农村基础设施、农民居住条件建设,并下大力气推动农业发展、增加农民收入。[①] 20 世纪 90 年代,日本政府出台了《食品·农业·农村基本法》以及《山区振兴法》等法律,将农村振兴列为重要内容,采取的措施包括:支持山区半山区农民从事农业生产,增加农村基础设施投入以吸引年轻人留在农村和新的农业劳动者进入农村,制定地域性产业重振计划,设立"农村建设专项费",鼓励农村地区发展非农产业,建立城市与农村共存和双向交流机制等。

欧洲国家强调在保护历史遗迹与文化传统的前提下,兼顾城市功能扩展和旅游资源利用,努力维护城市人文特色。英国伦敦出台专门的文化发展战略规划,明确了发展文化创意城市的定位和思路。一是积累文化财富,开展全球合作,增进城市居民在文化方面的认同感和自豪感。二是开拓公园、图书馆、街道等公共文化场所。三是保证居民都能够参与城市文化生活。四是保护文化多样性,发展文化产业,营造文化环境,确保年轻人有机会发挥其创意技能和活力。

二、以人为核心视域下国外城镇化
   经验给予我们的启示

(一) 城镇化进程中应牢固树立以人为核心的发展理念

传统的城镇化存在着以物为本、重物轻人的观念,而以人为核心的城镇化正是针对此观念适应新时代发展需要而提出的。从以物为本到以人为核心,从重物轻人到以人为核心,充分体现了以人民为中心的发展思想和城镇化理念的进步。[②] 今后以人为核心的城镇化要坚决克服以物为主的"跑偏"观念与短视行为,避免"见物不见人"、"要地不要人"等片面城镇化再现。以人为核心的城镇化是党中央提出的一个城镇化战略新理念,因此今后的城镇化过程中应牢固树立"以人为核心"的发展理念,走中国特色新型城镇化道路,遵循

---

① 陈丽华、张卫国:《中国新型城镇化包容性发展的路径选择——基于城镇化的国际经验比较与启示》,《世界农业》2015 年第 8 期。
② 魏后凯:《坚持以人为核心推进新型城镇化》,《中国农村经济》2016 年第 10 期。

以人民为中心的发展思想,真正确立城镇化中"人"的核心位置,将广大农民和市民作为城乡关系调整改革的主体、中心和根本目的,把增进城乡居民的健康、富裕、平等、和谐、发展和幸福作为全部工作的根本原则和根本宗旨,不断提高城镇化的质量,以实现人的全面发展与现代化为旨归。[①] 以人为核心是新型城镇化的基本原则,以人为核心的城镇化要求立足于以人民为中心,要求既要"见人",又要"见物",更要突出人在城镇化过程中的本体地位,要从人的需求和发展角度出发,以城镇化建设的实效满足人民群众追求幸福生活的权利和诉求。以人为核心的城镇化首先要考虑的是"化人",而不是"造城",要重视城镇"质"的建设和"人"的发展,将城市的本性和人的本性相融合,实现城市与人的共生。

（二）以人为核心的城镇化要坚持走产城融合一体化发展道路

产业和城镇化具有较强的互动关联性。城镇化是产业集聚发展的空间载体,产业是城镇化的动力源泉,两者融合能够实现城镇化的顺利推进和产业的优化升级。要真正实现农民工市民化,城市必须以产业发展为支撑,提供足够的就业机会。在倡导以人为核心的新型城镇化的大背景下,产城融合一体化发展成为必然选择。为此,就要把产业园区建设和以人为核心的城镇化发展统筹起来,坚持以产促城、依城兴产。通过"园街联动"发展模式,以"产、城、人"互动为基点,以人的发展为目标,以城市功能为载体,以产业高级化为动力,进而达到产业、城市、人之间互促共进的有活力、持续向上发展的城镇发展模式。

（三）以人为核心的城镇化必须坚持城市土地集约节约利用

传统的城镇化建设存在的突出问题就是实行了粗放式增长方式,表现为重速度轻质量、重规模轻效益,甚至一些城市将城镇化简单等同于城市建设,贪大求快,脱离实际追求"第一高楼",建宽马路、大广场,大规模"削山造城"、

---

① 彭焕才:《新型城镇化"以人为核心"的内涵与路径》,《中央社会主义学院学报》2015年第5期。

"人为造城",外围圈地,建设用地盲目扩张,各类开发区和新区遍地开花,导致城镇建设用地快速增长,土地城镇化快于人口城镇化,大量城市土地处于闲置状态。以人为核心的新型城镇化正是要解决这种粗放型发展带来的问题,为此,就要立足于以人民为中心,破除传统的"以地为本"的思想,强调人在城镇化中的主体地位,在有序推进农民工市民化的基础上,坚持城市土地集约节约发展、有序发展,要根据资源环境承载能力合理确定城市发展规模,划定城市边界,倍加珍惜和合理利用城市土地资源,完善城镇建设用地标准,强化人均建设用地指标控制,最大限度地用好城市土地增量,充分挖掘城市存量用地潜力①。

(四) 以人为核心的城镇化要切实解决好城镇化进程中的农民问题

目前,中国以人为核心的城镇化过程中存在一些普遍性的问题,其中最为突出的是城镇化过程中农业人口的非农化转移与永久性乡城迁移并非同一过程发生,二元经济结构现象依旧严重。因此,今后在以人为核心的新型城镇化过程中要解决好农民问题,要破除"以地为本"的旧思想,切实将人放在城镇化的核心位置。以人为核心的城镇化重心应在农村,潜力也在农村。中国农业人口的迁移是今后一个时期市民化的主力人群,加快推进农业人口就地就近城镇化也是以人为核心城镇化的重要途径之一。只有坚持农民的主体地位,解决好农民问题,才能实现真正的以人为核心的城镇化。农民问题中首先要解决的是进城农民的身份问题,给进城者带来向心力和认同感,消除城市内部的二元结构,降低城镇化的门槛②;其次要保证农民和农民工在城镇进程化中直接受益,即解决已经转移到城镇就业的农民工落户问题,通过深化户籍制度改革,"全面放开建制镇和小城市落户限制,有序放开中等城市落户限制,合理确定大城市落户条件,严格控制特大城市人口规模"③,努力提高农民工融入城镇的基础和能力;最后要解决已转移到城市中的农民工就业问题,在城

---

① 朱孔芬:《"以人为本"视角下的中国城镇化问题研究》,中共山东省委党校硕士学位论文,2014年。
② 刘建春:《打好新型城镇化攻坚战必须以人为本》,《中外企业家》2016年第19期。
③ 《十八大以来重要文献选编》(上),中央文献出版社2014年版,第525页。

镇化过程中为新转移人口提供足够的就业岗位,增加其收入,提高其生活质量。同时通过规范用工制度,取消对农民工的各种就业歧视,建立农民工工资的正常增长机制,提高农民工基本素质与职业技能等措施,稳定农民工就业,增加农民工务工收益;与此同时,必须以产业为支撑,以新型工业化为动力,推进三次产业协同发展,通过产业发展创造就业岗位;实施产城融合战略,以产兴城,以城促产,充分发挥城镇化的集聚效应、市场效应和分工协作效应,提升城镇化就业吸纳能力。

(五) 以人为核心的城镇化必须加快推进基本公共服务均等化

社会保障体系的健全是以人为核心的新型城镇化的关键。回顾传统城镇化过程发现,在城镇化中往往忽略了对新转移到城市人口的基本公共服务体系建设,导致很多进城务工群体在基本公共服务上难以享受与城镇居民的同等待遇,主要体现在子女教育、劳动就业、社会保障、医疗卫生、住房保障、养老等诸多领域。虽然目前中国很多城市已经取消对农民工的资格限制或政策歧视,但是由于各种原因忽视对城市基本公共服务的建设以满足日益增加的城镇人口的需求;同时大多数城市的社会保障体系仅服务户籍人口,而对于常住人口,尤其是进城务工的农民工群体缺乏全覆盖①。结合中国当前以人为核心的城镇化中存在的问题以及借鉴德国以人为核心的城镇化先进经验,今后中国的城镇化应注重不断完善城镇居民基本公共服务体系建设,提高居民基本公共服务水平。把加强社会保障和公共服务作为统筹城乡发展、引领城乡一体化的根本目标,立足实际、全面推进、逐步对接,努力建设有利于城乡一体化发展的支撑保障体系。

(六) 以人为核心的城镇化要努力实现人与自然和谐相处

以人为核心的城镇化要吸取西方发达国家城镇化过程中出现的以牺牲生态环境为代价,农田和自然景观被吞噬的教训,要减轻环境压力,降低城镇化

---

① 张许颖、黄匡时:《以人为核心的新型城镇化的基本内涵、主要指标和政策框架》,《中国人口·资源与环境》2014 年第 S3 期。

发展的资源环境成本,最大程度地减少人类活动对自然的干扰,实现城镇化的可持续发展和人与自然和谐相处。

以人为核心的城镇化最终目的是为提升转型农民的幸福指数,因此需要坚持绿色发展、生态优先,将生态文明理念全面融入城镇化全过程,加强生态功能区保护与管理,转变生产、生活方式,建设生态城镇,让群众真正感受到生态文明,让城镇具有更高的生态价值、人居价值,走出了一条绿色、低碳、可持续的城镇化道路[①]。同时,以人为核心的城镇化过程中要对城镇布局、建设规模、发展形态、产业结构和开发利用方式进行分区控制,要保证城镇自然生态系统自循环的平衡协调,保证区域生态协调,最终保证人与自然的和谐。

---

① 王素斋:《科学发展观视域下中国新型城镇化发展模式研究》,南开大学博士学位论文,2014年。

第三章 以人为核心视域下中国
以往城镇化的突出问题

城镇化的核心在于人的城镇化。多年来中国城镇化实践中却存在看重地和钱、轻视人的倾向,由此带来土地城镇化快于人口城镇化、失地农民问题、农民工问题、农村"三留守"(留守妇女、留守儿童、留守老人)问题、城市内部的贫困问题、"城市病"等一系列突出问题。失地农民问题、农民工问题、农村"三留守"问题、"城市病"问题,将在后面分别专章论述,在此,只分析论述土地城镇化快于人口城镇化、城市内部的贫困问题。

一、土地城镇化快于人口城镇化①

城镇化的核心,本应是农村人口的城镇化。然而,纵观我国多年的"城镇化热潮",实际上成了"城市建设热潮",城市建成区面积和城市建设用地面积都迅速扩大,但人口城镇化水平却没有得到相应的提高。正如中共中央、国务院印发的《国家新型城镇化规划(2014—2020年)》所指出的:"'土地城镇化'快于人口城镇化,建设用地粗放低效"是必须高度重视并着力解决的一个突出矛盾和问题②(见表3-1)。1990年至2011年的21年间,全国城市建成区面积扩大了2.39倍,城市建设用地面积扩大了2.61倍,而人口城镇化率仅增长0.94倍,空间扩张速度是人口城镇化增长速度的2.54倍,城市建设用地面

---

① 王成新等:《基于结构视角的中国人口城市化与土地城市化异速增长研究》,《中国人口·资源与环境》2016年第8期。

② 《国家新型城镇化规划(2014—2020年)》,《人民日报》2014年3月7日。

积增长速度是人口城镇化增长速度的 2.78 倍。2000 年至 2011 年的 11 年间，全国城市建成区面积扩大了 94%，城市建设用地面积扩大了 89%，而人口城镇化率仅增长 42%，空间扩张速度是人口城镇化增长速度的 2.24 倍，城市建设用地面积增长速度是人口城镇化增长速度的 2.12 倍。2010 年至 2017 年的 7 年间，全国城市建成区面积扩大了 40%，城市建设用地面积扩大了 39%，而人口城镇化率仅增长 17%，空间扩张速度是人口城镇化增长速度的 2.35 倍，城市建设用地面积增长速度是人口城镇化增长速度的 2.29 倍。"参照国际标准，为了保证城市开发效率和资源环境保护效果，土地城镇化与人口城镇化速度应该基本相当，以用地增长弹性系数①衡量，大约在 1 到 1.12 之间"②，而中国 1990 年至 2011 年的 21 年间、2000 年至 2011 年的 11 年间和 2010 年至 2017 年的 7 年间，用地增长弹性系数分别是 2.02、1.78 和 1.86，都已经大大超过了国际标准。

表 3-1 1990—2017 年中国城市面积和人口城镇化情况

项目	1990 年	2000 年	2010 年	2011 年	2017 年	2011 年比 1990 年增长（%）	2011 年比 2000 年增长（%）	2017 年比 2010 年增长（%）
建成区面积（平方公里）	12856	22439	40058	43603	56225	239	94	40
城市建设用地面积（平方公里）	11608	22114	39758	41861	55155	261	89	39
人口城镇化率(%)	26.41	36.22	49.95	51.27	58.52	94	42	17
城镇人口数量（万人）	30195	45906	66978	69079	81347	129	50	21

资料来源：中华人民共和国国家统计局：《中国统计年鉴 2012》，中国统计出版社 2012 年版，第 101、393 页。中华人民共和国国家统计局：《中华人民共和国 2017 年国民经济和社会发展统计公报》（2018 年 2 月 28 日），《人民日报》2018 年 3 月 1 日。

---

① 用地增长弹性系数等于城市用地增长率与城市人口增长率之比。
② 王栋琳：《城镇化不能演变成"造城运动"》，《中国证券报》2012 年 12 月 6 日。

土地城镇化快于人口城镇化,的确对中国土地资源平衡产生了很大的压力,但由于我国城镇化进程的曲折性和复杂性,不能简单地理解和止步于土地城镇化快于人口城镇化这个表象,更不宜提出在全国一刀切限制土地城镇化的结论。土地城镇化与人口城镇化的内在关系亟须从多个角度进行综合验证。我们借助异速增长模型,从结构方面着手,探究我国土地城镇化与人口城镇化之间的异速增长关系,以期为二者关系提供一个更为全面透彻的阐释,同时为今后城市的健康发展和中国城镇化政策的细化与因地制宜实施提供依据。

(一) 基于全国总体情况的分析

异速增长模型是指系统的局部之间或局部与整体的几何测度关系:一个局部的相对增长率与系统或其另外一个局部的相对增长率具有恒定的比值[①]。用数学表达式来描述为 $lnY = lna + blnX$,整理得 $Y = aX^b$,式中的 X、Y 分别代表一个系统中的两个相对独立的部分,a 为比例系数,b 为异速增长系数。异速增长模型作为研究城市空间结构及其演化过程的重要方法,主要集中在城市人口与城区面积的异速关系[②]和城区面积与城市边界长度的异速关系[③]。城市人口与城市土地是不同维度上的变量,若将城市看作一个系统,城市中的人口和土地可视为城市系统中的两大部分。鉴于此,借用异速增长模型,将异速增长等式 $Y = aX^b$ 中的 X、Y 两个变量赋予新的含义,其中 Y 表示城市建设用地面积,X 表示城市人口总量。

2014 年我国设市城市城区人口为 38576.5 万人,较 2001 年增长 62.6%。而 2014 年我国城市建设用地面积达到 49982.74 平方公里,较 2001 年增长 106.6%。借助异速增长模型对该阶段我国城区人口和城市建设用地进行拟合分析,得出函数关系式为 $Y = 2.18X^{0.94}$,即异速增长系数 $b = 0.94$,大于

①　刘继生、陈彦光:《山东省城市人口—城区面积的异速生长特征探讨》,《地理科学》2005 年第 2 期。

②　陈彦光、张莉:《信阳城市人口—城区用地异速生长分析》,《地理科学进展》2014 年第 8 期。

③　陈彦光、余斌:《异速生长定律与城市郊区化的分维刻画》,《华中师范大学学报(自然科学版)》2004 年第 3 期。

$0.85, r^2 = 0.90$。根据异速增长类型判定可知,2001—2014 年呈现正异速增长。这说明从全国宏观尺度上,该阶段土地城镇化的确快于人口城镇化,城市建设用地趋于粗放化。2014 年我国人均建设用地面积为 129.57 平方米/人(2001 年为 102.42 平方米/人),远高于国家规定的人均城市建设用地指标的上限。由此,城市建设用地的人口密度偏低且逐年下降,由 2001 年的 10241 人/平方公里下降到 2014 年的 7718 人/平方公里。近几年来一些地方出现的"鬼城"、"空城"也是城市建设用地浪费、闲置的具体表现。

(二)基于区域结构的分析

根据自然地理格局和经济发展水平等综合因素,可将我国内地(大陆)划分为东、中、西三大区域,东部地区包括北京、天津、河北、辽宁、山东、上海、浙江、江苏、福建、广东、海南 11 个省级行政区;中部地区包括山西、吉林、黑龙江、安徽、江西、河南、湖北、湖南 8 个省级行政区;西部地区包括四川、重庆、贵州、云南、西藏、陕西、甘肃、青海、宁夏、新疆、广西、内蒙古 12 个省级行政区。三大区域之间的城镇化发展和建设水平存在很大差异。2001—2014 年,东中西三大区域城市人口和建设用地面积发生了不同程度上的变化(见表 3-2)。借助异速增长公式对 2001—2014 年东中西三大区域的城市人口和城市建设用地面积进行分析,所得结果如图 3-1 所示。

表 3-2　2001 年和 2014 年中国三大区域城市人口与建设用地变化

三大区域	2001 年				2014 年			
	城市人口（万人）	占全国比重	城市建设用地（km²）	占全国比重	城市人口（万人）	占全国比重	城市建设用地（km²）	占全国比重
东部地区	11777.98	49.7%	12076.46	49.7%	20354.70	52.7%	26213.23	52.4%
中部地区	7404.79	31.2%	7272.89	29.9%	10337.84	26.8%	13178.49	26.4%
西部地区	4536.76	19.1%	4943.26	20.4%	7884.56	20.5%	10591.02	21.2%

资料来源:《中国城市建设统计年鉴》。

2001—2014 年,中国东中西三大区域城市人口与城市建设用地异速增长系数均呈波动式发展态势。其中,东部地区和中部地区异速增长特征值始终

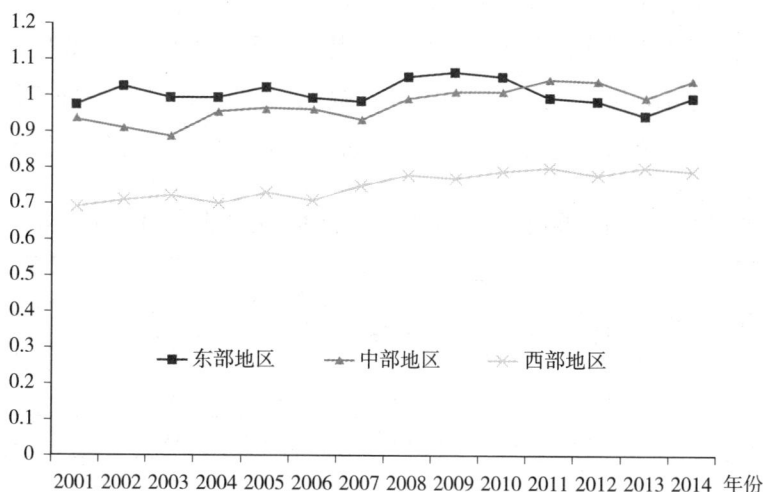

图 3-1 2001—2014 年中国三大区域城市人口与建设用地异速增长特征值变化

高于临界值 0.85,一直保持着正异速增长关系,且 2014 年东部和中部人均建设用地面积分别为 128.7 平方米/人、127.4 平方米/人,分别比 2001 年提高了 25.6%和 28.7%,这说明这一期间东部和中部城市建设用地扩张速度确实快于城市人口增长速度,土地城镇化快于人口城镇化现象明显。2001—2010 年间,历年城市人口与建设用地异速增长系数均由东部向西部逐级递减,这与我国城镇化水平和经济发展逐步由东向西梯度开发的不断递进有关。但自 2011 年开始,中部地区的异速增长系数首次高于东部地区,表明 2011 年后中部地区城市建设用地扩张进入全面加速阶段。相比之下,西部地区由于自然环境和地理格局等因素,经济和城镇化一直处于低水平发展阶段。进入 21 世纪,国家提出了西部大开发战略,为西部地区城市发展提供了重大机遇,西部地区城镇化进程得到长足发展,城市建设日渐繁荣,使得 2001—2014 年西部地区城市人口与城市用地异速增长系数处于持续增长态势。但是由于其 2001 年人均建设用地面积就很高,达到 109 平方米/人,分别较东部和中部高出 6.4 平方米/人、10.7 平方米/人,说明西部地区内涵扩张弹性空间较大,因此异速增长特征值始终低于临界值 0.85,从理论上讲西部地区总体城市建设用地扩张速率慢于城市人口增长速度,西部地区各省(自治区)也有所不同。

（三）基于建设用地结构的分析

不同建设用地类型的城市土地利用的特征也不尽相同,根据2012年实施的《城市用地分类与规划建设用地标准》,提取2001—2014年不同建设用地面积,测算14年间主要建设用地与城市人口的异速增长关系(见表3-3)。

表3-3　不同建设用地类型与城市人口异速增长特征值(2001—2014年)

建设用地类型	居住用地	公共管理与公共服务用地	工业用地	物流仓储用地	道路与交通设施用地	公用设施用地	绿地
R^2	0.796	0.829	0.876	0.613	0.866	0.780	0.857
异速度增长系数 b	0.848	0.728	0.874	0.495	1.248	1.029	1.144

资料来源:根据《中国城市建设统计年鉴》相关数据计算得出。

从表3-3可以看出,2001—2014年中国的城市人口与不同建设用地类型间的异速增长关系呈现出各不相同的特征。居住用地、公共管理与公共服务用地、物流仓储用地的异速增长系数均低于临界值0.85,处于负异速增长。其中,城市人口与居住用地的异速增长系数为0.848,接近于临界值,而2001—2014年我国城市人口的人均居住面积为37.02平方米/人,符合《城市用地分类与规划建设用地标准》,说明该时期我国居住用地扩张处于正常水平,遵循了集约、节约用地原则,但近些年来出现的"鬼城"现象势必会导致居住用地的不断增长,因此要加大居住用地审批力度,处理好居住用地的存量与增量的关系;公共管理与公共服务用地扩展速度同样低于城市人口增长速度;物流仓储用地的异速增长特征值最低,扩张速度低于城市人口增速。2014年物流仓储用地面积为1553.03平方公里,比2001年增加440.65平方公里,人均物流仓储用地仅为4.02平方米/人,且物流仓储用地在土地利用总体规划中处于弱势地位,物流仓储用地与其他建设用地(工业用地为主)间的转换量较大。

在所分析的城市建设用地中,工业用地、道路与交通设施用地、绿地和公用设施用地的土地城镇化快于人口城镇化,但前三者用地的增长具有一定的合理性。其中,工业用地的异速增长系数略高于临界值,与目前我国总体处于工业化中后期以及中部和西部地区的工业化快速发展有关。此外,2014年工业用地占总建设用地比重为19.88%,也符合国家规定标准。道路与交通设施用地可以缓解工作地与居住地之间的交通压力①,是为了适应城市向外扩张需求和小汽车时代的交通基础设施建设,其增长是处于被动,受城市总体规划和设计限制。2001—2014年道路与交通设施用地所占总建设用地比重呈持续增长态势,2014年为13.3%,处于国家规定的合理值域。随着人们对城市环境的关注日益凸显,增加城市绿地面积是确保城市生态建设、方便居民健康生活发展的重要途径。该阶段我国绿地面积不断扩张使得城市更加生态化、绿色化、自然化,符合国家提出的生态文明和绿色发展理念,同时提高了城市宜居度和舒适度。由此可见,在现阶段,我国城市建设用地中,工业用地的集约利用潜力最大。

(四) 基于城市规模结构的分析

2014年我国设市城市有653个。为了进一步剖析不同规模结构城市的人口城镇化与土地城镇化异速增长关系,根据本文的城市样本结构,并结合新旧城市规模划分标准,将样本城市划分为五大类(见表3-4)。

纵向比较分析,2001—2014年,所有城市规模系列的异速增长特征值变化趋势与全国发展趋势基本一致,呈上升趋势,城市建设用地扩张相对于城市人口增长逐渐加速,但是差异较大。其中,20万以下和500万以上的城市异速增长系数b值始终低于临界值0.85,理论上土地城镇化慢于人口城镇化。20万—50万、100万—300万人口规模的城市在该时段内由负异速增长关系转变为正异速增长,城市建设用地扩张速度不断加快;50万—100万的城市b值一直高于临界值并有不断增长趋势,说明土地城镇化始终快于人口城镇化;值得注意的是城市人口在300万—500万的城市,自2001年异速增长系数b值呈现出明显的下降趋势,2014年异速增长特征值小于0.85,城市人口增长速度快于城市建设用地扩张速度。

---

① 李晓林等:《交通用地的高效利用与城市可持续发展》,《北京师范大学学报(社会科学版)》2007年第2期。

表 3-4　不同城市规模城市人口与城市用地异速增长特征值

b 值	2001 年	2006 年	2011 年	2014 年
20 万以下	0.576	0.659	0.702	0.772
20 万—50 万	0.817	0.925	1.034	1.057
50 万—100 万	0.897	0.902	0.921	0.992
100 万—300 万	0.685	0.790	0.865	0.913
300 万—500 万	1.427	1.278	0.949	0.735
500 万以上	—	0.670	0.729	0.850

注:表内数据根据《中国城市建设统计年鉴》相关数据计算得出。2001 年,城区人口在 500 万以上的城市仅有北京与上海,样本数量太少,因此不做比较。

虽然从全国整体分析得到土地城镇化快于人口城镇化,但是从年度截面数据横向比较来看,异速增长系数与城市规模不存在对应关系,并不是城市规模越大,异速增长特征值越低,而是城市体系内部不同等级城市之间,异速增长特征值 b 值变化也存在差异。随着城市人口规模不断扩大,异速增长系数 b 值呈波动式发展态势。其中,20 万以下的城市异速增长系数 b 值始终为各等级规模城市中最低值,建设用地增长的速度慢于人口增长的速度,究其原因可知,该类规模城市大多属于县级市,农业发展仍占主导地位,对优质企业和高级生产要素的吸引力有限,使得固定资产投资不足,导致城市建设动力偏弱。此外,城市人口增长主要以周边农村地区人口向城市集聚为主。该规模城市的原有人均用地就高,在如此紧张的土地指标下,只能内部挖潜;20 万—50 万和 50 万—100 万两类等级城市中,土地建设用地扩张率开始显著地超过城市人口增长率,人均建设用地面积分别由 2001 年的 113 平方米/人、98 平方米/人上升至 2014 年的 134 平方米/人、124 平方米/人,远远超过国家规定标准,说明这两类规模城市土地城镇化快于人口城镇化现象始终存在且有加剧趋势。这两类规模城市多为地级城市,正处于快速成长阶段,城市基础设施建设日益完善,主要以第二产业为主,是连接大城市和小城镇的中间纽带,同时又是转移制造业和农村劳动力的承接地,对企业总部和营销中心在此投资有强大的吸引力,加之国家近几年提出来的"大力发展中等城市"等相关政策扶持,且近年来涌现出了大量的国家级、省级和市级各类开发区,城市建设用地不断扩张。此外,受户籍制度这个"高门槛"的制约,人口城镇化进程缓慢。

300万—500万规模等级的城市,异速增长系数在2001年、2006年处于各规模等级城市中最高值,但b值呈下降趋势,说明该类规模城市中的城市人口增长速度不断加快,土地城镇化与人口城镇化关系日趋平衡。300万—500万规模城市属于大城市,自身发展处于较为成熟阶段,在城市化进程中占主导地位,对周边城市的经济有着难以替代的聚集效应和辐射功能。城市土地快速扩展源于城市人口在300万以下时的"超前扩张"积累,当城市无序扩展达到一定程度时,国家或当地政府出台相应措施管控。与此同时,大城市凭借爆炸性发展和集聚效应,生产规模急剧扩大,人口迅速增加,最终导致人口增长速度与建设用地扩张速度趋于相等。

二、城市内部的贫困现象不可忽视①

贫困指社会个人或家庭凭借其劳动所得和其他合法收入难以维持最基本的生存需求或精神需求,一般分为绝对贫困和相对贫困。长期以来,贫困问题被看作是农村之特有现象,但近年来随着我国城市人口结构的多元化和人口规模的骤增,城市贫困人口数量增多,程度加深,发展趋势严峻。"拉美现象"②深刻地警示我们,在城镇化快速发展时期,必须高度重视城市贫困防治问题,否则不仅会影响经济社会的健康发展,而且会影响政治局面的安定团结。

(一)城市贫困的主要表现

1.贫困人口数量增加迅速,"感觉型"相对贫困更为突出

我国20世纪80年代贫困人口数量一直较少,贫困发生率稳定在0.2%

---

①　崔学刚等:《新型城镇化背景下我国城市贫困问题及对策研究》,《宏观经济管理》2015年第7期。

②　"拉美现象",是指拉美地区国家在经历了一个相对较快的持续增长时期、人均GDP达到1000美元之后,在其发展过程中出现的以经济停滞甚至衰退、贫富两极分化、社会秩序动荡不安等为特征的整体性危机现象。

左右的低水平,但从 90 年代初开始,随着城市下岗、失业人员的增加,城市贫困人口迅速增长。进入 21 世纪,尽管我国经济快速发展,但是由于城市人口规模的快速增加,以及贫困线的迅速提高,城市绝对贫困的人口数量增加较快,从 1000 万人左右增加到 5000 万人以上仅用 10 年。而且,由于住房价格、未来经济预期等因素,尽管很多市民收入不断提高,温饱生活得到解决,但是仍然感觉自己属于贫困阶层,不具备接受更高教育、更好医疗和享受文化生活、外出旅游等精神生活的资本,即生活水平低于社会公认的基本生活水平,这部分群体被列入相对贫困或"感觉型"贫困行列。新型城镇化时期,这类"感觉型"贫困人口数量急剧增加,将直接影响到社会的和谐稳定。

2. 贫困阶层内卷化,"马太效应"日趋严重

所谓内卷化,即"父贵子荣"和"父贫子衰",在贫富两个阶层内部自我复制,"精英再生产"和"弱势再生产"的趋势出现并日益强化。城市底层贫困人口越来越难以获得良好的发展机遇或是其他类似于拆迁带来的意外财富,他们的谋生能力无突变式的发展,生活水平亦无渐进式的提高,长此以往,如同车入泥潭,原地踏步,裹足不前,无力摆脱贫困状态。然而,城市富裕群体由于具有稳定的高收入,尤其资本经营收入更为突出,这部分群体越来越富,导致社会财富与权力的两极分化不断加速,"马太效应"越发严重,社会矛盾日益加剧。

3. 贫困人口集聚布局,穷富空间区域隔离

从区域层面看,由于国家政策、规划体制以及市场转型等各方面的原因,东部沿海城市具有越来越强的吸引力和凝聚力,在产业、劳动力、资本等生产要素的争夺中具有显著优势,经济发展相当迅速,给居民的富裕生活以较高保障。然而,东部地区并未担负起应有的在经济辐射、环境整治、高科技发展等方面的责任和义务,这也就进一步拉大了居民收入的区域和城乡差距,使得贫困人口在中西部集聚布局。从城市个体层次来看,由于市区的高房价、高物价,使得贫困群体无力支付,因此被隔离在居住条件恶劣、环境极差、基础设施不足的城市边缘地带,甚至导致"贫民窟"的出现。浙江大学张海敏、贾津生提出,中国在城市化过程中尽管仍未出现大规模"贫民窟",但已经出现分散

贫困人口的聚居地,存在"贫民窟"形成的潜在压力。①

（二）城市贫困问题的衍生效应

1. 将影响新型城镇化目标的顺利实现

当下我国正处于新型城镇化深入发展的关键时期。据《国家新型城镇化规划(2014—2020年)》,重要目标之一是实现城镇化水平和质量稳步提升,使城镇化健康有序发展。城镇化是解决"三农"问题的重要途径,因此,在新型城镇化过程中,必然会使越来越多的农民变成市民,这是缩小城乡差别、实现共同富裕、全面建成小康社会的必由之路。但农民变为城镇居民后,如果大多处于城市的贫困阶层,必将极大地降低农民的进城意愿,使广大农民止步于观望或者城乡两栖生活,这将直接影响新型城镇化目标的顺利实现。

2. 将影响社会的安全和稳定

城乡二元结构早已引起全社会的高度重视,但城市内部的贫富二元结构的严重性和危害性也非常突出。众所周知,城市贫困人口社会不公感、相对剥夺感强烈,由于困难群体在社会利益格局的调整中处于弱势地位,他们认为每一次改革和调整对自己而言都是一次再付出和再失落,从而导致困难群体的不满情绪与日俱增。而三条社会保障线只解决了部分贫困人口最低的生存需求,在健康、教育和社交方面,他们许多最起码的需求还是无法得到满足,而且还面临社会歧视、子女教育等精神和心理上的压力。心理失衡和现实问题使贫困人口成为社会的不安定因素,越轨行为发生几率显著提高。矛盾一旦激化,不安定因素将急剧增多,极大地影响经济发展,给社会和国家的安全稳定也将造成很大威胁。南开大学法政学院副院长关信平认为,贫困问题可能成为城市社会中长期存在的"毒瘤"。②

3. 将影响经济的可持续发展

生产和消费构成了经济活动的主题。而城市贫困将会从如下两方面影响经济的可持续发展。一方面,由于劳动力资源优势不能充分发挥,生产受到影

---

① 张海敏、贾津生:《中国城市"贫民窟"形成的潜在压力及阻断机制分析》,《云南师范大学学报(哲学社会科学版)》2006年第4期。

② 关信平:《击碎贫困不要城市贫民窟》,《21世纪经济报道》2003年1月30日。

响。中国的最大优势在于劳动力资源,而劳动力资源与一般的物质资源不同,它不能被储藏,可开发利用的时间仅 30—40 年。而无业所导致的贫困,实际上是有劳动能力的劳动者不能被合理利用,不能形成有效产出,造成劳动力资源的闲置浪费。另一方面,贫困导致消费紧缩,城市贫困人口的存在,不仅降低该群体的消费能力和水平,还会影响其他群体的消费预期和收入预期,制约消费需求的扩大。近几年我国消费紧缩,市场需求启而不动,城市贫困带来的综合影响即为重要原因之一。

第四章　新型城镇化进程中的
失地农民问题

　　城镇化作为工业化的伴生现象,是人类社会发展的必然趋势,并与工业化一同构成各国现代化发展的重要支撑和推动力量。城镇化的内涵非常丰富,既包括城镇人口在全国总人口中所占比重的提高,也包括人口观念的转变、人口质量及社会文明程度的提高;既包括劳动力、土地、资金等生产要素的非农化,也包括由此带来的城乡经济社会结构的嬗变;既包括乡村的城镇化,也包括城镇自身的发展和综合素质的提升等。显然,城镇化既内含人口的市民化,也内含土地、资金等生产要素的非农化,现实中二者往往难以同步,致使在城镇化过程中难以避免衍生出失地农民这一现象。但如果在城镇化推进过程中,有完善的制度、政策设计来解决征占农用地时引发的失地农民生存和发展问题,那么这一现象将只是仅仅作为一个抽象的理论概念而存在,而不会成为一个棘手的现实问题。

　　中国传统的城镇化过程,表现出明显的粗放性特征,主要体现为:土地的城镇化率远远高于人的城镇化率,在农村土地城镇化、非农化的同时,没有同步实现失地农民的城镇化、非农化,失地农民的生计和发展出路问题也没有得到妥善解决,导致失地农民问题成为一个严峻的社会问题。党的十八大以来,以习近平同志为核心的党中央,立足国情和当前,着眼于长远发展,高度强调要打破传统城镇化思维惯性和路径依赖,坚持以人为核心,积极推行新型城镇化。早在 2013 年 12 月,习近平总书记在中央城镇化工作会议上就明确指出:"推进以人为核心的城镇化,提高城镇人口素质和居民生活质量,把促进有能力在城镇稳定就业和生活的常住人口有序实现市民化作为首要任务。"①2016 年国务院出台《关于深入推进新型城镇化建设的若干意见》（国发〔2016〕8 号），强调必须"以人的城镇化为核心"，"着力解决好'三个 1 亿人'城镇化问题"，"切实维护进城落户农民在农村的合法权益"，等等。② 2019 年 5 月发布的《中共中央国务院关于建立健全城乡融合发展体制机制和政策体系的意见》进一步强调，要"健全农业转移人口市民化机制"。③ 党中央国务院的科学决策和一系列战略部署，指明了城镇化发展的方向和路径，明确了新型城镇化的"新型"要义所在——"以人为本、四化同步、优化布局、生态文明、文化传承"④，指出了城镇化过程中如何处理好"土地城镇化"和"人的城镇化"关系的根本遵循，为最大限度减少失地农民问题出现以及有效解决失地农民问题提供了可能、指明了方向。尽管如此，长期传统城镇化过程中导致的失地农民现象和问题仍严重存在，新型城镇化推行过程中的"土地城镇化"和"人的城镇化"很难保持完全同步。因此，妥善解决新型城镇化进程中的失地农民问题，仍然是当前和今后一个时期需要面对和解决的突出问题。

一、解决城镇化进程中失地农民问题的重要意义

（一）"失地农民"及"失地农民问题"概念界定

1."失地农民"概念界定

从一般意义上讲，所谓农民，是指直接从事农业生产经营的劳动者。在中国，长期以来以户籍所在地为依据，把人口分为农业人口和非农业人口，进而把拥有农业户口的劳动者及其家庭成员称为农民。但是，改革开放以来，农民构成发生了很大变化，出现了多种类型的农民：一是完全从事农业生产经营的

---

① 《十八大以来重要文献选编》（上），中央文献出版社 2014 年版，第 592 页。
② 《国务院关于深入推进新型城镇化建设的若干意见（国发〔2016〕8 号）》，《城乡建设》2016 年第 3 期。
③ 《中共中央国务院关于建立健全城乡融合发展体制机制和政策体系的意见》，《人民日报》2019 年 5 月 6 日。
④ 《国务院关于深入推进新型城镇化建设的若干意见（国发〔2016〕8 号）》，《城乡建设》2016 年第 3 期。

农民;二是以农业生产经营为主业、以非农业生产经营为辅业的兼业农民;三是以非农业生产经营为主业、以农业生产经营为辅业的兼业农民;四是完全从事非农业生产经营的农民。在已经取消农业户口和非农业户口区分的情况下,之所以把以上各类人口仍称为农民,主要是因为这些人口仍是农村集体经济组织成员并拥有农村集体土地的承包权及宅基地使用权等。

所谓失地农民,简单地讲是指失去土地的农民。但是,在农村经济社会结构发生巨大变化、大量农民外出经商务工以及城乡一体化加快推进的背景下,失地农民又包括多种类型:一是按照失去土地的个人意愿,分为主动失去土地的农民和被动失去土地的农民。前者是指农民为了获取户口变更、职业转换、经济补偿等利益,主动放弃其所拥有的农村集体土地承包权、使用权及其附着的一系列权利;后者是指因政府依据有关法律规定征收土地而失去土地的农民。二是按照失地农民的范围,分为狭义失地农民和广义失地农民。前者仅指因政府征收土地而失去土地的那些直接利用土地从事生产经营的农民;后者不仅包括前者,还包括前者的家庭成员。三是按照失去土地的数量,分为完全失去土地的农民和部分失去土地的农民。前者是指因土地被征收而全部失去土地的农民;后者是指仅有部分土地被征收、仍拥有部分土地的农民。如果农民失去部分土地,但并没有因失去这部分土地而影响正常的生产生活,则这类农民不认定为失地农民。如果农民因土地征收而只剩余少量土地且明显影响到其生产生活,则这类农民被认定为失地农民,但这个数量界限并没有明确的理论界定和法律规定,一般认为剩余土地少于人均 0.3 亩的农民可认定为失地农民。

综观各种失地农民类型并从现实角度来看,所谓"失地农民",是指因土地被征收而被动性失去全部或大部分土地并因此影响到其正常生产生活的农民及其家庭成员。

2."失地农民问题"概念界定

失地农民是工业化、城镇化过程中难以避免的现象,而伴随这一现象产生的是诸多涉及失地农民利益的问题即失地农民问题。所谓"失地农民问题",是指因土地征收导致农民失去全部或大部分土地的过程中存在的问题以及其后存在的涉及农民权益及生存发展的问题。

从问题涉及的层面来看,主要包括:一是在微观层面上,直接涉及失地农民个体相关权益以及生存发展的问题;二是在中观层面上,涉及失地农民群体相关权益以及生存发展的问题及其对整个农民群体产生的不良影响和反应;三是在宏观层面上,涉及整个社会的民生、社会和谐稳定以及一系列战略目标实现的问题。其中,最为关键的是涉及失地农民个体和群体的直接问题。只要这些问题最大限度地避免或得到妥善解决,涉及整个农民群体和整个社会的各种问题自然不会产生,即使产生也会在很大程度上得到有效化解。

从问题涉及的内容来看,主要包括:一是在农民土地征收过程中的农民权益保障问题。主要包括土地征收是否具有合法性、程序性、民主性及公开性等问题以及农村集体土地所有权是否得到应有补偿等问题。二是农民失地后的出路和安置问题。主要包括失地农民的转移就业、教育培训、社会保障等问题,是否得到妥善解决以及农民失地后的收入和生活水平是否出现下降、生存发展是否具有可持续性等问题。其中,土地征收过程中的农民权益保障问题,既是需要有效解决的失地农民问题之一,也是导致农民失地后的出路和安置问题的重要原因。①

3. 失地农民问题"失"与"得"的双重性

长期以来,失地农民问题更多的是被当作一个"负面"问题而存在,人们更多地关注失地农民的利益受到侵害、权益难以保证、就业缺乏门路、社会保障不充分、收入和生活水平下降及其带来的社会公正缺失、社会不稳定等"所失"的一面,甚至将这一问题的产生归咎于工业化、城镇化本身。毋庸置疑,这些问题确实严重存在,这也是之所以应该高度关注和着力解决的原因所在。但是,我们也应该看到,存在失地农民是工业化、城镇化过程中的必然现象,尽管工业化、城镇化并不必然导致失地农民问题,但失地农民问题确实是工业化、城镇化过程中产生的,这也是推行工业化、城镇化很难避免的"副产品"及不得不付出的沉重"代价"。② 更重要的是,我们应该看到,矛盾和问题是推动

---

① 丁琳琳等:《新型城镇化背景下失地农民福利变化研究》,《中国人口·资源与环境》2017 年第 3 期。

② 王云:《农村土地制度改革与失地农民社会保障机制建设》,《农业经济》2016 年第 4 期。

经济社会发展的动力,只要高度重视和妥善解决失地农民问题,一方面可以最大限度地减少工业化、城镇化的阻力,确保工业化、城镇化顺利有序推进;另一方面可以顺利实现失地农民身份、职业、思想观念、价值取向、生产方式、生活方式等诸多方面的全面转换,促进农民实现从农业经营者向非农经营者、从农民向市民、从小生产者向社会化生产者等的转型,使失地农民得到稳定的职业、充足的收入、良好的教育、较好的住所、有力的保障、体面的生活,全面参与社会生产生活和享受社会权利,充分分享工业化、城镇化所带来的现代化成果。这是失地农民问题及其有效解决之所"得",既包含失地农民自身之所"得",也包含工业化、城镇化以及现代化之所"得"。因此,失地农民问题是一个既有"失"也有"得"的问题,我们既要高度重视解决所"失"的问题,也要看到所"得"的趋势及其积极效应,后者既凸显了解决前者的重大意义,也为有效解决前者预示了方向和途径。

（二）传统城镇化路径下失地农民问题的现实指向

自 1949 年中华人民共和国成立至 1978 年,中国城镇化经历了曲折的发展进程,到 1978 年城镇化率仅为 17.9%。总体来看,改革开放前中国城镇化进程较慢,失地农民数量不多、失地农民问题不突出,而且也都通过计划安置办法给予了解决。

改革开放以来尤其是 20 世纪 90 年代以来,中国城镇化进程加快,特别是土地的城镇化快于人的城镇化,导致大量失地农民问题日益凸显,并进而引起理论工作者和实践工作者的重视。在理论研究上,关注点主要集中在农民利益受损及其原因、如何赔偿、如何安置等问题上;在实践上,主要侧重于如何赔偿和如何安置。概括来看,传统城镇化路径下失地农民问题的现实指向主要体现为以下方面:

1. 城镇化"波动式"快速发展,导致失地农民"涌泉式"增加,问题解决难度大

在中国传统城镇化发展路径下,城镇化发展速度在很大程度上取决于不同阶段的政治、经济和社会发展形势,本身缺乏科学的长远规划,发展速度不稳定,波动比较大,进而造成不同阶段失地农民数量变化较大,失地农民数量

呈现"涌泉式"增加,尤其当城镇化处于连续多年的快速发展阶段时,短时期内造成失地农民数量迅速增加,失地农民问题解决难度较大。

2.生存问题被作为失地农民问题的核心问题

在中国传统城镇化发展路径下,追求城镇化发展速度被当作主要目标,土地的高城镇化率成为其典型特征,而人的城镇化没有受到重视,甚至在一定程度上被排除在城镇化应有之义之外,因而失地农民问题也没有被当作一个重要问题而纳入城镇化需要解决的系列问题之列,只是被当作城镇化的派生、次生问题来对待和解决。在这种基本思路下,失地农民问题的解决主要以不影响城镇化推进和社会稳定为原则和底线,以力争使农民收入和生活水平不低于土地征收前的水平为主要目标,导致的现实结果是,失地农民问题的解决总体上停留在维持农民短时期内的生存上,而忽视了农民的长远生计和可持续发展。

3.维持性安置被作为解决失地农民问题的主要措施

在以解决失地农民生存问题为主要目标的指向下,各地积极探索失地农民安置的途径,采取货币安置、留地安置、社会保险安置、参股或租赁安置、住房安置、综合安置等多种形式。但总体来看,这些安置方式更多的是解决失地农民的维持性生存问题,更多地集中于失地农民的就业出路、收入不减、生活水平不降等目标上,甚至有的地方把安置方式简化为单一的资金赔偿,尽管有些地方也开展了失地农民培训,但其目的主要围绕如何让失地农民更容易就业,忽视了城镇化过程中失地农民的身份、职业、思想观念、价值取向、综合素质、生产生活方式等方面的全面转换和提升,忽视了以解决失地农民问题为契机促进失地农民的市民化和现代化。

(三) 新型城镇化路径下失地农民问题的现实指向

党的十八大以来,以习近平同志为核心的党中央高度强调积极推行新型城镇化。新型城镇化,是相对于传统城镇化而言的。新型城镇化之"新",主要是指要以人的城镇化为核心,加快转变城镇化发展方式,推动城镇化由注重数量增加向注重质量提升转变,有序推进农业转移人口的市民化。新型城镇化不仅要解决好失地农民的出路、安置和短期生计问题,更要解决好失地农民

的全面转化提升和长久发展问题。概括来看,新型城镇化路径下失地农民问题的现实指向主要表现为以下方面:

1. 城镇化科学发展,使失地农民问题在很大程度上可预期

在中国新型城镇化发展思路下,城镇化按照科学规划有序推进,这就使失地农民的数量、失地农民面临需要解决的问题在很大程度上可以预期,最大限度地降低了失地农民问题的解决难度。

2. 重视农民失地问题

把失地农民现象和失地农民问题最大限度地同步化解在城镇化推进之中。新型城镇化把人的城镇化作为核心,把解决好失地农民的长远出路问题作为重要前提和要求,不仅会最大限度地减少失地农民现象,而且会使失地农民问题不再成为一个突出的社会问题。

3. 持续发展成为解决好失地农民问题的关键

在新型城镇化思路和路径下,解决失地农民问题的目标,不仅仅局限于解决好失地农民的出路和生存问题,而是以失地农民的市民化、现代化为目标取向,把重点放在其身份、职业、思想观念、价值取向、综合素质、生产生活方式等方面的全面转换和提升上,把实现失地农民的可持续性发展作为落脚点,问题主旨发生了根本性转换。

4. 理念更新和制度变革成为解决好失地农民问题的措施取向

在以实现失地农民可持续性发展为目标的指向下,解决失地农民问题的途径,不仅仅局限于传统的思路和方式,更是注重理念更新和制度变革,彻底破除传统观念和思维方式,树立现代化观念和思维方式,不再把失地农民问题看作城镇化的派生、次生问题,而是看作城镇化的题中应有并需要同步解决好的问题。在具体措施上,不再是以不阻碍城镇化推进和影响社会稳定为前提下的简单安置,而是从根源上查找失地农民问题产生的原因,以深化改革、制度创新、政策完善为途径取向,采取根本性措施有效加以解决。

(四) 新型城镇化路径下有效解决失地农民问题的重要意义

1. 维护农民合法权益、保障农民生存发展的必然要求

中央明确指出要"维护被征地农民和农民集体权益"、守住"农民利益不

受损底线"。① 因此,推行城镇化应以维护农民合法权益、确保农民生存发展为前提,不能以牺牲农民利益为代价,否则城镇化就失去了其应有意义。存在失地农民现象和问题,是城镇化过程中很难避免的问题,问题的关键在于在农民失地过程中以及失地之后,其合法权益能否得到维护和保障以及生存发展问题能否得到有效解决,否则就会出现严重的社会问题。在传统城镇化路径下,一方面农民为城镇化贡献了大量土地等资源,但由于农民获得的补偿还偏低,农民生存问题没有得到很好的解决;另一方面农民在很大程度上被排除在城镇化之外,没有充分分享到城镇化成果,可持续发展问题没有引起足够重视并得到有效解决。推行新型城镇化,打破传统城镇化下失地农民问题的解决思路和路径,以实现失地农民市民化、现代化为核心,以维护和保障失地农民合法权益为前提,以有效解决失地农民生存和长远发展为目标,转变观念和思路,从根本上高要求地解决失地农民问题,这是切实维护农民合法权益、保障农民生存发展的必然要求。

2. 确保新型城镇化健康发展的重要前提

城镇化作为经济社会发展的一条重要主线,是一个长期的历史过程,能否健康、顺利推进,既取决于外在的政治、经济和社会发展条件,更取决于其内在的发展思路和路径。在传统城镇化路径下,土地城镇化率远高于人的城镇化率,忽视了人的城镇化,没有很好地解决失地农民的生存发展尤其是长远发展问题,不仅导致失地农民问题成为一个严重的社会问题,而且导致城镇化不全面、不完整,难以健康持续推进。推行新型城镇化,以全新的理念、思路和途径面对和解决失地农民问题,一方面把农民尤其失地农民的市民化列为重点问题加以高度重视和解决;另一方面以解决失地农民的可持续性发展为问题指向,在确保失地农民收入、生活水平不降低的基础上,努力实现失地农民身份、职业、思想观念、价值取向、综合素质、生产生活方式等的全面转化和提升,抓住了城镇化的核心问题,体现了城镇化的本质特征,既维护和保障了农民的合法权益,也顺应了城镇化全面、可持续发展的内在要求,有利于城镇化健康可

_____

① 《中共中央国务院关于建立健全城乡融合发展体制机制和政策体系的意见》,《人民日报》2019 年 5 月 6 日。

持续发展。

3.维护社会公平公正、构建和谐社会的基本要求

维护社会公平公正、构建和谐社会,既是中国特色社会主义发展的本质要求,也是经济社会能否顺利发展进而实现现代化目标的重要保证。中国传统的城镇化思路和途径,不仅导致失地农民现象大量出现,而且导致失地农民问题成为一个严重的社会问题,引发大量危害社会安全的问题和事件发生,不利于构建社会主义和谐社会。推行新型城镇化,把维护和保障农民合法权益、增进农民利益作为重要前提,把失地农民问题作为城镇化需要面对和解决的题中应有问题,把解决好可持续发展问题作为解决失地农民问题的根本出发点和落脚点,不仅让失地农民的经济社会利益得到合理补偿,而且把失地农民的可持续、全面发展作为重点问题加以解决,让失地农民平等参与和分享城镇化、现代化成果,充分体现了以人为核心的本质要求,有利于维护社会公平公正,有利于社会主义和谐社会的构建。

二、新型城镇化进程中失地农民问题及其解决现状

(一) 失地农民规模及其趋势

失地农民的数量及其带来问题的严重性,一方面取决于城镇化的发展速度和征地数量的多少,另一方面取决于城镇化发展思路、基本路径以及解决失地农民问题的基本思路和途径。

改革开放前,中国农村实行计划经济体制,农村经济包括非农经济和农业经济,但以社队企业为主要形式的非农经济所占比重较低,主要以农业经济为主。农业经济主要实行集体统一生产经营,农民仅有少量自留地。改革开放前,城镇化速度相对较慢,从农村征收土地数量较少,且农民家庭基本不单独占用土地,同时因土地征用导致的富裕农业劳动力通过城镇招工、安排在社队企业等途径得到有效安置,所以基本不存在失地农民现象和失地农民问题。

改革开放以来尤其是20世纪90年代以来,中国城镇化进程加快,从农村征收土地数量明显增加,同时家庭承包制的推行使农户成为以土地为主要生

产资料的相对独立的基本生产经营单位,土地征收使承包土地的农民失去土地成为失地农民,失地农民现象和失地农民问题开始出现并逐步成为一个严重的社会现象和社会问题。1983年中国第一轮承包期间以及1997年以来的第二轮承包期间,农户承包地总量基本稳定在13亿亩左右,但承包土地的农户有2亿多户,失地农民数量随着土地的征用大量增加。

从今后的趋势来看,随着新型城镇化思路的深入贯彻以及累积失地农民问题的逐步化解,失地农民问题会有所缓解,但工业化、城镇化发展仍离不开征用农村土地,城乡统筹一体化发展必将带动区域性基础设施建设用地增加,美丽乡村建设和乡村振兴战略的实施也需要一定规模的新增建设用地。同时,随着生态文明建设力度的加大,可开垦为耕地的土地资源日益减少。因此,今后一个时期每年仍会征用农民土地,新增失地农民还会出现,失地农民问题仍会存在。

(二) 失地农民面临的突出问题

1.收入及生活水平总体下降

很多农民失地后与失地前相比,收入水平都会不同程度出现下降,尤其年龄偏大、文化程度偏低的农民,因在当地非农产业就业或外出务工比较困难,下降幅度较大。根据对部分地区的有关调查,失地农民经济收入平均下降幅度为18.84%,下降幅度大的高达42.3%。失地农民收入下降直接导致其生活水平出现下降,据调查有46%的失地农民失地后生活水平出现下降[1]。而且失地农民的生活饮食从自产自用到全部购买,节俭的传统习惯也导致了农民的生活水平下降。

2.再就业比较困难

众所周知,农民文化程度普遍偏低,缺乏专门技能,在非农就业对就业者年龄、知识、技能要求日益提高以及劳动力市场竞争日益激烈的情况下,多数失地农民就业比较困难,特别是没有文化或文化程度低、原来完全以务农为业、生活在偏远地区、年龄偏大的失地农民,就业更为困难。与此同时,失地农

---

[1] 唐玉英:《失地农民问题产生的原因及对策》,《现代农业科技》2012年第14期。

民的隐性失业、就业再失业比例较高。一些失地农民尽管通过安置或自谋职业实现了就业,但或者就业时间较短、收入较低,就业很不充分;或者就业一段时间后因不适应工作岗位要求,再次失去工作,尤其是就业于一些小企业、小作坊或者季节性较强用工单位的农民,隐性失业或就业再失业的比例更高①。

3. 社会权益得不到应有保障

失地农民的权益,除了直接来自土地生产经营的收益以外,还包括来自政府的涉及种植尤其粮食种植、养殖、规模化生产经营、房屋改造等的各种补贴以及涉及土地承包经营权、宅基地使用权等的相关优惠政策,以及农民失去土地后的教育培训以及进入城镇后与城镇居民在教育、医疗、社会保障等方面享有同等权利的权益等。但从现实来看,农民失地后相关权益没有得到充分保障。一方面,在失地农民补偿中主要考虑的是各种直接经济损失的补偿,对各种间接损失考虑不充分;另一方面,农民失地进城后没有完全享受到与城镇居民同等的社会权益,很多农民进城后成为一个边缘化群体。

4. 社会保障水平较低

土地不仅作为生产要素承载着农民从事生产经营并获得收入的经济功能,而且作为社会要素承载着农民就业、养老等社会功能。农民失去土地后,收入和生活水平一般会受到很大影响,且这些农民就业能力、就业稳定性及收入往往偏低,同时一些失地农民进城后要支付与城镇居民一样的生活成本,但就业能力、就业机会及收入等均低于城镇居民,生活缺乏足够保障,对社会保障具有很大的依赖性。但从现实总体情况来看,无论是失地后仍留在农村的农民,还是失地后选择进城的农民,一方面社会保障没有实现应保尽保,另一方面社会保障水平偏低,在失地后收入水平降低的情况下,无法保障其正常需要,尤其失地后进城的农民,尽管在形式上实现了向城镇居民的转变,但并没有完全和同等水平地享受到城镇居民的各种社会保障待遇。

5. 持续发展能力缺乏

由于受到失地农民问题传统解决思路及解决不彻底的影响,农民失去土地后,多数停留在维持原有收入和生活水平不降低的层面上,对于解决失地农

---

①　唐玉英:《失地农民问题产生的原因及对策》,《现代农业科技》2012 年第 14 期。

民的可持续发展问题较为欠缺,导致失地农民持续发展能力缺乏。一是由于对失地农民的补偿偏低,导致其用于长远发展的资金不足。很多地方在失地农民的补偿上采取了一次性给付的方式,但在补偿数额有限的情况下,多数农民把补偿款首先用于改善生活条件和提高生活水平上,诸如改善住房、购买家电、购买通信和交通工具等,用于教育培训、投资创业等的资金有限,制约了失地农民的长远发展。据调查,征地后1至3年的时间内,农民58.1%的征地补偿款用于建房、还贷、医病、生活消费等方面,用于投资发展的不到10%[1]。二是由于对失地农民培训力度不够,导致其缺乏持续发展的技能。很多地方对失地农民进行了再就业技能培训,但力度明显不够,尤其有些地方存在培训形式化现象,缺乏实效性,使多数失地农民仍缺乏长远发展能力。[2]

6. 精神文化缺失

由于城乡一体化体制改革不到位,一体化政策不完善、落实不到位等,导致进城失地农民无法完全融入城镇并实现向市民的全面转化,继而导致文化水平无法提高。失地农民普遍文化程度较低,学习能力较差,新生事物接受能力跟不上,因此与城市现代化生活之间存在很大的差距,长此以往导致进城失地农民的精神文化缺失。

(三) 解决失地农民问题的实践及其存在的主要问题

1. 解决失地农民问题的实践探索

在不同时期由于经济社会发展条件、城镇化发展思路及路径、失地农民问题现实指向及解决思路等不同,在措施侧重上也有所不同。概括来看,可大致划分为以下几个阶段:

(1)改革开放前至20世纪80年代

主要采取招工和集体企业就业安置方式。改革开放之前,各地对失地农民普遍实行招工安置或集体企业就业安置政策,较好地解决了失地农民的生计问题。改革以后的80年代,由于家庭承包经营制度还没有完全推开或不完

---

① 唐玉英:《失地农民问题产生的原因及对策》,《现代农业科技》2012年第14期。

② 杨雪林:《城镇化进程中失地农民再就业途径研究》,《农业经济》2014年第12期。

善,同时很多地方仍然存在一定数量的集体企业等,所以多数地方仍然主要采取招工安置和集体企业就业安置方式。

(2)20世纪90年代至党的十八大

主要采取以就地安置为主的多元化安置方式。20世纪90年代以后,随着家庭承包经营制度的全部推开和逐步完善、乡村集体企业改制基本完成以及市场化水平的逐步提高等,传统安置方式所需要的条件逐步失去,而且传统安置方式也无法适应日益增加的失地农民安置需要。在这种情况下,各地积极探索多元化安置方式,努力化解失地农民问题。

第一,采取货币化安置并不断提高对农民的补偿。各地按照《中华人民共和国土地管理法》的相关规定,按照土地征用费、人员安置费、地上物和青苗的补偿费三大类型及其计算标准,计算并给予农民补偿,农民获得补偿后自谋职业。

第二,社保安置。一些地区尤其是发达地区,对失地农民主要采取社保安置方式,概括来看主要有三种类型:第一种是生活保障型。保障资金由个人、所在村和政府分担,保障水平定位在最低生活保障与基本养老保险之间。第二种是社会保险型。主要是将失地农民统一纳入城镇职工养老保险,所需的社保安置费用一次性划转给劳动社保部门。第三种是生活保障与社会保险结合型。主要是根据不同年龄段农民的实际情况采取不同的方式。对于60岁以上的农民,实行基本生活保障方式;对于处于劳动年龄段的农民,帮助他们参加城镇基本养老保险;对于未到劳动年龄段的失地人口,则一次性地给予他们征地安置补助费。

第三,集体经济股份安置。主要是按照股份合作制原则,把全部或部分集体资产量化折股到集体经济组织成员个人名下,同时适当吸收成员以现金等入股,并按股分红。

第四,留地或调地安置。在一些土地资源比较丰富的地区,把被征用的土地按一定比例返还给被征地村组织,用于发展二、三产业,让失地农民获得非农就业和收入。在一些人均土地相对丰富的地区,部分农民土地被征用后,经村民会议同意,对承包地进行适当调整,让失地农民再次分配到一定数量的土地。

第五，厂房或出租屋置换安置。在一些非农产业比较发达的地区，对失地农民除了支付地上物和青苗补偿费外，由政府出资修建厂房或出租屋用以置换农民土地，让失地农民获得稳定的出租收入，以维持其生存发展。

以上安置方式是各地安置失地农民中使用较多的方式，这些方式的共同特点是，基本上可以实现失地农民的就地安置。同时，这些方式往往不是单独使用，很多地方采取多种方式综合运用。在采用这些安置方式的同时，各地也采取了一些其他配套措施，如进行失地农民技能培训等。另外，在这一时期，各地也通过深化城乡二元体制改革、完善城乡一体化政策等，促进失地农民进城居住和就业，但总体看效果不明显。

（3）党的十八大以来

党的十八大以来，从中央到地方都把解决失地农民问题放在比较突出的位置上，以促进失地农民进城为主要取向，努力实现失地农民向非农化、市民化转化。

2013年11月党的十八届三中全会通过的《中共中央关于全面深化改革若干重大问题的决定》明确指出："坚持走中国特色新型城镇化道路，推进以人为核心的城镇化"[1]。2014年国务院发布《国家新型城镇化规划（2014—2020年）》，明确指出"紧紧围绕全面提高城镇化质量，加快转变城镇化发展方式，以人的城镇化为核心，有序推进农业转移人口市民化"[2]。同年国务院发布《关于进一步推进户籍制度改革的意见》，提出要"进一步推进户籍制度改革，落实放宽户口迁移政策。统筹推进工业化、信息化、城镇化和农业现代化同步发展，推动大中小城市和小城镇协调发展、产业和城镇融合发展。统筹户籍制度改革和相关经济社会领域改革，合理引导农业人口有序向城镇转移，有序推进农业转移人口市民化。"[3]党和国家的一系列战略部署和决策，为有效解决失地农民问题指明了方向、创造了有利条件。

在推进城镇化及农民市民化过程中，各地以小城镇、农村社区建设为契机，努力实现失地农民的就地城镇化。与此同时，各地相继出台了失地农民养老保

---

[1] 《十八大以来重要文献选编》（上），中央文献出版社2014年版，第524页。
[2] 《十八大以来重要文献选编》（上），中央文献出版社2014年版，第888页。
[3] 《十八大以来重要文献选编》（中），中央文献出版社2016年版，第28页。

险制度,18周岁及以上的失地农民可自愿参保,一般按照不同年龄段采取不同缴费比例,根据各地经济发展水平确定缴费数额,并逐步提高失地农民养老保险统筹层次。此外,各地大力增加失地农民培训投入,完善培训形式,增强培训的针对性和实效性,为失地农民进城就业或在农村非农产业就业创造了条件。

2. 当前失地农民问题解决中存在的突出问题

一是重视农民经济利益,忽视农民社会利益。党的十八大以来,中央明确指出了推进新型城镇化的思路和路径,同时也明确指出了解决失地农民问题的主要方向和途径。但各地在落实中差别较大,一些地方往往侧重用直接经济补偿方式解决失地农民问题,甚至采取"一次性买断"方式,把失地农民问题这样一个需要综合考虑和全方面解决的复杂问题,简单化为货币补偿甚至一次性货币补偿,忽视了综合考虑农民依附于土地上的相关权益损失及其补偿,在给予农民经济补偿后直接把农民推向市场自谋出路。尽管各地在推进失地农民市民化上采取了很多措施,但在有效降低农民进城门槛、切实保障农民与城镇居民享受同等社会权益方面,力度还不够,成效还不明显,导致农民市民化水平明显低于预期,使失地农民徘徊于乡村和城镇之间、游离于现代化进程边缘甚至之外,在很大程度上成为一个边缘化群体,不能平等参与现代化进程、分享现代化成果。

二是重视农民当前生存,忽视农民长远发展。近年来,在中央关于推进以人为核心的新型城镇化以及保障和改善民生思想指引下,各地在一定程度上打破了失地农民传统安置方式,逐步重视失地农民的全面发展需求,除了货币补偿以外,在教育培训、就业、社会保障等多方面采取措施,努力解决失地农民问题,尤其是通过积极促进失地农民进城和市民化,全方面解决失地农民生存发展问题。但总体来看,在理念转变和具体措施上还不彻底、不到位;在指导思想与目标追求上,仍注重征地需要和失地农民短期需求以及短期内的社会稳定,而忽视失地农民的长远、全面发展以及社会持续稳定的需要;在整体谋划和政策设计上,注重当前效果,而忽视长远成效;在具体措施上,多措并举、综合协调力度不够,成效不明显。最终导致失地农民问题更多地解决在短期生存维持层面上,着重解决失地农民的短期收入、生活维持以及身份、职业转换等问题,没有把失地农民问题放到新型城镇化高质量全面推进以及整个经济社会发展现代化目标追求框架下,从长远角度和根本上加以解决,尤其在失地农民思想观念、价值取向、综合素质、生产生活方式等的全面转变以及可持续发展能力的提升上,缺乏长远考虑和综合施策。

三是安置方式相对单一,缺乏差异化和针对性。由于各地征地数量、经济社会发展水平、文化传统、农民思想观念等各不相同,所以各地失地农民数量、构成及其面临的具体问题差别很大。从农民失地数量来看,有的农民完全失去土地,有的农民失去部分土地,而在部分失去土地的农民中,有的只失去小部分土地,对收入和生活影响不大,而有的失去大部分土地,对收入和生活影响较大;从失去土地对农民的影响来看,除了失去土地数量不同而产生不同的影响以外,有些失地农民原来主要以土地为生产资料从事农业生产经营甚至属于纯农户,失去土地对其收入和生活影响很大,而有些农户除了从事农业生产经营以外,还从事非农产业生产经营,甚至主要以后者为主,失去土地对其收入和生活影响较小;从失地农民的素质和能力来看,有些失地农民年龄偏大,文化程度较低,缺乏非农就业技能,而有些失地农民年纪较轻,文化程度较高,对失去土地后的再就业具有较强的适应能力;从失地农民的安置意愿来看,有些农民希望得到一次性补偿并以此作为资本从事非农产业生产经营,对政府安置依赖性小,有些农民对政府安置依赖性较大,希望得到政府各方面的妥善安置。同时,有些失地农民希望能借助政府的相关政策进入城镇以实现身份、职业、居住、生活方式等的全方面转换,而有些失地农民因具有浓厚的家乡情结或对进入城镇有一定顾虑等而不愿进入城镇,等等。因此,对失地农民进行妥善安置,必须因地制宜、因家而宜、因人而宜,充分考虑失地农民的具体情况和个人意愿,通过多元化方式进行安置。但从实际情况来看,尽管总体上对失地农民采取了多元化安置方式,但具体到一个地区、一个乡镇、一个村庄,往往采取单一化的安置方式,没有充分考虑到失地农民的不同类型、不同需求,针对性不强。

四是安置程序和操作缺乏透明度,农民处于被动地位。在失地农民安置过程中,各地按照相关规定,一般都会按照"两公告、一登记"的程序进行,即公告征地方案、补偿安置方案和进行补偿登记。如果农民对补偿安置方案有不同意见,按照《土地管理法实施条例》的有关规定,由政府负责协调,协调不能达成一致意见的最终由政府进行裁决,但同时规定征地补偿、安置争议不能影响征地方案的实施。很显然,在整个安置实施过程中,政府不仅是安置方案的制定者,也是安置方案争议的协调者,还是安置方案争议的最终裁决者,始终处于主导地位,而安置行为所涉及的另一方即农民和村集体经济组织,作为一个重要主体却始终处于被动地位,不仅对安置方案的制定基本没有发言权,而且即使有不同意见,也很难受到重视,其不同意见也往往在政府的协调和裁决中被不了了之,甚至有的地方政府凭着单方面目标追求和意愿制定安置方案,在方案实施上采取强硬态度和强制措施,使失地农民安置成为政府单方面行为,农民及其集体组织缺乏应有的知情权、参与权和发言权,最终导致安置方案没有充分满足农民要求,进而使失地农民权益得不到充分保障。

五是失地农民问题解决中存在不规范、不公平、不彻底等问题。首先,在失地农民安置过程中存在很多不规范行为、不公平安置,引发很多社会矛盾,给社会稳定留下隐患。由于农民对补偿标准、安置方式提出的不同意见得不到政府重视和采纳,一些农民会阻挠土地征用,对此地方政府不是充分考虑农民的需求或耐心做好思想工作,而是采取强制征用的粗暴做法,甚至借助地方黑恶势力威胁恐吓农民,导致农民上访甚至发生群体性事件。同时,在土地补偿过程中,一些地方为了尽快完成土地征用和安置,不惜突破原则和统一标准,对土地征用给予阻挠或影响大的农民给予更多补偿,引发农民不满、上访甚至群体性事件。其次,由于在解决失地农民过程中,重视农民经济利益,忽视农民社会权益,重视农民当前生存,忽视农民长远发展,安置缺乏针对性等,对失地农民问题的解决不彻底,导致不能在根本上和长期内解决失地农民的生存发展问题,进而使这些农民最终成为边缘化群体,无法充分参与现代化过程,分享现代化成果。

六是重视经济补偿,缺乏精神补偿。对绝大多数农民而言,务农是其失地前的唯一工作。尽管在土地被征用后会有各种安置规划与经济补偿,但对失地农民的精神世界却缺乏重视,包括既有理论研究和实践做法均更多关注了城镇化进程中失地农民物质利益的法律保护,对于失地农民精神利益保护鲜有涉及。政府在给予失地农民经济补偿后,也要注重新农村文化的培养和构建,丰富农民生活,保障农民自主参与征收过程的权益,对遭遇失地后精神利益受损的农民予以救济。在健康文化生活的熏陶下,农民心灵才会得到净化,才能得到精神世界的满足。物质富有、精神富裕才是政府应赋予失地农民的幸福生活,若只有物质富裕,精神生活空虚,物质富裕最终也会化为泡影。

（四）导致失地农民问题及其解决中存在问题的根源

1. 城乡一体化、新型城镇化思路和要求贯彻不彻底

党的十八大以来,中央把加快推行城乡一体化和新型城镇化作为解决三农问题、构建新型城乡关系的重要途径,尤其反复强调要加快推进城乡二元制度改革,破除阻碍城乡一体化的体制障碍,打破传统城镇化思路和路径依赖,加快发展以人为核心的新型城镇化,把实现人的城镇化作为城镇化的首要任务,加快推进进城农民的市民化。同时,强调在城乡一体化和新型城镇化过程中,要切实维护和保障农民权益,让农民平等参与现代化进程,共享现代化成果。在这些思想指引下,各地在征收土地、解决失地农民问题中,积极贯彻以人为核心的理念,努力落实中央部署和要求,也取得明显成效。但是,由于各种主观、客观方面的原因,各地对中央推行城乡一体化、新型城镇化的新思路、新要求,理解还不充分,思路还不清晰,政策还不完善,措施还不到位,贯彻还不彻底,在解决失地农民问题过程中,仍然存在重视农民经济权益、忽视农民社会权益,重视农民短期生存、忽视农民持续发展等问题,导致失地农民问题的解决仍然具有很大程度的权宜性,缺乏系统性和长远性,遗留问题较多。

2. 土地征收法律法规及制度存在缺陷

首先,土地征收的法律法规依据存在缺陷。一是土地征收现有主要法律依据是 2004 年修订的《中华人民共和国土地管理法》,按照此法规定征收农民土地给农民的补偿,包括土地征收费、人员安置费、青苗和地上物补偿费三部分。其中,土地征收费和人员安置费的补偿标准分别是,按照农民土地原用途前三年平均产值的 6 倍和 4 倍给予补偿。按照此规定计算的土地征收费、人员安置费的补偿数额,多数地方合计只有 2 万元,再加上青苗和地上物补偿费,多数也只有 4 万元,相比于土地的实际价值及增值潜力,补偿数额显然偏低。二是《中华人民共和国土地管理法》排除了农村集体土地直接进入市场的机会。近年来尤其党的十八届三中全会以来,中央提出农村集体经营性建设用地直接进入市场,与国有土地同地同价,但目前仍处于局部试点阶段,如

果基本法律依据没有改变,试点无法普遍推开。

其次,土地征收制度存在缺陷。一是土地征收的公益目的缺乏明确界定。政府为了公共目的通过法定程序征收农民土地,是保证国家公共设施等公益建设的重要途径,也是世界各国的普遍做法。但是,在中国相关法律中对"公益目的"的界定比较笼统和模糊,如《宪法》只是笼统地规定"国家为了公共利益的需要,可以依照法律对土地实行征用",但对何谓公共利益没有作出具体解释;再如《中华人民共和国土地管理法》规定:"任何单位和个人进行建设需要使用土地,必须依法使用国有土地,包括国家所有的土地和国家征用的属于农民集体所有的土地。"显然其中包含了企业和个人用地,超出了"公共利益"的范畴。"公益目的"界定的笼统和模糊,导致征用农民土地目的的泛化,进而导致政府土地征用权的滥用以及对农民权益的损害。二是土地征收没有完全体现市场在土地资源配置中发挥决定性作用的原则。如前文所述,政府征收农民土地,按照土地的使用权所获得的收益计算补偿标准,而征收后土地在二级市场上的转让,按照市场原则定价,前后遵循的计价原则不一致,没有完全体现市场配置土地资源的基本原则,导致农民权益受损。

3. 土地征收补偿费分配不尽合理

按照《中华人民共和国土地管理法实施条例》的规定,土地补偿费归农村集体经济组织所有;安置费原则归安置者使用,不需要统一安置的,直接发放给被安置者本人;青苗和地上物补偿费归所有者所有。根据以上规定,失地农民能明确获得的只有青苗和地上物补偿费,其只占征地补偿的很少一部分。相关规定明确了集体经济组织是土地补偿费的支配者,但对于土地补偿费应如何分配和使用没有明确规定,一方面造成集体经济组织对土地补偿费的分配和使用较为混乱,另一方面也为个别村干部侵吞、滥用土地补偿费埋下隐患。尽管相关法规中规定人员安置费归安置者支配,但对安置者的主体及其责任缺乏明确规定,很多地方则采取给失地农民发放安置费由其自谋职业和出路的办法,其中也不乏截流安置费的现象,最终造成失地农民无法得到妥善安置、获得稳定收入以及实现长远发展。

4. 农民对土地的权利被虚化和漠视

按照相关法律规定,农村土地所有权归农村集体经济组织所有,主要包括乡(镇)、村及村民小组三级集体经济组织,改革以后乡镇集体经济组织名存实亡,实际只有村及村民小组两级集体经济组织,由于这两级集体经济组织缺乏实际上的存在形式,其土地所有权实际上由村委会代为行使,作为集体经济组织成员的农民对土地的权利被虚化,导致农民在土地征收及失地后的安置中缺乏应有的发言权和参与权。此外,如前文所述,土地征收与失地农民安置,实际上成了政府的单方面行为,农民缺乏应有的发言权甚至知情权,在土地征收和失地后的安置中始终处于弱势地位进而其土地征收中的土地权益、失地后安置中的发展权益得不到应有保障。

5. 失地农民安置缺乏系统性、制度化的顶层设计

由于各地经济社会结构、发展水平、资源条件、农民意愿等各不相同,解决失地农民问题的思路、具体措施等也各不相同,呈现出多元化趋势。这种多元化趋势,既是由解决失地农民问题的复杂性、艰巨性决定的,也是由各地不同条件决定的,更是改革过程中需要不断探索和创新的必然结果。但是,失地农民问题存在及其解决已经经历了一个长期过程,一些解决思路和措施被实践证明是行之有效的,而有些解决思路和措施被实践证明缺乏实效性,因此需要对失地农民问题的解决思路和措施进行及时总结评价,在法律法规和制度规定以及政策层面上进行综合考虑、系统设计,明确解决的总体思路、基本原则和途径。目前总体来看,中央已经明确必须在新型城镇化思路和路径下妥善解决失地农民问题,但仍缺乏更加细致和可操作的系统性、制度化顶层设计,从而造成各地有过大的弹性空间和随意性,并出现解决过程中的无序及农民权益受损问题。

三、中国新型城镇化进程中有效解决失地农民问题的对策建议

(一) 加快更新理念,彻底转变思路

1. 加快更新理念

改革开放40多年来尤其是党的十八大以来,中国各项改革全面深入推

进,综合实力显著提高,市场经济体制机制日益完善,城乡一体化、新型工业化、新型城镇化快速推进,城乡经济社会加快融合,为科学有效地解决失地农民问题奠定了前所未有的坚实基础、提供了前所未有的有利条件,创造了诸多前所未有的可行思路和途径。因此,在新时代背景下,必须彻底打破解决失地农民问题的传统思维和理念惯性,树立科学正确的全新理念。

一是树立失地农民问题具有"得"、"失"双重性并放大"所得"的理念。要全面分析和正确认识中国当前所处的历史方位,充分认识当前及今后一个时期解决失地农民问题所具有的有利条件,既要看到工业化、城镇化发展过程中存在失地农民现象及失地农民问题的必然性及其带来的负面影响,更要看到运用正确思路和途径有效解决失地农民问题的积极意义,树立失地农民问题具有"得"、"失"双重性并放大"所得"的理念,要把关注重点放到有效解决失地农民问题的"所得"上来,放到如何以有效解决失地农民问题为契机,实现农民身份、职业、思想观念、价值取向、生产生活方式等方面的全面转换上来,放到如何促进农民从农业经营者向非农经营者、从农民向市民、从小生产者向社会化生产者等的全面转型上来。

二是树立公平公正理念。坚持社会公平公正,是发展中国特色社会主义的题中应有之义。党的十九大报告指出:"人民美好生活需要日益广泛,不仅对物质文化生活提出了更高要求,而且在民主、法治、公平、正义、安全、环境等方面的要求日益增长","在发展中补齐民生短板,促进社会公平正义"。① 因此,在解决失地农民问题过程中,必须树立和坚持公平公正理念,并把这种理念贯穿于土地征收论证、方案制定、利益补偿、征后安置等全过程中,切实维护农民的合法权益,确保农民的长久生计。

三是树立失地农民可持续发展理念。在解决失地农民问题的过程中,要树立农民可持续发展理念,既要考虑失地农民的当前生计,更要考虑失地农民的全面和长远发展,要把农民的短期生存目标与可持续发展目标结合起来,使农民不仅能得到合理的经济补偿,更要使农民获得持续发展的能力。通过这

---

① 习近平:《决胜全面建成小康社会　夺取新时代中国特色社会主义伟大胜利——在中国共产党第十九次全国代表大会上的报告》,人民出版社 2017 年版,第 11、23 页。

种可持续发展能力的获得,不仅让失地农民避免陷于"社会游离"境地,更重要的是让失地农民跟上现代化步伐,平等参与现代化过程,分享现代化成果。

四是树立善用市场机制的理念。在解决失地农民问题的过程中,政府要充分发挥主导作用,但政府作用的发挥也要善用市场机制,要把失地农民看作土地征收过程中的一个重要的市场"谈判"和"契约"达成主体,而不是一个政府的依附者,让农民成为自身利益的判断者、表达者和决定者,在土地征收补偿、安置等问题上有充分的知情权、表达权、参与权和决定权。同时,在农民土地补偿数额确定、安置方式选择等方面,也要让市场机制最大限度地发挥作用。

2.彻底转变思路

要彻底打破解决失地农民问题的传统思维和思路,以中国特色社会主义新时代下的新思想指导失地农民问题的解决,以全新理念、思路、目标和途径科学有效地解决失地农民问题。

一是在解决失地农民问题的出发点和落脚点上,要更多地放到推进农民的市民化和现代化上,而不是仅仅放到城镇化及征得农民的土地上。

二是在解决失地农民问题的目标上,要更多地放到实现失地农民的全面、可持续发展上,而不是仅仅放到维持失地农民的短期生计和一时的社会稳定上。

三是在解决失地农民问题的方式上,要由政府单一主体的单一行政性主导、单方面决定,转变为充分发挥市场机制下的政府、农民双方协商和共同决定。

四是在解决失地农民问题的途径上,要由主要依靠货币补偿等相对简单、单一的途径,转变为主要依靠体制改革、推进农民市民化、促进农民稳定再就业等多元化途径。

(二) 加快推进城乡一体化、新型城镇化和乡村振兴

2013 年,习近平总书记在党的十八届三中全会上指出:"城乡发展不平衡不协调,是我国经济社会发展存在的突出矛盾,是全面建成小康社会、加快推进社会主义现代化必须解决的重大问题。改革开放以来,我国农村面貌发生

了翻天覆地的变化。但是,城乡二元结构没有根本改变,城乡发展差距不断拉大趋势没有根本扭转。根本解决这些问题,必须推进城乡发展一体化。"①同年召开的中央城镇化工作会议又指出:"推进城镇化是解决农业、农村、农民问题的重要途径"②,"以人为本。推进以人为核心的城镇化,提高城镇人口素质和居民生活质量,把促进有能力在城镇稳定就业和生活的常住人口有序实现市民化作为首要任务。"③党的十九大报告提出实施乡村振兴战略,并且随后连续两年的中央农村工作会议和中央一号文件,对如何实施乡村振兴战略作出具体部署。2019 年 5 月发布的《中共中央国务院关于建立健全城乡融合发展体制机制和政策体系的意见》指出,"协调推进乡村振兴战略和新型城镇化战略"。④ 因此,要从根本上更好地解决失地农民问题,必须从整个社会层面深化改革,尤其是要把中央关于城乡一体化、新型城镇化和实施乡村振兴战略的精神实质落到实处、贯彻彻底。

1. 加快推进城乡一体化

党的十一届三中全会以来,中国城乡二元体制改革取得很大进展,但仍存在一定问题,如城乡发展规划仍没完全统一,农民进城落户仍有形无形地受到一定限制,在社会保障等方面的制度上城乡仍存在很大差别,生产要素在城乡之间还没有合理配置,尤其是仍存在着重城轻乡的思维和政策惯性等。2019年 5 月发布的《中共中央国务院关于建立健全城乡融合发展体制机制和政策体系的意见》,对加快推进城乡融合发展和城乡一体化作出具体部署,要求各地制定具体措施,抓好贯彻落实。要进一步加快建立起城乡一体化的体制制度,促进生产要素在城乡之间自由流动、公共资源在城乡之间均衡配置。同时,要真正树立起科学发展、城乡统筹发展观念,彻底破除思维和政策上的城市、工业偏向,调整国民收入分配格局和财政支出结构,加大对农村的投入,完善以工促农、以城带乡长效机制,促进城乡经济社会协调发展。

---

① 习近平:《关于〈中共中央关于全面深化改革若干重大问题的决定〉的说明》,《求是》2013 年第 22 期。

② 《十八大以来重要文献选编》(上),中央文献出版社 2014 年版,第 589 页。

③ 《十八大以来重要文献选编》(上),中央文献出版社 2014 年版,第 592 页。

④ 《中共中央国务院关于建立健全城乡融合发展体制机制和政策体系的意见》,《人民日报》2019 年 5 月 6 日。

2.加快推进新型城镇化

一是要完善城镇规划体系。目前国家总体城镇化体系规划已经出台,各地省级规划也已出台,各地要以此为根据并结合各自实际制定和出台地方城镇发展规划,要合理确定各类城市、小城镇发展数量和速度,合理进行城市、城镇布局。在合理发展大中城市并充分发挥其辐射带动作用的同时,重点发展小城市、小城镇,建立和形成布局与结构合理、优势互补、相互协调、功能完善的城镇体系。

二是要把人的城镇化放到首位。长期以来,中国城镇化主要是土地的城镇化,人的城镇化滞后,如"2000—2011 年,城镇建成区面积增长 76.4%,远高于城镇人口 50.5%的增长速度"①。为此,2019 年 5 月发布的《中共中央国务院关于建立健全城乡融合发展体制机制和政策体系的意见》,把"健全农业转移人口市民化机制"放在突出位置,并作出具体部署。因此,推行新型城镇化要把人的城镇化放到首位,深化户籍制度改革,取消或合理设置农民进城落户的限制条件,促进农民进城及市民化。但是,农民要不要进城落户由农民自己说了算,不能搞强迫命令。2016 年 4 月,中国社科院发布的对中西部地区农民进城落户意愿的调查结果显示,"很想"、"比较想"、"一般"、"不太想"和"完全不想"的分别为 11.83%、21.73%、17.45%、24.82%和 24.13%,"不太想"和"完全不想"的合计近 50%。② 所以在农民要不要进城问题上要充分尊重农民意愿,不能搞强迫命令。同时,要建立农民市民化成本分担机制及城镇建设投入机制。据有关测算,一个农民进城的成本,不考虑购房,仅教育、医疗、养老等公共成本大概在 13 万元③,这是一笔庞大的支出,必须"建立健全由政府、企业、个人共同参与的农业转移人口市民化成本分担机制"④。要加强城镇基础设施、社会事业以及产业发展,实现人口、基础设施、产业同步发展,有效实现城镇扩容,让进城农民能够充分享受到城镇公共产品和服务。关

---

① 《国家新型城镇化规划(2014—2020 年)》,《人民日报》2013 年 3 月 17 日。
② 社科院:《近半数农民工进城落户意愿不高》,《新华日报》2016 年 4 月 8 日。
③ 魏后凯、苏红键:《中国农业转移人口市民化进程研究》,《中国人口科学》2013 年第 5 期。
④ 《中共中央国务院关于建立健全城乡融合发展体制机制和政策体系的意见》,《人民日报》2019 年 5 月 6 日。

于农民住房问题,现在很多地方出台了鼓励进城农民购房的补贴等政策,但必须考虑到农民的购买能力。目前进城农民工购房比例只有 1.3%,说明绝大多数农民还没有在城镇购房的能力。① 所以应考虑如何让进城农民能住得上由政府提供为主的保障性住房。

三是实现城镇集约发展。要严格控制外延式城镇扩张,严格控制城镇建设用地规模,通过集约利用现有土地和空间,内涵式扩大城市容量,优化城市内部空间结构,促进城市紧凑式发展,节约利用土地、水和能源等资源,提高资源尤其土地利用效率。

四是发挥政府和市场两个作用。党的十八届三中全会提出,要使市场在资源配置中起决定性作用和更好发挥政府作用。所以,推行新型城镇化,一方面要在规划制定、宏观调控、公共产品提供、公共管理等方面充分发挥政府的作用;另一方面也要在资源配置、产业发展等方面充分发挥市场的决定性作用。

3. 大力实施乡村振兴战略,拓展失地农民问题解决空间

党的十九大提出实施乡村振兴战略,2018 年中央一号文件《中共中央国务院关于实施乡村振兴战略的意见》,对实施乡村振兴战略尤其农村产业振兴、人才振兴、文化振兴、生态振兴、组织振兴等作出具体部署。2019 年中央一号文件《中共中央国务院关于坚持农业农村优先发展做好"三农"工作的若干意见》,对促进农业农村优先发展、推动乡村振兴战略实施作出具体部署。各地应紧紧抓住这一战略机遇,拓展失地农民问题解决空间。

一是要推进农村产业振兴,为失地农民提供再就业机会。要把产业振兴作为乡村振兴的核心,把加快城乡产业融合作为农村产业振兴的重要取向,建立健全有利于乡村经济多元化发展的体制机制,以大力发展休闲农业、旅游农业、创意农业、农村电商、民俗旅游业、康养服务业等新业态为引领,以发展农村特色小镇、产业园区、田园综合体等为产业发展及城乡产业融合平台,拓展农村纵向产业链条、横向产业领域,调整优化农村产业结构,完善农村产业体系,为失地农民创业和再就业创造更多空间和机会,使失地农民实现就地创业

---

① 国家统计局:《2015 年农民工监测调查报告》,《中国物流与采购》2016 年第 10 期。

和再就业。

二是要大力进行农村社区建设,促进失地农民就地城镇化。社区化发展既是农村发展的必然趋势,也会大大拓展城镇化的发展空间,为失地农民就地非农化和城镇化创造条件。目前农村很多地方具备了社区化建设的条件,社区化建设也取得很大成效。今后应充分利用乡村振兴战略机遇,大力推进农村社区化建设。农村非农产业比较发达的地区,应同时推进农民生活居住与公共产品和服务供给社区化,农村非农产业不发达的地区,应率先推行公共产品和服务供给的社区化,并以此带动农民生活居住的社区化。通过农村社区化建设并结合农村非农产业发展,促进失地农民就地实现非农化和城镇化。

三是要推进农村人才振兴,加强农民培训。人才振兴是乡村振兴的重要内容。要加快制定和完善农民培训专项规划,明确和完善培训内容体系,整合和明确培训主体,加大培训投入,完善培训形式和方式,进行大规模农民系统培训。既要注重农民技能培训,也要注重农民思想观念、经营理念、管理能力等的培训;既要注重农民农业生产经营能力的培训,也要注重农民非农创业和就业能力的培训。通过培训提高农民失地后对身份转换、职业变化等的适应能力以及创业和再就业能力。

(三) 加快完善涉地法律法规,深化征地制度改革

要站在依法治国高度,对涉及土地的法律法规进行系统梳理和统筹修订,使有关农村土地征收、农民权益等的法律法规如《中华人民共和国土地管理法》、《中华人民共和国农村土地承包法》、《中华人民共和国物权法》等相互协调和统一,尤其要尽快修订《中华人民共和国土地管理法》等紧密涉及农民利益的相关法律法规,统一明确农村土地征收、农民权益保护等的法律依据。

1. 修订和完善关于农村土地进入市场的相关规定,明确不同土地使用主体获得土地使用权的方式

要对涉及农村土地征收的相关条款进行修订,把农村土地征用区分为公益性用地和商业性用地。要明确规定政府征收农村土地应主要为了公益目的,并明确界定公益目的的范围,同时制定和公布公益性用地目录。对虽然用于公共利益或社会事业,但有经济收益的项目建设用地,应建立合理的利益分

享机制。对商业性、经营性开发项目如专业化商品市场用地、企业厂房用地、房地产开发用地等,需要占用农村土地的,农村建设性土地可以直接进入市场,农村集体经济组织以农民代表身份作为土地出让方直接参与土地市场交易。政府部门要对农村集体建设性用地直接进入市场的范围、程序、操作办法、价格确定、收益分配等相关问题作出原则性规定。农村土地直接进入市场的方式可以多元化,如可以以土地出让、入股等形式享有土地增值收益份额。

2.修订关于农村土地征收补偿标准的相关规定,提高农村土地征收补偿标准

要明确规定依据或参考土地实际市场价格、未来增值潜力等确定土地征收补偿标准,同时对土地征收过程中产生的收益如何在村组织、承包农民、政府之间进行分配作出原则性规定。

(四) 突出农民主体地位,完善土地征用操作程序和收益分配办法

1.突出农民主体地位

要打破传统的以政府为土地征用主要主体甚至是唯一主体的思维定势,树立土地征用市场化观念,在土地征用中把农民放到应有的主体地位上。

一是要明晰农村土地集体所有者和土地承包者产权,加快完成土地权属的确权、登记、颁证,夯实凸显农民土地权属地位的基础。要以历史事实为依据,明确界定村集体、村民小组等集体经济组织的土地权属界限以及农户承包地的地块、面积等,对于有争议的,要以事实为根据进行调解和裁决,对于面积不清或有变化的,要重新丈量。在此基础上加快推进土地所有权、承包权的确权、登记、颁证。

二是要突出农民在征地、安置中的主体地位。政府部门要充分尊重农民的土地权属地位,不仅要让农民对土地征收、补偿、安置等有充分的知情权,还要有充分的参与权、发言权和决定权。集体经济组织或村委会作为农民代表,要充分代表农民利益,在相关事项上,以村民大会或村民代表会议的决议为依据,代表农民参与土地征用、补偿、安置等问题的协商与决定。

2.完善土地征用操作程序

要对政府以公益为目的的土地征收申请、审批、补偿安置方案制定、通知

公告、听证、补偿与安置、征地执行等程序作出进一步完善。要加强对政府征地公益目的的审核与听证,对于政府非公益目的的土地征用要严格把关;要进一步明确征地审批的权限主体,对征地涉及的相关主体要采取回避制度;补偿和安置方案的制定要吸收村集体组织参加,赋予其充分的发言权和表决权;征地执行必须在征地双方协商一致的前提下实施,要严格遵守法律法规和相关制度规定,决不允许强征现象发生。对于农村集体经营性建设用地直接进入市场的,要在试点的基础上,对入市土地范围、用地者申请审批、入市方式、出让价格协商、补偿和利益分配、失地农民安置方案的制定和实施等相关问题,尽快出台相关规定,并最终以法律法规的形式给予明确。

3.完善土地征用利益分配

要公平、公正、科学地对土地征用利益进行分配,并尽快以法律法规和制度规定的形式固定下来。

一是对于政府以公益目的征收的土地,要在合理提高补偿标准的基础上,合理分配和使用补偿费。村集体组织应减少留成比例,提高享有承包权农户的分配比例。

二是对于承担失地农民安置任务的相关主体,要明确和切实落实安置责任,根据实际支出确定分配比例和数额。

三是对于农村集体经营性建设用地直接进入市场的,其土地转让收益,要在政府、村集体组织、村民之间通过科学方式进行合理分配。从外部分配角度来看,要在政府和村集体组织之间对土地入市收益进行合理分配,村集体组织作为村民代表是入市土地的所有者,应直接分配得到大部分土地入市收益,政府应以收取税费的方式获得一定的土地入市收益,并应通过法律法规的形式给予明确规定。从内部分配角度来看,村民可以以共同所有者身份共同获得集体土地入市收益,并通过村民大会或代表大会决定其如何使用;也可以把集体土地入市收益以股份的形式明晰分配到农民个人。但一些具体情况也要区别对待,如农村集体经营性建设用地的原拥有合法使用权者,可以经过村民会议或村民代表会议决定后获得一定的补偿,或者通过二次转让方式获得一定收益。

（五）以尊重农民意愿为前提，采取多元化安置方式

失地农民安置方式，不仅影响到失地农民的短期收入和生活水平，而且关系到失地农民的长期发展。在长期的实践中，各地从各自实际出发，因地制宜地采取各种安置方式，也取得了很大成效，但也存在一些问题和不足。在新型城镇化进程中，要妥善安置失地农民、有效解决失地农民问题，一方面要充分尊重失地农民的意愿，另一方面要充分考虑失地农民的全面和长远发展。

1.综合制定安置方案，有效解决失地问题

要在充分考虑失地农民安置意愿和需要以及总结各地试点经验的基础上，通过法律法规、制度及政策等形式，进行系统性、制度化顶层设计和规定，明确安置的总体思路、基本原则和途径。

2.按照顶层设计要求，探索多元化安置方式

必须以尊重失地农民的个人意愿为前提，区别不同类型和情况，采取多元化安置方式，不能简单地以一次性货币补偿为主要形式，应着重考虑采取以下方式：

一是有效推进失地农民市民化。对于失去大部分尤其是全部土地的农民应通过降低进城门槛、赋予其与城镇居民同等权利、引导扶持其在城镇就业等途径，推进失地农民的市民化，从根本上解决失地农民生存发展问题。

二是引导扶持失地农民在农村创业或稳定就业。对于失去部分尤其小部分土地的农民，通过教育培训、财政和信贷扶持、税收优惠等途径，鼓励农民在当地进行创业或在非农产业就业，让失地农民通过创业或稳定就业获得长久生存发展。

三是以补偿资金换取长期保障。无论是进城还是仍留在农村的失地农民，在尊重其个人意愿的前提下，从征地补偿中拿出部分资金用于农民缴纳社会保险费用，同时政府给予一定补贴，让农民参加养老、医疗、失业等政策性保险以及社会性保险，让失地农民得到托底保障。

（六）加强教育培训，提高失地农民再就业能力

引导促进失地农民再就业，是有效解决失地农民问题尤其长远发展问题的根本途径，而促进失地农民稳定再就业的关键，是加强失地农民教育培训，

提高其再就业能力。失地农民培训,既要紧密结合现有各类农民培训工程来开展,也要针对失地农民进行专门培训。

1. 实现教育培训主体多元化

政府有关部门要承担起失地农民教育培训的主体责任,同时要充分发挥高等院校、职业院校以及其他社会培训机构的作用,政府通过购买培训服务、财政补贴、合作等方式,引导扶持社会培训机构开展失地农民培训,但要加强政府对社会培训机构培训过程和效果的监督和考核。

2. 完善和规范失地农民教育培训内容

要制定和完善失地农民教育培训内容体系规划,既要加强就业技能培训,也要加强观念培训。在就业技能培训上,要注重培训的现实针对性和实用性,尤其要加强技术技能、经营技能、服务技能、管理技能等培训。

3. 加大失地农民教育培训投入

政府要进一步加大失地农民教育培训的投入,根据失地农民数量规模及发展趋势、教育培训需要等合理确定投入规模。同时,政府投入要起到引导社会资本投入的作用,通过合作投入、财政补助、信贷贴息等方式引导扶持社会资本投向失地农民教育培训。

4. 对接受过培训的农民进行资格认证

对经过教育培训并获得一定就业技能的失地农民颁发相关资格证书,进行资格认证,并以此作为失地农民就业优先推荐、创业扶持和享受各种优惠政策等的依据。

(七) 完善社会保障体系

要将有效解决失地农民的社会保障问题作为土地征用的前置条件,为失地农民提供托底保障。在现有经济社会发展条件下,应遵循"低进低出"、"广覆盖、保基本"原则,把失地农民全部纳入以政府保障为主导的养老、医疗、失业、最低生活保障等社会保障体系。

在统筹考虑建立和完善全面社会保障体系的同时,要区别失地农民不同情况,在把其纳入社会保障的侧重点和优先顺序上要有所区别。对于失去土地且没有再就业能力的农民要把其纳入最低生活保障体系;对于虽有再就业能力但一时找不到再就业机会的农民,优先将其纳入失业保险体系。对于以上两种情况,要加大政府补贴力度,确保其基本生活得到保障。对于其他失地农民,按照"低进低出"、"广覆盖、保基本"的原则引导扶持其参加各类社会保障。

第五章　新型城镇化中的农业
转移人口市民化问题

在新型城镇化背景下,推进农业转移人口市民化有利于推动城镇建设拉动内需,有利于弱化城乡二元结构,推进城乡一体化发展战略和构建和谐社会,有利于促进"三农"问题的解决,推进农业现代化。自从中国推进农业转移人口市民化以来,已经取得了显著的成就,常住人口城镇化率与户籍人口城镇化率不断增长,政府对农业转移人口的管理日渐"以人为核心",城镇居民对农业转移人口的偏见逐渐消除。但是在农业转移人口市民化进程中仍然存在一些问题,比如农业转移人口市民化进程与城镇化进程发展不协调,农业转移人口市民化程度较低等。这些问题主要是由制度因素、社会因素和个人因素等三个方面因素导致的,严重制约了中国农业转移人口市民化,需要采取一系列有效措施予以解决。

一、科学推进农业转移人口市民化是
新型城镇化的重点任务

(一) 农业转移人口市民化

1.基本概念

在我们党的文献中,"农业转移人口"这个概念在 2009 年中央经济工作会议上首次提出。此外,我们还经常会见到"农民工"这个概念。大部分学者常常把"农业转移人口"与"农民工"相等同,认为二者的内涵和外延都是一致的。但是,也有学者提出,"农业转移人口"的外延比"农民工"更广,既包含"农民工"指代的农业剩余劳动力,也包含了随迁子女等非适龄劳动力人口。

在中国,农业转移人口是指户籍仍然在农村,进入乡镇或当地城市抑或离开户籍归属地去往其他城市进行非农业生产劳动 6 个月或者以上的劳动者。农业转移人口又分为本地农业转移人口和外出农业转移人口。本地农业转移人口是指在户籍所在地的乡镇或者当地城市进行工业、服务业、建筑业等其他行业劳动的农业转移人口;外出农业转移人口是指在户籍所在地以外的乡镇或者城市进行工业、服务业、建筑业等其他行业劳动的农业转移人口。

农业转移人口群体是中国现代化建设中重要的组成部分,为中国现代化和城市建设作出了重大贡献。中国城镇化速度在改革开放后有了突飞猛进的发展,不论是从城镇的规模还是各项配套设施的建设,都有了二至三倍的扩张。2018 年末大陆总人口 139538 万人,其中城镇常住人口 83137 万人,占总人口比重(常住人口城镇化率)的 59.58%,全国农业转移人口总量 28836 万人。其中外出农业转移人口 17266 万人,本地农业转移人口 11467 万人。[1]农业转移人口付出廉价的劳动力,为中国城镇化作出巨大贡献,但是由于户籍等各种原因,他们被挡在城市之外,成为城镇化进程中一个急需解决的问题。

农业转移人口身份问题在现代社会显得尤为突出,他们在农闲时期外出打工,农忙时间回家务农,亦农亦工,他们的职业在农民和工人之间来回变换,他们的身份处在一个尴尬的境地,处于农民和市民之间的夹层,他们绝大多数时间居住在城市,但是城市却没有给他们提供相应的医疗保障和子女教育安排等一系列社会保障和公共服务。这些问题里面最重要的是他们虽然生活在城市,但是仍持有农村户籍。

2. 农业转移人口市民化及其标志

农业转移人口市民化是指农业转移人口在为城市建设作出巨大贡献的同时得到应有的地位和待遇。这个待遇是指在时代和社会进步以及工业社会发展的推动下,农业转移人口能够真正融入社会,不仅仅体现在农业转移人口工

---

[1]　国家统计局:《中华人民共和国 2018 年国民经济和社会发展统计公报》,《人民日报》2019 年 3 月 1 日。

作在城市,生活在城市,而是真正地成为城市的一员,并且与其他市民没有隔阂且地位相等。在客观方面来说,农业转移人口市民化,首先需要解决他们的户籍问题,使他们能获得与其他市民同等的医疗保障和居住、购房、子女入学、教育等方面的平等待遇。提高他们生活的便利性,这样才能带给他们城市的归属感。在主观方面来说,他们对自己的价值观,对自己身份转换的认知和接受,生活方式潜移默化的转变等都是农业转移人口市民化的重要标志。

农业转移人口市民化主要有三个标志:

(1)农业转移人口职业的市民化

农业转移人口作为一个特殊群体,一般能够热爱工作岗位,能吃苦耐劳。一方面,他们工作大都是劳动力密集型,专一性高,对薪酬要求简单。另一方面,工作环境往往较差、保障性差、规范性不强。用人单位或个人对他们的要求也相对苛刻,他们的工作往往只能满足基本的生存需要,因此,职业的转变是农业转移人口市民化的一个标志性条件。这既要求农业转移人口能够具有承担多元化工作的素质,又要求城市能够给予同等工作的机会。

(2)农业转移人口社会身份的市民化

城镇户籍是市民身份的重要标志,农业转移人口要获得市民身份的重要条件之一就是获得城镇户籍,从而获得与市民等同的医疗、社会保障等多方面的权利。户籍制度在现阶段来说仍然是农业转移人口市民化的最大壁垒,它仍然阻碍农业转移人口市民化的进程,是当前农业转移人口市民化面临的最大挑战,农业转移人口工作在城市,生活在城市,却没有得到相应的平等的权利,工作条件、居住条件仍达不到平均水平。要实现真正的农业转移人口市民化,就必须打破户籍制度带来的屏障,实现农业转移人口市民身份在户籍方面的转变,让农业转移人口也获得等同于其他市民的权利,正式成为城市社会的一分子。

(3)农业转移人口自身素质与意识行为的市民化

美国学者帕辛认为城镇化最主要的表现是农村人口的流动,是城市思想、观念和生活方式的不断向乡村扩散的过程。① 农业转移人口原本生活在农

---

① 转引自段爱明:《城镇化与农村经济发展关系研究综述》,《武汉金融》2001年第8期。

村,受教育程度普遍不高,接触面相对较窄,接触人群相对固定,生活方式单一。但是城市是多元文化的集合,思想较为开放,农业转移人口由农村来到城市生活和工作,如果思想仍停留在原有的阶段,没有发生主观意识上转变的话,那么他们将难以真正融入城市。他们需要学习城市人群的生活习惯、处事方式,提高自身的心理素质,转变自己的价值观,摆脱小农意识,接受城市的文化,才能真正融入城市生活。

（二）新型城镇化背景下农业转移人口市民化的重要意义

1. 农业转移人口市民化有利于推动城镇建设拉动内需

当前中国正处于经济转型与产业结构调整阶段,且老龄化问题成为一个社会突出问题,城镇劳动力急剧减少,农业转移人口进城落户,对城市的劳动力进行有益补充,可以使更多的人口投入到城市建设中去,弥补中国城市内部各产业劳动力不足的问题。农业转移人口取得市民身份后,社会地位的提高会影响他们对物质文化生活更高层次的需求。以往农业转移人口大多集中在劳动密集产业,例如:工业、制造业、建筑业。他们实现市民化后,对物质、精神生活的预期提高,从而使他们进一步进行技能学习或者激发他们的创业思想,从而赚取更多的报酬,收入增加,生活方式就自然而然变化,消费水平与消费习惯也会随之发生改变,对物质、精神方面的高层次需求就会更大。城市内的基础设施健全,有良好的医疗、养老、教育保障,他们就会倾向于将更多的可支配收入进行消费。同时,人口大量涌入城市,会带动周边产业发展,推动经济进一步增长,增加居民收入,进一步扩大内需。

2. 农业转移人口市民化有利于弱化城乡二元结构,推进城乡一体化发展

1958年《中华人民共和国户口登记条例》的颁布标志着中国城市、农村二元户籍制度形成。二元户籍制度彻底把中国人口分为农村和城市两个部分。城市和农村不论是在基础设施建设,还是收入水平、社会福利待遇等其他方面都有很大差距。户籍差异带来的各项不公平待遇,也违背了和谐社会的公平原则。同样是中国公民,农业转移人口却无法享受城市良好的基础设施带来的生活便利,也无法享受与市民相同的社会医疗、养老、子女教育方面的社会福利,造成了极大的社会不公平现象。推进城乡一体化发展、构建和谐社会的

基本要求就是要实现人人平等,使每个人在生活工作中都享受相同的福利公正待遇,都拥有相同的权利和同样的工作报酬,这样才能使农业转移人口在心理上对于"务工地"产生归属感,融入社会,更好地投入到社会建设中去,这样也才有利于中国经济的发展和维护社会的稳定。

农业转移人口长期在务工地进行工作,但是家人大部分仍生活在原居住地,就造成了很多家庭问题,例如:儿女长时间不能生活在老人身边,"空巢老人"问题日益显著;父母长时间不能陪在孩子身边,忽视了孩子在成长过程中重要的家庭教育一环,造成了"留守儿童"等问题。如果这部分农业转移人口能实现市民化,这些问题也将迎刃而解。农业转移人口实现市民化后,可以将父母孩子接到身边照顾,老人能得到赡养,孩子能得到良好的家庭教育,从而减少中国政府的负担和社会问题,进一步加快中国构建和谐社会的步伐。

3. 农业转移人口市民化有利于解决"三农"问题,推进农业现代化

中国农业人口众多,"三农"问题突出,主要体现在农民与市民收入差距过大。农业转移人口如果能实现市民化,那么就能加快解决"三农"问题,有利于进行资源的优化配置。同时,农业转移人口市民化后,农村人口将会得到解放,对于第一产业更能实现规模的生产,推进农业现代化发展,从而形成一个良性循环,农业人口减少后能使更多的人投入到第二、第三产业中去,促进工业制造业的发展,工业制造业的发展生产出更多的现代化农业生产工具,从而推进实现农业现代化。

二、中国新型城镇化进程中农业转移人口市民化的成就与经验

(一) 中国农业转移人口市民化的成就

中国农业转移人口市民化经历了四个漫长的阶段,分别为农业转移人口市民化起步发展阶段(1978—1988 年)、回落阶段(1989—1992 年)、快速发展阶段(1992—2003 年)、科学发展阶段(2003 年至今)。在新型城镇化背景下,深化改革发展方式,统筹城乡发展,以人为核心,改善农业转移人口的生活环

境,改革阻碍农业转移人口市民化的相关制度,着力推进农业转移人口市民化,中国农业转移人口市民化到现在已经取得了明显成效,2018 年中国户籍人口城镇化率为 43.37%。①

1. 常住人口城镇化率与户籍人口城镇化率逐年增长

国家统计局发布的数据显示,2016 年中国户籍人口城镇化率 41.2%,比 2015 提高 1.3 个百分点;2017 年中国户籍人口城镇化率 42.35%,比 2016 年提高 1.15 个百分点;2018 年中国户籍人口城镇化率又在 2017 年的基础上进一步提高了 1.02 个百分点,达到 43.37%。由此可见,这几年中国户籍人口城镇化率呈稳步增长趋势,农业转移人口市民化进展良好。2014 年 7 月出台的《国务院关于进一步推进户籍制度改革的意见》要求"建立城乡统一的户口登记制度。取消农业户口与非农业户口性质区分和由此衍生的蓝印户口等户口类型,统一登记为居民户口,体现户籍制度的人口登记管理功能。"②《国家新型城镇化规划(2014—2020 年)》也提出要推进农业转移人口市民化。国家统计局发布的年度国民经济和社会发展统计公报显示,2016 年中国农业转移人口总量达到 2.8171 亿人,比 2015 年增长 1.5%;2017 年又比 2016 年增长 1.7%,总量达到 2.8652 亿人;2018 年又在 2017 年基础上增长 0.6%,总量达到 2.8836 亿人。在农业转移人口总数增加的同时,户籍人口城镇化率仍能以稳步增长的趋势发展,说明中国对农业转移人口市民化相当重视,通过近几年来出台各种改革措施推动农业转移人口市民化已经初见成效。

与逐步增长的户籍人口城镇化率相比,中国的常住人口城镇化率发展更是迅猛。2011 年中国城镇人口数量已经超过农村人口数量,常住人口城镇化率达到 51.27%,2014 年至 2018 年又先后达到 54.77%、56.1%、57.35%、58.52%、59.58%。在新型城镇化背景下,中国城镇化率稳步增长,不断向发达国家 80% 的城镇化率靠近,而且中国比西方发达国家的城镇化速度要快得多。"十三五"规划纲要提出到 2020 年,中国城镇化率要达到 60%,户籍人口

---

① 国家统计局:《中华人民共和国 2018 年国民经济和社会发展统计公报》,《人民日报》2019 年 3 月 1 日。

② 中华人民共和国国务院:《国务院关于进一步推进户籍制度改革的意见》,《人民日报》2014 年 7 月 31 日。

城镇化率要达到 45%。按照目前的发展速度,我们有信心完成这一目标。这也说明,从 1978 年实现改革开放至今,特别是在新型城镇化背景下,经济快速发展,中国的农业转移人口市民化进程取得了显著的成就。通过农业转移人口进城务工,使农村人口摆脱了单纯的"靠山吃山,靠水吃水"生活模式,实现了农业人口在生活水平上的"旱涝保收",通过农业转移人口收入的上升,很多人放弃了耕地,并以出租或承包的形式让他人耕种。农业转移人口进入城市,不仅促进了城市的发展、工业的进步,也促进了农业的规模生产,推进了农业现代化。由此可见,通过农业转移人口的城镇化和市民化,实现了农业、工业、城市三者互促共进发展的新局面。

2. 政府对农业转移人口的管理日渐"以人为核心"

政府近些年来逐渐认识到农业转移人口为城市发展做出的积极贡献,认识到农业转移人口市民化所带来的利大于弊,对农业转移人口的管理越来越人性化,在积极地推动农业转移人口市民化。各地政府开始积极改革户籍制度,推动缩小农业转移人口与城镇居民的差异,试图消除农村户口与城镇户口这种说法,从根本上消除两者之间的区别。而且,各地政府不断健全劳动力市场,为农业转移人口提供更加便利的就业条件;不断健全相关法规,为农业转移人口提供法律支持;不断完善公共基础设施建设,为农业转移人口提供更好的生活环境。在维护农业转移人口的权益方面作出了积极的努力,使得农业转移人口在城市生活的意愿更加强烈,愿意在城镇中长久地生活下去,进一步推进了农业转移人口市民化的进程。

3. 城镇居民对农业转移人口的偏见逐渐消除

在中国城镇化进程中,城镇居民与农业转移人口互动日渐成熟。在初期,城市中的舆论导向一度较为片面,仅仅把农民工看作是劳动力的重要源泉,而没有看到他们也是有多方面需要的社会活动群体。[1] 此时,城镇居民对于农业转移人口的认识是片面的且带有偏见,认为农业转移人口群体总体素质不高,只能从事一些技术性不高的简单工作,而且抢夺了他们的工作

---

[1] 宁德强、雷屿:《中国农民工市民化:跨越 30 年时空的艰辛变革》,《经济研究导刊》2010年第 2 期。

机会和公共资源,认为农业转移人口进入城镇生活对他们的影响是负面的,所以排斥农业转移人口,基本不与他们来往。如今,随着时间的推移,两者之间相互了解加深,城镇居民开始消除了对农业转移人口的偏见,认识到了农业转移人口朴实善良的一面,而且认识到了他们为城市发展作出的贡献,两者之间来往增加,社会关系日益和谐,农业转移人口在城市生活中日益有了归属感。

(二)中国农业转移人口市民化的经验

回顾中国农业转移人口市民化的发展过程,我们发现:实现农业转移人口市民化,离不开就业、居住、社会保障、子女教育及社会融入这五个方面。为了解决农业转移人口的就业问题、改善住房情况、完善社会保障、解决子女教育公平问题和推进农业转移人口融入社会,需要四个方面的依靠。

1. 依靠农业发展解放农民

要解决好农业转移人口市民化的问题,首先要解决好农业发展问题。只有通过农业的快速发展,具有了剩余农产品,才能有中国农业转移人口市民化。在改革开放初期的发展阶段,中国实行的家庭联产承包责任制加快了农业发展的速度,推动了市场贸易和小城镇的发展,农民开始就近进入城镇,"1978 年中国城市化率为 17.9%,截至 1984 年已经达到 23%。"[1]随着改革开放的不断深入,正是通过农业的不断发展,进一步解放了农村劳动力,让更多的农村人口从繁忙的农业中解放出来,进入城镇生活,实现了城镇化和市民化。

2. 依靠城镇发展承载农民

新型城镇化注重对产业结构的调整,通过产城互动、产城融合,把产业的发展和城镇的建设有机结合起来,这就扩大了产业的空间、提高了就业人口容纳能力,为吸纳更多的外来人口提供了重要支撑。[2] 如今,新型城镇化的核心是以人为核心,在农业转移人口市民化过程中要充分尊重人、依靠人和发展

---

① 牛凤瑞等:《中国城市发展 30 年》,社会科学文献出版社 2009 年版,第 54 页。
② 杨会春:《推进新型城镇化建设学习读本》,人民出版社 2014 年版,第 99 页。

人,要充分尊重农业转移人口的权利,充分考虑农业转移人口的需求。同时,城镇经济的快速发展,为农业转移人口带来了更多的就业机会;日益完善的社会保障,使农业转移人口享受更加公平公正的待遇,与城镇居民一起共享城市发展的成果。

3.依靠国家政策让利于民

政策的制定和实施,在农业转移人口市民化的道路上扮演着不可替代的重要角色。多年来,国家和地方各级政府根据实际情况和农业转移人口对于政策的渴望,制定了很多切实可行的解决办法,利用政策引导农业转移人口市民化走上正确且高效的道路,并在引导农业转移人口市民化的道路上及时发现问题,不断改进完善和实施政策。通过这些年来的发展经验可以看出,不同规模城市、不同的政策带来不同的城市人口的机械增长。

4.依靠制度保障留住农民

通过制度的保障,给予农业转移人口相对稳定的工作环境和居住环境,给予农业转移人口有保障的收入,给予农业转移人口子女良好的教育资源,才能使他们真正留在城镇中工作和生活。近年来,正是通过户籍制度、土地制度、社保制度以及教育制度的改革,保护了农业转移人口的合法权利,逐步减少了农业转移人口与城镇居民在福利待遇上的区别,提高了农业转移人口的生活质量,减少了农业转移人口对城市的隔离感,增强了农业转移人口对当地工作的城市认同感和归属感,进而加快了农业转移人口市民化的进程,促进了共同发展。

三、中国新型城镇化进程中农业转移人口市民化存在的问题及成因

在新型城镇化背景下,中国农业转移人口市民化取得了显著的成就,农业转移人口的生活、就业和子女教育方面得到了很大程度的改善。但是,由于中国农业转移人口数量庞大,在新型城镇化进程中还面临诸多问题。

（一）中国农业转移人口市民化过程中的问题

1. 市民化进程与城镇化进程不协调

国家统计局发布的年度国民经济和社会发展统计公报显示,2016 年全国大陆总人口 138271 万人,户籍人口城镇化率为 41.2%,常住人口城镇化率为 57.35%,仍然有 22330 万城镇常住人口没有城镇户籍;2017 年末全国大陆总人口 139008 万人,户籍人口城镇化率为 42.35%,常住人口城镇化率为 58.52%,仍然有 22477 万城镇常住人口没有城镇户籍;2018 年末全国大陆总人口 139538 万人,户籍人口城镇化率为 43.37%,常住人口城镇化率为 59.58%,仍然有 22619 万城镇常住人口没有城镇户籍。可以看出,在新型城镇化飞速发展的背景下,农业转移人口市民化进程相对缓慢,没有城镇户籍的城镇常住人口数量越来越大。在新型城镇化背景下,随着城镇的扩张以及公共基础设施的完善,就业容纳能力的不断扩大,农业转移人口的规模逐年增加。2016 年至 2018 年中国农业转移人口总量先后达到 28171 万人、28652 万人和 28836 万人。农业转移人口数量巨大,但是市民化尚未与城镇化同步发展,而且存在严重滞后的问题。这是一种"半城镇化"现象,虽然从表面看城镇化率提高,但是存在很大一部分没有城镇户籍的农业转移人口,他们与拥有城镇户籍的市民相比,在教育、工作、社会保障等方面遭到不公平待遇,这会影响城市的全面协调可持续发展。

2. 经济收入水平与城市生活所需不协调

根据国家统计局发布的农民工监测调查报告,2013—2016 年农业转移人口的月均收入在这几年分别为 2609 元、2864 元、3072 元和 3275 元。与此同时,根据《中国统计年鉴》(2013—2016 年),中国城镇就业人员的平均月收入分别为 4290 元、4697 元、5169 元、5631 元。由此可见,二者的差距始终居高不下,农业转移人口的月平均收入分别只占城镇就业人员月平均收入的 60.82%、60.98%、59.43%、58.16%。经济收入水平低直接限制了农业转移人口的消费能力和消费层次,特别是限制了农业转移人口的休闲娱乐方式,给农业转移人口造成严重的心理压力,从而影响他们进一步融入城市生活。而且,农民工一般劳动时间长,劳动强度大,收入的不平衡很容易带来心理上的不平衡。

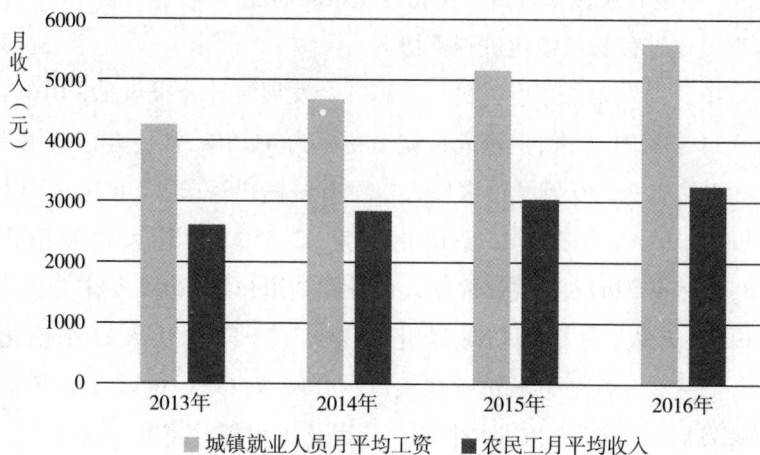

图 5-1　2013—2016 年城镇居民和农业转移人口的月平均收入

资料来源：《2013—2016 年农民工监测调查报告》、《中国统计年鉴》(2013—2016 年)。

3. 权益保障程度与劳动投入不协调

表 5-1　2015—2016 年农业转移人口签订合同情况　　　单位:%

	无固定期限 劳动合同	一年以下 劳动合同	一年及以上 劳动合同	没有劳动 合同
2015 年	12.9	3.4	19.9	63.8
2016 年	12.0	3.3	19.8	64.9

资料来源:《2016 年农民工监测调查报告》。

可以看出,2016 年有 64.9%的农业转移人口没有签订劳动合同,比上一年增加了 1.1 个百分点。大部分农业转移人口都是临时工。在不签订劳动合同的情况下,企业不会交五险一金,造成绝大多数农业转移人口的权益得不到保障。虽然现在有农村医保,但是和城镇居民以及企业职工的医保相比,报销的范围和比例都很有限。在养老金方面,农业转移人口把自己的一生都奉献给了建设城市的进程中,但是在老了之后却没有养老金,没有保障。即使有劳动合同的那部分,2016 年签订一年及以上劳动合同的只占 19.8%,很多都是没有固定期限的劳动合同以及一年以下的劳动合同。

农业转移人口大部分都没有劳动合同,这也造成另一个问题,农业转移人口工资容易被拖欠。2016 年农业转移人口被拖欠工资的比重为 0.84%,有 236.9 万人。其中从事建筑业的农业转移人口被拖欠的比重最大,为 1.8%,有 138 万人,占被拖欠工资总人数的 58.3%。当农业转移人口的权益受损时,仅有 27.2%选择通过法律途径解决,很多农业转移人口选择与对方协商解决。从事建筑业的农业转移人口不仅干着高危工作,而且是拖欠工资最严重的行业,由于很多没有签订劳动合同,虽然干着高危工作,在发生危险时却没有什么来保障权益,不能得到应有的赔偿,而且拖欠工资时难以通过合法武器捍卫自身权益,使自身处于弱势群体的地位。

4.社会融入度与新时代要求不协调

农业转移人口市民化不仅表现为农业转移人口在就业、享受城镇公共服务等方面体现出与城镇居民同等的待遇;同时,还表现为农业转移人口在社会认同度、精神文化生活方面也逐步融入到城市生活中去。[1] 也就是说,农业转移人口市民化很重要的一个方面还包括精神生活和社会交往融入当地城市生活。国家统计局发布的《2016 年农民工监测调查报告》显示,农业转移人口在生活中除了家人之外主要与老乡之间进行交流,占 35.2%,与当地朋友进行交流的占 24.3%,同事是 22.2%,基本不与其他人来往的占 12.7%,还有一部分与其他外来务工人员交流的占 3.1%。也就是说,农业转移人口更倾向于与老乡之间进行交流,虽然长期居住在城镇但是有当地朋友的农业转移人口占少数,还有一部分农业转移人口基本不与别人交流,把自己与社会隔离开来。在业余时间,大部分农业转移人口选择看电视和上网,选择参加文化体育活动的仅占 6.3%,选择学习培训和读书看报的占 5%。这与农业转移人口收入低、业余时间少有关,大部分农业转移人口业余休息方式比较单一,在社会交往和精神生活方面很难融入工作所在的城市。

(二) 新型城镇化进程中农业转移人口市民化存在问题的成因

受中国长达几十年的城乡二元户籍制度及户籍衍生制度,以及土地制度

---

[1]　刘望辉、刘习平:《新型城镇化背景下农民工市民化:现状、困境与对策》,《中外企业家》2014 年第 29 期。

的影响,农业转移人口市民化进程长期滞后,且东西部发展不均、南北发展不均,农业转移人口市民化地区发展也存在不均衡。政府受成本因素的制约,城市居民对外来农业转移人口存在偏见,再加上农业转移人口文化程度低、整体素质达不到要求,农业转移人口市民化进程受到严重影响。

1. 影响农业转移人口市民化的制度因素

(1) 城乡二元户籍制度及衍生制度的制约

很长一个时期,《中华人民共和国户口登记条例》将中国人口分为农业户口和非农业户口,根据地域和家庭成员关系来划分。这一户籍制度于1958年开始实施,对中国公民的身份进行了划分,在当时的经济社会条件下起到了积极的作用。但随着国情的实际改变,这种户籍制度明显阻碍了中国经济的健康协调发展。经过长达几十年的观念固化,人们已经形成了对农业户口的歧视,农业转移人口虽然居住在城镇,但是因其是农业户口,就在就业、子女教育、社会保障等方面的待遇上和工作所在地的城镇居民有了区别。这种二元户籍制度,是农业转移人口市民化进程中的重要阻碍。

第一,就业方面。城市的快速发展离不开农业转移人口辛勤工作,农业转移人口为工作所在地城市的发展作出了巨大贡献。农业转移人口从事的工作一般都是工作环境差、工作时间长、危险性高的高强度工作,收入很低。2015年农业转移人口月平均工资仅为城镇居民工资的59.43%,2016年下降到58.16%。农业转移人口由于制度的障碍、身份的错位、地位的固化、社会资本的匮乏、劳动技能的限制等,遭受就业多元歧视,受到一定的不公平待遇。用人单位在相同情况下,会更倾向选择录用本地城镇户口的人。在人们的普遍意识里,农业转移人口是能力较低、素质不高的群体,即使是被录用后大部分也只能从事低端的工作。

第二,子女教育方面。各地政府一般对当地户籍人口都会有保护政策,对外来户籍人员设置门槛,需要交纳借读费。农业转移人口本来就收入较低,缴纳不起高额的借读费,只能选择偏僻的私立学校。即使有些在公立学校上学的农业转移人口子女,大部分也会受到歧视,对其身心造成不良影响。这就造成了教育不公平问题,农业转移人口的子女享受不到优质的教育资源,被当地排斥在外。所以许多农村孩子只能回当地上学,成为留守儿童,由于父爱母爱的缺失,对孩子的健康成长产生极大不利影响。

第三,社会保障方面。城镇居民有医疗保险和养老金,而且医疗报销比例大,能享受到国家提供的稳定的社会保障。而农业转移人口参保比例低,参保的也基本上都是当地的新型农村合作医疗,报销比例低而且跨地区报销结算的手续相当繁琐,看病问题得不到保障。农业转移人口的工作单位大部分都没有交纳养老金,2016 年农业转移人口与用人单位签订劳动合同的只有35.1%,且很大部分都是一年以下或者没有固定期限的劳动合同。在住房保障上,农业转移人口由于没有本地户口,不能与城镇居民一样享有廉租房、限价房、经济适用房,又由于收入低,没有能力购买商品房。所以农业转移人口在城市只能居住在房租低廉、居住环境差、交通不便的地方。这就使绝大多数农业转移人口在城市中生存困难,虽然想融入城市,但是由于各种困难,加之自身能力极其有限,使得他们很难实现市民化。

(2)土地流转制度不完善

土地问题是农民的根本问题,在农业转移人口的思想观念里,土地是不可割舍的一部分。以往的政策规定农业转移人口必须放弃宅基地使用权和土地经营权才能从农业户口转为城市户口。农业转移人口在心理上很难接受这一变化,不愿舍弃世代相依的土地,选择在城市打工,但是户口依然在农村。

同时,由于农业转移人口远离家乡,长年居住在城镇,家里的土地没有时间打理,大部分被闲置,土地利用率低下,农业转移人口也无法从中获得收益,最好的办法是进行土地流转。但是很长一个时期,土地流转制度不完善,在操作中存在很大的问题,农民的合法权益得不到保障。管理过程混乱,村官由于自身能力问题以及权益的驱使,可能会使合同得不到有效实施,一些租出去的土地被非法商用,且相关保障机制不健全,农民在进行土地流转时心存疑虑,担心自身权益得不到保障。土地流转制度的不完善,也必然地增强了农民对农业和土地的依赖,降低了农民非农就业稳定性,阻碍着农业转移人口市民化的进程[1]。

---

① 周晓唯、魏召君:《我国农民工市民化存在的问题及解决途径》,《四川理工学院学报》2011 年第 4 期。

2. 影响农业转移人口市民化的社会因素

(1) 城市居民对农业转移人口仍然存在一定偏见

一般来说,户籍特征差异,职业特征差异,权利特征差异,社会资本特征差异,心理特征差异,都是农业转移人口与城市居民存在的群体性差异。[①] 城市居民对外来务工的农业转移人口接纳性很低,排斥农业转移人口市民化。首先,农业转移人口迁入当地后,由于抢占了一定的市场资源和工作机会,当地居民对农业转移人口存在排斥心理,不愿意让农业转移人口市民化,以防止他们抢夺自己的工作机会和教育资源等。其次,城市居民普遍认为农业转移人口能力低素质不高,在工作过程中,不愿意予以农业转移人口重要工作,农业转移人口群体容易被认为不文明,影响城市发展的稳定和进步,这些偏见使农业转移人口的发展受到限制。最后,农业转移人口自身与城市居民交往时,往往会产生自卑的情绪,比较腼腆,不会表达自己甚至比较拒绝与当地城市居民沟通交流,这也限制了农业转移人口的发展,不能顺利融入城市。

(2) 农业转移人口市民化成本较高

农业转移人口市民化不仅需要自身在城市购买住房,承担高于农村的生活成本,在社会保障、教育以及医疗服务方面则更加需要政府来承担成本。面对接近 3 亿人数量如此庞大的群体,政府想要推进农业转移人口市民化,离不开庞大的资金支持。2013 年中国社会科学院发布的《城市蓝皮书》显示,农业转移人口转移到城镇居住生活完全市民化的成本分为公共成本与个人成本,其中人均公共成本为 13 万元。[②] 虽然当今社会一再呼吁实现农业转移人口市民化,但是想要完全解决接近 3 亿群体的市民化问题确实不易。当前绝大多数政府都没有设立专项资金来实现农业转移人口市民化,这主要因为中国还处于经济转型时期,政府不仅需要在教育、卫生领域投入大量资金,还要在改进生态方面投入资金,这些资金投入占据了大部分。各级政府在当前紧张的财政状况下,毫无疑问没有那么多资金投入公共领域,去完善社会保障体系,增加社会服务,帮助农业转移人口完成市民化的转化。

---

① 周小刚:《中国人口城市化的理论阐述与政策选择》,《江西社会科学》2009 年第 12 期。

② 潘家华等:《农业转移人口的市民化》,社会科学文献出版社 2013 年版,第 17 页。

（3）地方政府缺乏有效推进

各级政府是中国农业转移人口市民化的重要力量,但是目前部分地方政府对于推进农业转移人口市民化基本上都持被动和观望态度。原因主要在于:一方面,农业转移人口市民化成本高,地方政府财政收入紧张,担心将财政投入公共领域会影响政绩;另一方面,农业转移人口数量庞大,且存在对农业转移人口素质偏低的偏见,害怕将他们市民化之后造成管理混乱,也担心公共服务跟不上会对本地市民的生活产生影响,导致新的社会不稳定、不和谐现象发生。

3. 影响农业转移人口市民化的个人因素

（1）农业转移人口个人职业技能不足

绝大多数农业转移人口受教育水平明显低于城镇居民,导致他们进城后只能从事劳动密集型的工作。如今,首先,中国产业正在进行转型升级,越来越注重高新技术产业的发展,许多没有技术含量的代加工厂被关闭,造成很大一部分农业转移人口失业。其次,在技术飞速发展的今天,许多工厂采用机器人来代替劳动力进行生产加工,被代替的主要是以往依赖人从事的体力劳动,所以,农业转移人口的需求量进一步减少。随着工厂机械化和智能化水平的不断提高,以后对简单体力劳动的工作岗位需求会进一步减少。这就要求农业转移人口必须转变自身观念,提高受教育程度,充实自己的知识面,满足企业对技术性人员的需求。

农业转移人口市民化的一大阻碍是缺乏能力,跟不上产业转型的速度,知识素质达不到企业的要求。这也是当前农业转移人口求职难和企业招工难同时并存问题的根本原因。企业对于农业转移人口的职业技能培训缺乏资金支持,而且相当一部分农民没有接受职业技能培训的意识,受培训的积极性不高。如果仅仅依靠体制改革和政府的推进等外力因素影响,是很难真正实现农业转移人口市民化的。

（2）思想文化因素

城镇居民和农业转移人口的思想观念以及价值观有很大的不同。农业转移人口受农村生活方式的影响,一般思维方式比较固化,习惯于墨守成规,缺乏创新思维,而城镇居民更加注重创新能力,喜欢挑战和改变。所以,农业转移人口在城市生活会有很多不适应的地方,适应不了城市快节奏的生活,在工作和生活中与城镇居民会有一定的分歧。因此,许多农业转移人口选择封闭社会交往,他们一般只与同乡、异地农业转移人口交往,把自己封闭起来,这样,农业转移人口群体更显得融入不到城市中去,在城市中没有归属感,削弱市民化的愿望。

当前有很多年龄在四五十岁的农业转移人口,他们的思想观念和意识形态比较保守固化,受小农思想以及市民化成本太高的影响,他们并不想在城镇安家落户,只是想在城市多打几年工,赚够钱后回农村生活,这种思想直接影响他们市民化的进程。对于新生代农业转移人口来说,他们市民化的意愿强于老一代,但是受生长环境的影响,与城镇居民的价值观也会不同,从而影响市民化。

四、推进我国农业转移人口市民化的对策措施

世界上任何一个国家的城镇化和市民化进程,都要根据本国实际情况,顺应时代潮流。中国的特殊国情和中国特色社会主义进入新时代的特点,都决定了我们不能照搬发达国家或其他国家的市民化道路,而必须走出一条符合我们自身实际和时代要求的中国特色市民化之路。

(一)坚持工业化、城镇化、农业现代化协调发展

中国拥有联合国定义的 39 个工业大类、191 个中类、525 个小类的全部工业种类,在广义上来看,中国已经实现了工业化,但是从深度来讲与发达国家还存在不小的差距。改革开放以来,中国的工业化发展极为迅速。工业化为农业转移人口提供了大量的就业机会,同时也促进了城市发展,推动了农业现代化进程。改革开放前,农村人口向外流动是相当困难的,农民的主要收入来源还是农业,同时农业现代化水平也很低,带来的影响是农产品产量低,耕种占用了农民大量的时间,同时也消耗农民大量的体力,农民的生活水平停留在温饱的层面。但是随着工业化的到来,农业现代化水平逐渐提高,于是很多农

民为追求更好的生活,进入了城市。

由此可见,工业化是农村人口向城市转移的动力,农业现代化是农村人口向城市转移的基础。农民向城市转移有两个必需条件:一是城市能为农业转移人口提供可靠的工作;二是农业现代化为农业转移人口外出务工带来保障。农业的发展为工业提供了剩余劳动力和农产品,工业的发展则为农业生产提供了工具、生产资料、技术等其他方面的帮助。由此可以看到,工业化和农业现代化是相互作用、相互促进,两者缺一不可,形成一个良性循环后才能实现共同发展。很多发达国家的农业现代化水平相较于发展中国家就要高得多。以美国为例,美国的农业现代化水平很高,美国的农业现代化经历了农业机械革命、化学革命以及管理革命。由于科技的发展,美国的农业人口占比从1910年的32%下降到今天的1.8%,由于农业现代化的实现使得大量的农民自然而然地发生了职业的转换,从而进入城市,完成了农村从事农业的人口向城市第二和第三产业的转移。

(二) 破除制度的障碍

1. 户籍制度及其衍生制度改革

2019年5月发布的《中共中央国务院关于建立健全城乡融合发展体制机制和政策体系的意见》提出:"有力有序有效深化户籍制度改革,放开放宽除个别超大城市外的城市落户限制。"①深化户籍制度改革,是农业转移人口市民化的突破口。二元户籍制度对农业转移人口市民化的影响是方方面面的,它对就业、子女教育、社会保障、住房、农民工家庭矛盾都有很大的影响。废除二元户籍制度,可以有效消除社会偏见。许多城市人口普遍认为农民工素质较低,文化水平较低,同时农民工的收入相较其他城市居民来说偏低,但是工作又极其辛苦,农民工如果获得与城市其他居民相同的户籍,将会消除用人单位和其他居民对于这个群体的不公正待遇,促进农业转移人口收入的提升,提高农民工对城市的认同感和归属感,这样在多方面才能提高农民工市民化的

---

① 《中共中央国务院关于建立健全城乡融合发展体制机制和政策体系的意见》,《人民日报》2019年5月6日。

进程。消除户籍差异才能彻底消除各个地方的保护政策,消除对外来户籍人员子女入学的门槛,打破这一社会顽疾带来的不公正现象。避免和缓解"留守儿童"这一社会现象,同时避免即使进入城市的农民工子女,只能选择城乡结合部或城中村等师资力量、硬件条件较差的学校就读现象。使农民工子女可以有选择地进行就读,享受城市良好的教育,消除教育不公正待遇与农民工子女的自卑心理。打破现有户籍制度障碍,首先要对现有人口进行大的排查和登记,无论自然人持有城镇户口还是乡村户口,登记时都以他现阶段长期居住地为准,强调人口与户籍一致的原则。

一二线城市大多实行"积分落户"的政策。"积分落户"制度解决了部分人的户口问题,不仅仅是高学历人群、"海归","高级蓝领"、"高级护工"也都实现了一视同仁,但是大部分农业转移人口存在技能不足、学历达不到平均水平的问题,这就说明中国在推进"积分落户"制度的同时,要积极对农业转移人口进行技能培训与知识再教育,提高农业转移人口的工作技能和文化水平,这样才能促进农业转移人口通过"积分落户"实现市民化。

2. 社会保障制度改革

消除户籍差异的同时,可以让用人单位或个人为农业转移人口缴纳医疗保险和养老保险,解决农业转移人口参保率低、新农合医疗保险报销程序繁琐的问题,使农业转移人口在患病时得到保障。

获得户籍的平等后,农业转移人口的住房将不再局限于工棚、廉租房等其他生活质量较差的住所,可以获得与城市其他人口相同的政府福利,例如:廉租房、经济适用房等,避免因为住房问题受到歧视,从而提高他们的幸福感和对工作城市的归属感。

农业转移人口由于长时间居住在外地,不能处理很多家庭问题,例如赡养老人、照顾孩童等。以实现户籍平等化为基础,获得良好的居住环境后,可以将父母或年迈的老人接到自己的身边,更好地尽到赡养老人的义务,从而在一定程度上解决"空巢老人"这一社会问题。在家庭层面,提高了老人的幸福感,消除了很多农民工家庭夫妻长时间不能团聚的问题,同时也能给予子女良好的家庭教育。

农业转移人口市民化意味着差异化的城市公共服务的消除,基于公民身份公共服务体系的建立和完善,对中国社会主义和谐社会建设和长治久安具有十分重要的现实意义。① 2019 年 5 月发布的《中共中央国务院关于建立健全城乡融合发展体制机制和政策体系的意见》也提出"加快实现城镇基本公共服务常住人口全覆盖"②。这实际上就意味着要对农业转移人口实现基本公共服务全覆盖,加快其市民化进程。

3. 完善农村土地流转制度

土地是农民几千年来生存的保障,是中国最根本的食物来源,也是农民获得生活必需品和经济收入的基本来源。所以,土地是农民最不能割舍的。中国现有的农村土地制度,保证了土地的公有性,同时也保护了农民对于农村土地生产经营的权利。但另一方面,农村土地存在流转不灵活、征地补偿标准低等方面的问题阻碍着农业转移人口市民化,需要我们积极探索有效措施予以解决。

(1)建立完善且灵活的土地流转机制,细化承包经营条例

农业转移人口进城务工后,农作物或经济作物长时间缺乏照料,耕地利用率下降,甚至还出现大量耕地闲置现象,这不仅造成了土地的浪费,而且成为农业转移人口市民化的阻碍。因此,政府应制定灵活的土地流转政策,推进农村土地流转。农业转移人口进城后,可以将土地出租给其他村民进行耕种,这样不仅仅可以为农业转移人口带来一定的经济效益,促进农业规模化生产,同时也解决了农业转移人口进城后的后顾之忧,加快了农业转移人口市民化的进程。所以,相关部门应该建立完善的保护政策,防止流转过程中农业转移人口的权益受到损害,避免出现合同不清、流转不明、土地多次流转等现象。同时,也要做好土地流转备案,对流转过程中的土地进行建档,建立健全审查、控制、回访制度,以免土地流失,被别人用作他用,杜绝非法的土地流转行为。

(2)规范土地征收补偿制度

现阶段很多征地问题成为农业转移人口的心结,使得农业转移人口无法

---

① 陈怡男、刘鸿渊:《农民工市民化公共属性与制度供给困境研究》,《经济体制改革》2013年第 4 期。

② 《中共中央国务院关于建立健全城乡融合发展体制机制和政策体系的意见》,《人民日报》2019 年 5 月 6 日。

安心留在城市工作。为了消除这一问题,应该保证农业转移人口对土地的征收补偿拥有知情权和参与权,而不是只能被动地接受征地补偿条约合同。在进行土地征收时,政府拟定的征收方案应第一时间对外公示,使农业转移人口可以更加及时地对方案进行了解。同时,政府也应该给予农业转移人口充分的参与权,在征地补偿时要听取农业转移人口的意见,保证征地补偿的公平性。此外,也要使农业转移人口享有对征地补偿分账明细的知情权,杜绝损害农业转移人口合法权益的行为,杜绝征地补偿过程中出现的违法犯罪行为。

(三) 建立农业转移人口市民化成本分担机制

新型城镇化进程中的农业转移人口市民化,需要大量的资金投入,亟须建立多元成本分担机制。2019 年 5 月发布的《中共中央国务院关于建立健全城乡融合发展体制机制和政策体系的意见》提出:"建立健全由政府、企业、个人共同参与的农业转移人口市民化成本分担机制,全面落实支持农业转移人口市民化的财政政策、城镇建设用地增加规模与吸纳农业转移人口落户数量挂钩政策,以及中央预算内投资安排向吸纳农业转移人口落户数量较多的城镇倾斜政策。"①

1. 政府承担农业转移人口市民化过程中的主要成本

在农业转移人口市民化的过程中,如果城市基础设施建设的速度低于农业转移人口进入城市的速度,就会因为基础设施建设速度慢造成城市负担过大,产生道路拥堵、住宅紧张、房价上涨等问题,也会产生学校拥挤,学生得不到良好的教育,医院人满为患,就医体验差,这些问题会给本地居民造成很大困扰和生活不便,进而更加排斥农业转移人口市民化。所以政府要承担公共设施建设的主要成本,对农业转移人口的聚居地进行大量的公共建设工程,修建道路、公园、住宅、学校、医院等基础设施,改善农业转移人口所在城市聚集地的供水、供暖、生活环境。建造廉租房、经济适用房,分担农业转移人口的生活压力。通过以上举措增加城市的容纳能力,使更多农业转移人口在务工的

---

① 《中共中央国务院关于建立健全城乡融合发展体制机制和政策体系的意见》,《人民日报》2019 年 5 月 6 日。

城市能够稳定生活,为市民化道路进一步铲除障碍。农业转移人口进入城市后能否稳定生活,平等的公共服务是关键。城市的公共服务不足,一直是影响农业转移人口市民化的一大壁垒。政府需要加大对公共服务的资金投入,不断提高医疗卫生、就业帮助等方面的社会服务水平,通过合理的引入社会资金,为城市公共服务建设提供活力,突破公共服务不足的壁垒,同时确保条件符合的农业转移人口能和普通市民一样获得相同的权利。

2. 企业承担相应的工资和福利成本

企业首先要根据法律规定和当地的工资水平制定合理的工资标准,保障农业转移人口在付出辛勤劳动后能够得到应有的报酬。在保障农业转移人口得到自己应有薪酬回报的同时,企业也要为农业转移人口缴纳医疗保险和养老金,还要承担农业转移人口的岗前或在职培训成本。后者在提高农业转移人口个人技能进而为其市民化增加助力的同时,也增强了企业的技术力量,有利于企业的进一步发展壮大和增强市场竞争力。

3. 农业转移人口承担个人生活成本和创业成本

农业转移人口进入城市的过程中,需要支付住房、医疗、饮食、交通等方面的生活成本。农业转移人口通过辛勤劳动获得工资收入的同时,还可以通过土地流转的承包租金或者土地补偿款承担房屋的购买、医疗费用或用作创业资金等工作生活成本。通过创业或者辛勤劳动不断提高自身的经济水平,增强市民化的经济支撑。

（四）加强引导和监督,保障农业转移人口的合法权益

第一,要保护农业转移人口在农村的权益。正如 2019 年 5 月发布的《中共中央国务院关于建立健全城乡融合发展体制机制和政策体系的意见》提出的"维护进城落户农民土地承包权、宅基地使用权、集体收益分配权,支持引导其依法自愿有偿转让上述权益。"[1]只有这样,才能解除农业转移人口市民化的阻力。

---

[1]　《中共中央国务院关于建立健全城乡融合发展体制机制和政策体系的意见》,《人民日报》2019 年 5 月 6 日。

第二,要引导农业转移人口树立自身保护意识,提高他们对与自身密切相关的法律知识的理解和运用能力。可以通过开展短期岗前法律培训,来提高农业转移人口的法律意识,让农业转移人口在遇到纠纷的时候可以利用法律知识申请法律保护。同时,政府也要根据实际情况对具体的纠纷给予农业转移人口法律帮助。

第三,加强政府监督,保障农业转移人口的薪酬能够得到按时足额支付。农业转移人口工资拖欠问题已经成为当前一个严重的社会问题。社会上经常出现农业转移人口在付出辛勤劳动后,用人单位或个人以各种理由拖欠他们工资的情况,但是受学历和社会经验的影响,农业转移人口利用法律保障自己合法权益的难度很大,政府要在帮助农业转移人口利用法律仲裁等进行合法维权的同时,加大对用人单位的监督检查力度,督促用人单位落实国家的法律制度,建立对违反法律的用人单位专门的惩处机制。在监督检查过程中,政府要建立企业诚信度考核机制,把存在拖欠农业转移人口薪酬问题的企业加入诚信黑名单,对于录入到诚信黑名单的企业进行长时间的持续性调查,如果再次出现拖欠农业转移人口工资问题的企业要加大处罚力度,切实保护农业转移人口的合法权益。

(五) 农业转移人口要不断转变观念提高技能

第一,农业转移人口要转变思想观念和心理认知。思想观念和认知水平这些自身因素也会影响农业转移人口市民化的进程。很多农业转移人口长期生活在农村,由于农村文化与城市文化相差较大,收入偏低,学历偏低,自卑心理严重,导致他们对市民化信心不足。因此,要充分肯定农业转移人口为城市发展做出的贡献,鼓励和支持他们通过辛勤劳动获得报酬、释放人生价值,帮助他们消除自卑心理。

第二,提高自身素质和业务技能。农业转移人口的学历和文化水平普遍不高,不仅要通过自身学习获得更多知识,也要注重提高自身的品德修养,培养与城市生活相匹配的道德意识,践行适应城市发展的行为规范。此外,农业转移人口还要在工作岗位上通过自身钻研、团队学习或者单位支持参加培训等多种途径,提升自己的业务能力和工作水平,进而在获得稳定工作的同时得到更高的工资报酬,逐步缩小直至消除与其他城市居民的收入差距,提高自己的生活水平。

第三,加强社会交往,开阔视野。农业转移人口不仅要参与城市的建设,也要自觉加强在工作所在城市的社会交往、文化活动、社区治理,通过接触更多的人和事锻炼提高自身的待人接物能力、处事能力等。同时,通过社会交往,也能让更多市民更好地了解并逐渐接纳农业转移人口,进而推动农业转移人口市民化进程。

第六章　新型城镇化进程中的
农村留守问题

我国城镇化进程中的农村留守问题不仅仅是家庭问题,更是社会问题,它不仅关系到社会公平与公正,关系到城镇化能否顺利推进,更关系到乡村振兴战略的目标实现与农村的长治久安。如果不能很好地解决留守问题,将会阻滞城乡融合以及新型城镇化的进程,甚至会影响全社会的稳定发展。因而,在推进以人为核心的新型城镇化进程中,明晰农村留守人员生存状况,找出其存在困难的成因,并从顶层设计、制度安排上找到破解之策,就成为新时代经济社会发展中一个亟须解决的难题。

一、我国城镇化进程中农村留守人员概况

农村留守问题是伴随着改革开放进程不断加快而逐步走进公众视野的。自 20 世纪 80 年代以来,中国进入了从传统型社会向现代社会、从农业社会向工业社会、从封闭型社会向开放型社会、从单一同质性社会向异质性社会的转型时期。这一时期,中国的政治经济文化社会快速发展,现代化、城市化及市场化程度大大提高。据国家统计局《中华人民共和国 2018 年国民经济和社会发展统计公报》显示,2018 年全国农民工总量 28836 万人,比 2017 年增长 0.6%;其中,外出农民工 17266 万人,增长 0.5%;本地农民工 11570 万人,增长 0.9%。[1]

---

[1]　国家统计局:《中华人民共和国 2018 年国民经济和社会发展统计公报》,《人民日报》2019 年 3 月 1 日。

实践证明,这些农村劳动力为中国经济社会的飞速发展做出了巨大贡献,但面对高就业压力、高入学门槛、高生活成本、高房价,这些低待遇的外出农民工无法将家人带到身边,实现举家迁移,只能过着"城乡两栖,往返流动"的生活,由此产生了一个由留守妇女、留守儿童和留守老人组成的农村留守群体。2015 年民政部发布数据称,我国留守人员总数超过 1.5 亿,其中留守妇女约有 4700 多万,留守儿童超过 6000 万,留守老人约有 5000 万①。到目前,尽管没有确切数据,且来自不同部门和渠道的数据不一,但可以肯定的是留守人员仍是一个庞大的群体。

留守人员属于农村社会中的弱势群体,也是即将被城镇化的主要组成部分。但就目前而言,留守群体因家庭主要成员长期缺位,家庭功能残缺,致使他们的生产生活备受影响。譬如:留守妇女劳动强度高、精神压力大、健康状况堪忧、婚姻稳定性差;留守儿童受到的亲情关爱不够、行为出现偏差、意外事故频发;留守老人养老无保障、精神缺慰藉、劳作年龄无限延长等。值得重视的是,在农村社会治安不容乐观的情况下,针对留守群体的犯罪行为越来越多,留守群体普遍缺乏安全感。

二、我国城镇化进程中农村留守人员的生存状况

农村劳动力候鸟式的迁移方式给农村家庭结构带来巨大影响,非常突出的一点就是它改变了家庭内部关系,使得家庭成员处于离散状态,家庭结构偏离常态,家庭功能失衡弱化,留守妇女、留守儿童、留守老人三个群体的出现正是这种影响的结果,他们在生产和生活中面临种种困难。

(一) 留守妇女的生存状况

本书中,农村留守妇女是指 18—55 岁、丈夫每年在外务工时间超过 6 个

---

① 《民政部:中国农村空心化日趋显著 留守人员总数超过 1.5 亿》,人民网,http://politics.people.com.cn/n/2015/0602/c70731-27093835.html。

月而留居家中的农村已婚妇女。伴随着务工经济的兴起,大量农村青壮年男劳动力流向城市,农村留守妇女出现且规模巨大,目前全国约有 4700 多万人。家庭中男性的缺位使留守妇女自然成为新农村建设的重要力量,不仅主内还要主外。她们在农村经济社会发展中发挥着重要作用,村庄政治参与意愿增强,经济地位和家庭地位也有较大幅度提升。随着家庭务工收入的增加和各类电器的普及,较以前相比她们的物质生活极大丰富,闲暇生活方式多样,社交范围愈益广泛。但同时,我们绝不能忽视她们生活中的艰辛和为中国城镇化、工业化作出的牺牲。

1. 劳动强度大

男性劳动力外流后,留守妇女肩负起了本属于夫妻双方的责任。一方面,她们要承担起以往主要由男劳动力承担的繁重农业劳动,逐步在农业生产、运输、销售中起着越来越重要的作用,成为农业生产的主力军,农业女性化早已成为事实;另一方面,她们要负责繁琐的家务活、抚养教育未成年子女、赡养年迈老人、料理家庭事务等,日均劳动时间超过 10 小时。有的妇女甚至在特殊生理时期,如经期、孕期、产期、节育手术后仍要从事着繁重的体力劳动。换言之,留守妇女在扮演妻子、母亲、女儿、儿媳等多重角色的同时,还要代替丈夫履行好儿子、父亲、女婿等角色的义务,已然从"半边天"变成了"顶梁柱"。劳动强度大、工作时间长、内容琐碎单调是留守妇女生活的一大特点。有数据显示,有半数以上的妇女表示"一个人难以单独承担农活"、"希望过上稳定的家庭生活"、"平日里希望有丈夫的体贴帮助"等。①

2. 精神负担重

与男性劳动力外出之前相比,留守妇女承受的精神负担明显加重。一是经济压力大。孩子上学、老人看病、礼尚往来,家庭开销日益增加,仅靠她们自己在家的微薄收入完全不足以过活。由于丈夫打工收入的不稳定,经常使她们面临沉重的经济压力。二是对孩子的教育力不从心。随着孩子数量的减少,对孩子的教育问题成为全社会的担忧和焦虑所在,大多数留守妇女也不例

---

① 王云航:《关于农村留守妇女生态权益保障研究综述》,《环境与可持续发展》2016 年第 1 期。

外,她们常常在子女教育问题上感到忧虑与无助。三是婆媳关系处理不好的担忧。婆媳关系自古是难题,婆媳之间因缺少了丈夫这个润滑剂和纽带,处理起来难度更大。一旦与公婆有矛盾就会处于冷战状态,除影响双方心情,还会影响到夫妻关系和孩子的成长。

3. 健康水平差

留守妇女对老人孩子的辛苦照料和超负荷劳作,给她们带来的不仅是过早衰老的容颜,还有越来越糟糕的身体。《第三期中国妇女社会地位调查数据报告》显示,我国农村妇女只有29.9%做过健康体检,46.5%做过妇科检查[①];另一份调查显示,农村留守妇女中,31.5%认为自己身体不太好,5%认为自己身体很不好。[②] 因积劳成疾,很多留守妇女患有程度不同的风湿性关节炎、慢性胃病、颈椎病、妇科病等疾病,令人担忧的是受农村医疗条件和留守妇女经济条件所限,她们"小病靠扛,大病靠拖",不能得到及时治疗。另外,因文化素质较低,缺乏自我保健意识,普遍存在卫生保健较差的现象。虽然,自2009年中国开始实施农村妇女"两癌"检查项目,但检查内容少,又属于自愿,很多留守妇女常常会因各种原因不去参加。留守妇女也很少做体检,有的妇女甚至从未做过体检,导致"未病"不能预防,有病不能及时救治,只有病重了才到医院就医。

4. 权益保障难

因留守妇女处于弱势地位,她们的合法权益难以得到有效保障。一是经济权益难保障。留守妇女虽为丈夫和家庭付出了许多心血,也为农村发展做出了重大贡献,但由于这些付出和贡献不能精确地货币化,加上她们受教育程度低,法律意识淡薄,对丈夫的收入情况掌握不够,一旦遭遇婚变就不知所措,难以用法律武器来维护自己的权益,特别是在离婚财产分割时处于极其不利的地位。二是土地承包权难保障。根据中国从夫居的习俗,留守妇女基本上都是在夫家承包土地,因土地承包政策的长期性和土地资源的稀缺性,一旦夫妻离婚,即使重新迁回娘家,也很难再分到承包地,其土地承包经营权得不到保护。三是发展权益难保障。男性劳动力在城市或者相对发达的地区接收新

① 《第三期中国妇女社会地位调查主要数据报告》,《妇女研究论丛》2011年第6期。
② 参见覃国慈:《社会转型期的农村留守问题研究》,湖北科学技术出版社2014年版,第62页。

的知识、信息、技术,为自身发展奠定了基础,而身在农村的留守妇女,接触不到城市的现代生活,很少有增长见识的机会,知识相对匮乏,信息相对闭塞,无法更深程度地参与社会生活,加上繁重的家务和农活,根本没有精力顾及自身发展。久而久之,她们不仅丧失了许多有助于自我发展的资源和机会,而且与丈夫的差距不断拉大,与社会需求脱节。四是性权利难保障。性是人类最基本的生理需求,留守妇女同样需要关爱、需要温暖、需要正常的性生活,而且这一群体多属中青年,正处于性需求的旺盛期,但因其丈夫常年在外,没有正常释放渠道,生理需求得不到满足。五是安全权益难保障。留守妇女在日常生活中常常谨小慎微,尽可能避免与其他男性交谈与接触,但较丈夫在家的妇女而言,留守妇女更多遭遇男性的性骚扰,但因害怕周围人的闲言碎语和蔑视眼光,常是自我安慰自我消化。①

5. 闲暇质量低

闲暇生活是人类生活的重要组成部分,承载着人类对美好生活的追求,其内容和方式不仅体现出一个人生活质量的高低,同时也反映出一个国家的社会发展程度和文明进步程度。目前农村留守妇女的闲暇方式主要有上网、看电视、闲聊、打麻将和逛街赶集,也会有棋牌、跳广场舞、看电影等,其中,因看电视、闲聊的低成本仍成为那些年龄偏大、文化程度偏低的留守妇女的主要闲暇方式。即使在新农村建设实施多年后的今天,农村文化大院成为村庄标配的情况下,因规模小、配套不够、运营不善等多方面原因,农村各种文化娱乐设施仍严重缺乏,像城市普通居民所能享受到的那些文化娱乐方式,如图书、摄影、健身运动、老年人活动中心及各类教育培训活动等都相对匮乏。

(二) 留守儿童的生存状况

留守儿童是指因父母双方或其中一方长期外出务工而被留在农村,由家中其他长辈或父母其中一方抚养的儿童。由于城乡二元体制的长期存在,大量农村外出务工者不得不将子女留在农村地区,因此,可以说留守儿童是制度

---

① 曲茜、倪晓莉:《农村留守妇女家庭关系、消极情感对生活满意度的影响:有调节的中介模型》,《中国临床心理学杂志》2016 年第 2 期。

原因所致,留守儿童问题是中国城镇化和社会转型进程中不可避免的产物。农村劳动力外出务工在改善家庭经济状况的同时,却因教养角色的缺失对其子女成长产生了不利影响。无论是单亲留守型、隔代留守型还是孤儿型留守家庭,留守儿童都是生活在关系残缺、功能不全的家庭环境中,父母角色缺位、祖辈身体欠佳和教育方式不当等导致的亲情缺失、沟通缺乏、关爱缺损,都会给儿童带来一系列心理、教育、健康、安全等方面的问题。

1. 心理问题较多

由于父母外出务工长期不在身边,留守儿童在孩童时期得不到父母应有的关爱和照顾,无法形成亲密关系,亲情缺失的状态使得留守儿童的心理方面出现了一些问题。一是留守儿童性格偏内向,且遇到不顺心的事情容易暴躁。一般而言,孩子在儿童期表达自己想法的欲望很强,乐于与父母沟通交流,但留守儿童与父母长期分居两地,其想法或情感需求得不到及时的沟通和慰藉,遇到事情会感到不知所措,长此以往就会变得内向,封闭自己的内心。但同时,由于留守儿童长期缺乏父母管教,照顾他们的爷爷奶奶溺爱孙辈,加上常怀补偿心理,对他们疏于管教或管教不严,导致留守儿童常处于一种缺乏约束的状态,以自我为中心,按自己的喜好行事,遇到不合自己意愿的事情常会表现出暴躁的情绪。二是留守儿童自卑心理严重。留守儿童的心理充满着矛盾,一方面以自我为中心,另一方面也存在深深的自卑感。留守儿童在学习上、生活上以及与他人交往上都是独自去做,缺少父母的支持和依靠,信心不足,做事成功率偏低,尤其是遇到自己无法处理的事情和需要自己解决的矛盾,会产生深深的无力感和挫败感。这一恶性循环长期存在,使得留守儿童不断贬低自己、否定自己甚至放弃自己,极易产生自卑心理。三是留守儿童亲情淡漠。留守儿童因长时间与父母分隔两地生活,得不到父母的关心和爱护,即使外出务工的父母能给予其丰厚的物质条件,留守儿童对父母的依赖也会无限降低。调查显示,9.3%的农村留守儿童认为父亲或母亲去世对自己"几乎没有影响",9.7%的留守儿童视父母为路人。[1]

---

[1]　中青在线:《2017〈留守儿童心灵状况白皮书〉报告显示:留守儿童期待父母陪伴远甚于物质》,见 http://news.163.com/17/0722/01/CPTM2R52000187VI.html。

另外,近些年,随着社会、媒体、学术界对留守儿童宣传报道的力度加大,留守儿童群体获得了全社会的广泛关注,但因媒体对留守儿童的负面报道居多,使留守儿童有被标签化、污名化的趋势,让很多人在潜意识里把留守儿童等同于问题儿童,给留守儿童造成很大的心理压力。

2. 接受教育不到位

由于一部分父母本身教育程度较低,对教育目的认识功利性太强,存在学习无用论的消极思想,认为孩子多读书不如早早外出打工挣钱;或者与子女的分离,使常有愧疚心理的父母不愿在学习上过于严格要求孩子,认为当下多样化的社会,并非读书一条独木桥可以使人谋生或成功。父母的思想潜移默化地影响到留守儿童的认知,使部分孩子从小就开始对学习失去兴趣。另外,留守儿童正处在成长期,自律自控能力不强,在学习缺少帮助和监督的情况下,经常会呈现出松懈与应付。留守儿童通常是由祖父母隔代监护照顾,祖父母大多年事已高、教育程度低甚至是文盲,他们对教育重要性的认知更少,认可度更低。由此可以看出,留守儿童义务教育阶段是在家庭教育缺失的情况下度过的。

3. 接受生活照顾欠佳

留守儿童的监护人大多是祖父母辈,他们一般年事较高,自身健康状况欠佳,子女外出务工后还需担负起农业生产的责任,体力、精力上的不足使得他们对留守儿童的照顾欠佳,即使留守儿童生病,有时也得不到及时治疗;加上他们生活水平由来已久的低标准,保证孙辈们吃饱穿暖成了他们照护工作的全部,而罔顾孙辈们的个人卫生,致使这类留守儿童的精神面貌与衣着卫生等与非留守儿童形成鲜明对比。当遇有监护人体弱多病时,不但不能照顾留守孙辈,而且还需留守儿童为其洗衣做饭,出现逆向监护。即便有妇女留守在家的,繁重的家内家外劳动也经常使得她们无法过多关注稍大孩子的生活情况,多是鼓励或指导他们自力更生,提供的少量照料更多表现在穿衣吃饭方面。

4. 受不良环境影响大

农村场域中流行的攀比风、赌博风、人情风等落后风俗习气深刻影响着留守儿童的价值观和行为方式。父母亲情长期缺乏,监护人监管不力,使得他们小小年纪会不惜拿着父母寄来的生活费参与到不良活动之中。随着现代物流的发展,城乡一体化的推进,农村的儿童类产品也极大丰富,即便是质量略差的产品,其价格对于农村消费水平而言也是不菲的。外出打工的父母为弥补自己对孩子缺失的亲情,大部分会尽可能地多给孩子零花钱,甚至会满足孩子一些不太合理的要求。留守儿童的松散监护、自控不力,使得他们在与他人的攀比消费上显得有些"随心所欲",成为贫困的"富二代"。与此同时,随着农村社会中网吧、游戏厅、电玩等快餐娱乐产品的增多以及手机游戏的盛行,很多留守儿童深陷其中无法自拔,不但荒废学业,身心健康也受到严重损害。

更需要引起我们高度关注的是留守女童这一群体,她们承担着比留守男童更为沉重的劳动负担和心理压力。受农村根深蒂固家庭性别分工模式的影响,留守女童较留守男童而言会更多参与到家务劳动中,甚至还承担起照顾同为留守儿童的哥哥或弟弟的责任。一般来说,留守女童比留守男童心思缜密、情感细腻,但因农村家庭中隐形性别偏好的存在,留守男童会比留守女童获得的帮助和支持系统更为宽泛;加之留守女童会更多地受到性侵、性骚扰和性伤害,这些都使得留守女童承受的心理压力比留守男童大。

(三) 留守老人的生存状况

农村留守老人是指那些因子女(全部子女)长期(通常半年以上)离开户籍地进入城镇务工、经商或从事其他生产经营活动而在家留守的父母。老人本就属于社会弱势群体,农村留守老人更是弱中之弱。随着城镇化的推进,这一弱势群体的规模日益庞大。截至 2017 年底,中国 60 岁以上老年人口达2.41 亿,其中农村老年人口占半数以上,大多数农村老年人口独居和空巢,进而引发的养老、医疗、心理等方面的问题已日益严重,成为全社会关注的焦点。①

1. 劳动负担重

随着大量农村男女青壮年劳动力外出务工,留守老人成为从事农业生产的主要力量。与城镇老人不同,农村留守老人没有所谓的退休,只要有劳动能

---

① 王潇谊、赵玉佩:《解决农村"三留守"问题的关键探析》,《农村经济与科技》2017 年第 6 期。

力,就会一直从事农业生产,毫不夸张地说是"活到老,干到老"。况且在留守老人朴素的观念中,认为外出子女留下的土地撂荒太可惜,即使再苦再累也是要耕种的,一是可获得一份收入,为子女减轻负担;二是他们视土地为生活保障,种地可为其生活增添一些积蓄,补贴留守孙辈的日常生活和开销;三是也可为子女将来务工不顺时留一份退路。在调研过程中,我们发现忙碌在农田里的身影很多是 60 岁以上的留守老人们。他们尽管年事已高,有的哪怕常年患病,也起早贪黑种地。除农活外,还有一大部分老人需要照顾留守在家的孙辈。不难想象,繁琐的家务和农活,再加上幼小的孙辈,留守老人们难得有喘息的时间。

2. 精神慰藉少

农村留守老人们在日常生活中,不仅要承受繁重的农活和照料孙辈,还要忍受对子女的思念,以及因与子女分离缺乏依靠而产生的孤独寂寞的煎熬。在中国人的传统观念中,老人眼中的幸福就是"儿孙满堂,儿孙绕膝",可如今他们却是"出门一孤影,进门一盏灯"。常言道"父母在,不远游",然而现实生活却是,留守老人的子女们都遥不可及,外出务工经常是一年才回一次家,在家的时间也只有一个月左右。即便回到家里,因为要处理堆积的各种事务或需要加深人际关系的,陪在老人身边的时间并不多。一般而言,子女对父母的精神慰藉应包括日常生活照料和思想交流,可分隔两地的他们平常主要是靠电话进行沟通。有关调查显示,留守老人每天与子女通电话的只有 1%,三天左右通一次电话的占 4%,一个星期通一次电话的占 46%,半个月通一次电话的占 40.5%,一个月才通一次电话的占 5%,还有 3%的几个月才通一次电话。从通话时间长短看,每次通话 3 分钟以内的占 24.5%,10 分钟左右的占58%,半小时以上的占 17.5%。① 很明显,通话频率高且通话时间长的比例并不大。事实上,仅靠寥寥几个电话根本无法缓解老人心中的孤独感和无助感。另一方面,农村文化设施不完善,也影响了他们的精神生活。尽管社会主义新农村建设已实施多年,乡村振兴工程已经开启,大部分农村的村委会所在地都建有文化活动室、农家书屋、棋牌室、健身场地等,但因农民居住分散,加上很

---

① 覃国慈:《社会转型期的农村留守问题研究》,湖北科学技术出版社 2014 年版,第 69 页。

多设施有其名而无其实,要么大门紧闭,要么设施简陋,不能满足留守老人的有效需求。因此,农村文化的单调乏味,也致使很多留守老人精神上感到孤独寂寞,无所依靠。

3. 收入来源差

留守老人大多年老体弱、文化层次低、技术水平差,其经济来源非常单一,主要依靠自己劳动所得的收入进行自养。微薄的收入只能或者还不能很好满足其基本生活需求。在此情况下,很多时候还要挤出一部分供养留守孙辈。此外,在人们长期的观念中,农村供养标准较低,只要满足温饱即可,所以外出务工子女因其能力有限并没有对留守老人的经济支持有明显增加。另外,外出务工子女对留守老人的补贴缺乏稳定性,受其务工收入高低的影响较大,收入高给父母的补贴就多,否则就给的很少甚至不给。大部分留守老人都不属于五保供养对象,来自国家的补贴很少,有时遇到外出务工子女工作不顺时,还要供给留守孙辈的学费、生活费等,这一系列原因导致留守老人经济拮据。就农村留守老人整体情况来看,他们大多过着简单、节俭、清苦的生活。

4. 养老困难多

首先,土地养老功能弱化。长期以来,土地被看作是农民的养老保障,所以中国没有给农民设立公立的养老模式。土地的保障功能得以实现必须以农民的劳动能力和土地生产力为前提。当农民年老后,体力不支,劳动能力减弱甚至丧失,从而无力耕种土地,况且土地还需投入肥料、农药、种子等。就像工人不能把机器当作养老保障一样,农民也不可能把土地作为养老保障,因此,对于年迈且无经济收入的留守老人来说,土地养老功能已经弱化了。

其次,家庭养老已经不再可靠。"养儿防老"观念中国自古就有,父母养育子女,子女成年后反哺老人被视为天经地义,家庭养老目前仍是中国主要的养老方式。但随着城镇化和工业化的发展,男女青壮年劳动力涌入城市,与父母城乡两地分居,大大减少了陪伴老人的时间,严重撼动了家庭养老模式。另外,中国家庭规模小型化,"4+2+1"或"4+2+2"家庭结构日益成为主流,传统的儿孙承欢膝下、四世同堂的场景越来越少了。现代社会中年轻人压力大、负担重,对老年人的照顾也大打折扣。

最后,社会养老水平低。目前涉及农村老年人的养老保障制度,主要有五保养老、最低生活保障制度和新农保,但前两种制度覆盖面比较窄,其中,只有具备"无子女、无生活来源、无劳动能力"的"三无"农村老人才可申报"五保养老","家庭人均收入低于当地最低生活标准的贫困居民"才能申请最低生活保障。新农保则是根据参保人自主选择的缴费档次来发放其60周岁以后的养老金,但即使按照最高缴费档次,老人每月领取的养老金最多也不超过200元,况且留守老人还因经济支付能力弱倾向于选择较低缴费档次。因此,新农保对留守老人的养老保障水平很低,不足以保障他们的实际生活需要。此外,虽然福利院养老也是留守老人可以选择的养老方式,但目前因农村养老院的床位少,供养能力有限,想进也是有难度的。至于私立福利院,农村要么短缺,要么就是收费高,远远超过大多数留守老人及其子女的支付能力,因而也不可行。

三、我国城镇化进程中农村留守问题的成因

(一) 城乡二元结构的影响

城乡二元结构指的是国家内部城乡之间的经济发展水平存在明显的两极化趋势,即传统的农业部门与现代化的工业部门并存。城乡二元结构下,国家通过严格的户籍制度管制着劳动力的流动,强行将城乡劳动力市场进行分割,将农民作为一种身份固定在农村,并陆续出台一系列限制农民进城的规定予以保障。[1] 同时,为维持城市职工的低工资高就业,辅之以各种福利政策如住房、医疗、教育、保险等,来维护城镇职工生活的稳定。[2] 自20世纪50年代后期起,中国逐步形成了"城乡分割、一国两策"的基本格局,对城市、农村及其居民进行分策而治。所以,在一个相当长的历史时期,对农民而言,拥有城镇户口,吃上"国粮"是一件非常了不起甚至可以说是光宗耀祖的事情。[3]

---

① 陈冲:《基于公共政策视角下我国农村留守问题分析》,武汉科技大学硕士学位论文,2002年。
② 周天勇、张弥:《城乡二元结构下中国城市化发展道路的选择》,《财经问题研究》2011年第3期。
③ 参见辛章平:《中国城乡二元结构的演变与应有的方向》,《黑龙江社会科学》2011年第2期。

计划经济体制对劳动力流动的限制、农业生产的脆弱性,以及农村资源的匮乏,导致广大农村对劳动力的消化能力非常有限,大量剩余劳动力常年被囤积在农村无法转移。改革开放前,农村劳动力约占全国总劳动力的80%,一直到1978年才逐渐得到改观。家庭联产承包责任制的大力推行,现代农业种植技术的广泛应用,加上土地资源的有限性,在极大提高农业生产率的同时,转移大量农村富余劳动力已成为刻不容缓的事情。1978年之后,农村劳动力开始大批量地向城市转移,尤其在1985年取消限制农民进城的政策后,城乡劳动力市场实现了自由流通。城市就业机会的多样化,激发了进城农民的工作热情,许多农民进城谋生并定居,加速了中国城镇化的进程。

值得注意的是,因城乡发展水平差距的存在,以及城市劳动力市场吸纳能力的限制,城市也不可能对外来劳动力来者不拒,而是对外来劳动力有优良中差序列的筛选。因此,流向城市的农村劳动力大多属于农村精英群体,而相对弱势的女人、儿童、老人则被滞留在农村,形成三大留守群体。

(二) 户籍制度的阻隔

1958年我国颁布《中华人民共和国户口管理条例》,将全国人口分成农业户口和非农业户口,随后还将每个公民的教育、社会保障等方面的权利基于户籍制度属地化了。即公民的教育、社保等权利都要附着在他的户籍上,只在其户籍所在地有效,一旦离开户籍所在地,这些权利也随之丧失。在一个没有流动的社会里,权利的属地化并不影响人们平等分享公民权利,但在社会流动规模和频率日益加剧的今天,权利属地化的不合理性就显现出来了。[1] 在城镇、沿海地区,数以千万计的外来人口在此工作、生活,虽然外来的他们为当地经济发展做出了巨大贡献,但因受到权利属地化的制约,他们在就业、社会保障、子女教育等诸多方面的基本权益无法得到保障,甚至在受到伤害时也得不到法律保护。与当地人相比,他们在收入、劳动环境、居住条件等诸方面甚至连

---

[1]　张桂文:《推进以人为核心的城镇化促进城乡二元结构转型》,《当代经济研究》2014年第3期。

法定的最低标准都达不到。可以说,因户籍制度的阻隔以及由此产生的权利属地化制约,农村外出务工人员在生存境遇、国民待遇上同城市居民相比相差甚远,要承担工种限制、福利待遇全无、同工不同酬等后果。如此一来,一方面农村务工人员无法真正融入城市,也无法在城市中为家人提供稳定而良好的生活条件;另一方面农村务工人员转移到城市会面临很高的风险成本。因此,农村家庭一般不是举家入城,而是只选择部分家庭成员外出务工,形成与家人分隔两地的局面,这样农村的家庭就成为在外打拼的农民工在面对各种意外时的最后避难所和保障。如此,我们就理解了农村务工人员"候鸟迁徙,城乡两栖"式的生活状态以及农村留守群体产生的原因。

(三) 教育制度的羁绊

义务教育制度与户籍制度紧密相连,是一项典型的户籍管学籍的制度。1986 年出台的《中华人民共和国义务教育法》规定:"地方各级人民政府应合理设置小学、初级中等学校,使儿童、少年能就近入学。"1992 年出台的《中华人民共和国义务教育法实施细则》规定:"适龄儿童、少年到非户籍所在地接受义务教育的,经由户籍所在地县级教育主管部门或乡级人民政府批准,可按照居住地人民政府有关规定申请借读。借读适龄儿童、少年接受义务教育年限,以户籍所在地的规定为准。"由此可以看出,由于城乡二元户籍制度存在,学龄儿童只有在其户籍所在地规定的学校才可以享受到义务教育的国民待遇;否则,就失去了平等接受义务教育的权利。因此,外出务工人员子女要进城接受义务教育,还需交纳除学杂费之外的大笔借读费或赞助费,这无疑会恶化外出务工人员的处境,使外出务工家庭对城市学校望而却步。

另外,"就近入学"的限制,使得一些儿童在父母打工的城市读小学时要回到家乡就读,原因有二:一是经济因素;二是小招问题,即因各地学校的课程、考试各异,家长只好提前将自己的孩子送回家乡,以及早适应家乡的课程。如果不改善长期存在的城乡二元结构中户籍管学籍的义务教育制度,流动人口子女异地接受义务教育的问题就会长期存在,减少留守儿童数量将不是一件易事。虽从 2008 年秋季开始实施城市免费义务教育政策,已开始惠及符合当地政府接收要求的随迁子女,但大量的借读生却在一定程度上挤占了流入地学生的教育经费,进而引发出流入地学位不足及教学质量差等问题。因缺乏对外出务工人员子女接受义务教育保障的长效机制,以及由于城市和乡村的教育发展很不平衡,农村学校的师资水平和软硬件设施都无法跟城市学校相比。在很多地区,农村留守儿童依然处在比较艰难的教育环境当中,学校房屋失修、设施简陋、优秀师资紧缺等现象大量存在。①

(四) 家庭利益最大化的抉择

随着社会的发展,"丈夫外出务工,妻子留守在家"的"男工女守"新型家庭分工模式业已出现,堪称当代农村经济转型过程中的一个创举。许多妇女选择留守在家主要是基于城市劳务市场对男性劳动力的需求量较大。据统计,年轻农民工的从业比例如下:从事制造业的占 30.5%,从事建筑业的占 19.7%,这两大行业的劳动强度大,对体能要求高,显然适合男性劳动力从事。而适合女性劳动力从事的服务业占 11.1%,住宿餐饮业占 5.9%,批发零售业占 12.3%,可以明显看出城市市场对女性劳动力的需求量相对较小。② 相比之下,妇女留守在农村老家,耕种田地,换得的收入不会比在城市打工的收入少,且更便于照看老人孩子,让在外务工的丈夫安心攒钱。许多农村家庭选择"男工女守"的分工模式,正是基于家庭利益最大化的精心计算。这种模式虽然牺牲了夫妻之间正常的感情生活,让家庭处在两地分离的状态,但其终极目的则是能让自己的家庭成员拥有好一点的物质生活。

在二元化体制下,户籍制度对城乡劳动力市场进行分割,城乡经济发展处于不平衡状态,大量富余劳动力由农村涌进城市。城市政府在本位主义理念指导下,为保障本地居民的优势地位,削弱批量外来务工人员带来的冲击力,陆续颁布了种种规定来限制外来劳动力的本地化,这无形中就加大了农村富余人口的迁移成本。

---

① 林存银、褚宏启:《城乡教育一体化及其制度保障》,《教育科学研究》2011 年第 5 期。
② 国家统计局:《2016 年农民工监测调查报告》,2017 年 4 月 8 日,见 http://www.stats.gov.cn/tjsj/zxfb/201704/t20170428_1489334.html。

四、我国新型城镇化进程中破解
农村留守问题的对策

留守问题的出现,从根源上来看是源于城乡差距过于悬殊,而这个悬殊正是整个社会以经济增长为主导目标、以城市发展为主要偏好的模式所致。留守问题的彻底解决,从长远看,有赖于城乡协同、权利平等、和谐交融,且以人的福祉为终极关怀的新型城镇化发展模式。这种发展模式要改变长期以来对农村和农民生存资料的积压和攫取,还原和重建乡村的经济、社会和文化活力。实现这个目标,让留守群体结束留守,与家人团聚,回归正常家庭功能,并过上有收入、有住房、有保障、有尊严的幸福家庭生活,不能仅靠理念改变,更需落实到制度上,落实在行动上;仅靠个人或家庭努力也不够,还需要顶层设计的调整和全社会的关怀。具体而言,解决留守问题,除去破除城乡二元体制壁垒、加快城乡一体化进程外,还要充分抓住新型城镇化和乡村振兴战略机遇,从城镇化与逆城镇化双向路径上采取措施。

(一) 破除城乡二元体制壁垒

城乡二元结构体制的存在,城市农村的强行割裂,是出现农村留守问题的关键所在。就此意义上讲,有人曾将农村留守问题归咎于国家城镇化战略显然是不对的。城镇化是人类社会发展的规律,它不必然带来留守问题,留守问题是中国城乡二元结构下城乡分割的户籍制度不适应城镇化进程的需要造成的。户籍制度严重制约着农村富余劳动力的转移行为,成为劳动力自由迁徙的制度性障碍,阻滞着城乡劳动力市场一体化的进程。因此,破除城乡二元体制壁垒是解决农村留守问题的必由之路。

破解城乡二元体制,解决留守问题,最根本的就是要加快户籍制度改革,消除户籍隐形壁垒。户籍改革的重点与难点在于剥离黏附于户籍制度的教育、医疗、住房等各项福利待遇和权利保障。2014 年,国务院出台的《关于进一步推进户籍制度改革的意见》意味着中国户籍制度改革迈出了实质性的一步,进入整体推进阶段。相比以往改革,此次户籍制度改革突破了以往着眼于局部或某一方面的调整,而是由公安部、发改委、教育部、民政部、财政部、人社部、国土资源部等相关部门配套进行,是对户籍管理制度的一次全面调整和整体构建,具有里程碑的意义,主要体现在以人为核心的新型城镇化战略、保障城乡基本公共服务均等化权益、土地权利与农业转移人口市民化脱钩、支持和鼓励家庭整体迁移并市民化及明确国家财政责任五个方面。但另一方面,也要看到此次户籍改革制度在实施中还面临着按城市规模确定落户条件难以得到有效实施、政策协调性存在问题、财政转移支付制度改革面临巨大难题、城市人口规模确定存在技术性困难等困境。为此,需要进一步深化户籍制度改革。

一是弱化户口的管制功能,还原户口的登记功能,以民生服务为导向真正实现人的城镇化。加强市场机制对户籍管理的调节作用,完善户籍管理法治化,并选择超大与特大城市、其他城市两大体系为基础先行推进户籍制度改革。在改革进程中,要积极稳妥规范有序,合理引导农业转移人口落户城镇;要以人为核心,尊重城乡居民自主选择何地定居的意愿,依法保障农业转移人口及其他常住人口的合法权益。

二是围绕落实居住证制度,完善全国统一的信息系统建设,加快农业转移人口真正市民化。在全国实施居住证制度过程中,以现有常住户口登记系统与居住证系统为基础,大力推进以居民身份证号码为唯一标识、以人口基础信息为基准的人口基础信息库建设,实现城市人口管理体系信息化与智能化。逐步建立和完善全国统一的居住证管理信息系统,实现全国范围联网与数据实时更新。分类完善各领域信息系统,逐步实现跨部门、跨地区信息整合、共享和综合利用,为人口服务与管理提供数据支撑;在信息共享基础上,实现户口与身份证系统的精准对接;扩展应用居住证配套功能,落实"同城待遇",提高城市工作生活的品质。

三是加强户籍管理的全国统筹与多部门协同,实现以地区人口为单位进行资源配给,促进相关配套政策尽快出台。首先,促成中央层面多部门统筹与协同机制,保障公民基本权益。户籍制度改革必须与宅基地管理、征地拆迁、农村集体经济组织收益权、社会保障体制、城市医疗、卫生、教育体制改革等联动。如完善信息化条件下不同城市间医疗保险、养老保险等方面的信息对接与政策对接,逐步实现全国统筹机制;实现城市社会福利与基础保障建设的中央与地方财政共担机制;建立财政转移支付与农业转移人口市民化挂钩机制,逐步实现财政转移支付和财政投入与吸纳农业转移人口数量联动等。其次,围绕户籍制度改革配套政策的实施,促进各部门改变资源供给方式。建立城乡统一的劳动力市场,完善农业转移人口教育培训制度;健全农村产权确权,推进农村集体产权制度改革;建立平等的教育机制,农业转移人口子女义务教育入学纳入公立学校体系,推进义务教育优质资源均衡发展;完善基础设施、住房、医疗卫生等公共服务功能,提升公共服务水平;将农村养老与医疗保险与城市社保相关体系对接;等等。

(二) 加快推进城乡一体化进程

2015 年 4 月 30 日,习近平总书记在中央政治局集体学习时,就健全城乡发展一体化体制机制问题发表了重要讲话,为推进城乡一体化指出了明确方向,提出了具体举措,"我们一定要抓紧工作、加大投入,努力在统筹城乡关系上取得重大突破,特别是要在破解城乡二元结构、推进城乡要素平等交换和公共资源均衡配置上取得重大突破,给农村发展注入新的动力,让广大农民平等参与改革发展进程、共同享受改革发展成果。""目标是逐步实现城乡居民基本权益平等化、城乡公共服务均等化、城乡居民收入均衡化、城乡要素配置合理化,以及城乡产业发展融合化。"[1]

一是实现城乡居民基本权益平等化。长期以来,城乡居民除存在身份上的不平等外,还存在财产权上的不平等。城市的生产资料和消费资料,如土地、厂房、设备、住宅等几乎都可在市场上自由流通;但作为农民重要生产资料和消费资料的土地、房产等产权仍不明晰,不能实现商品化,结果是,农民不能像市民一样享受到城镇化过程中不动产增值的收益,这也是造成城乡居民收入差距拉大的重要原因[2]。党的十八届三中全会通过的《中共中央关于全面深化改革若干重大问题的决定》首次赋予农村土地和农民住宅以商品属性,

---

① 《习近平在中共中央政治局第二十二次集体学习时强调健全城乡发展一体化体制机制让广大农民共享改革发展成果》,《人民日报》2015 年 5 月 2 日。
② 张丽敏:《以全面小康为目标加快城乡一体化进程》,《中国经济时报》2015 年 9 月 15 日。

使农民可通过转让包括宅基地在内的土地使用权和房产获得财产性收入。2016 年国务院印发的《关于深入推进新型城镇化建设的若干意见》也明确指出，"全面实行城镇建设用地增加与农村建设用地减少相挂钩的政策"，也为进城农民有偿退出宅基地和进城落户提供了政策支持。必须把这些文件精神和相关政策落到实处，才能较好地保障城乡居民基本权益的平等化。

二是实现城乡公共服务均等化。长期以来，我国公共服务的投入重点在城市，农村居民在教育、医疗、养老、交通等多个方面，都享受不到像城市居民那样大体均等的公共服务，这严重制约着农村经济发展和农民素质的提高。今后，政府应把农村作为公共服务投入重点，同时通过发展乡镇企业，增加农村收入，不断完善公共服务。另外，探索政府与企业合作模式大力发展农村服务业，为农民提供更多的就业机会和创业条件，大幅度提高农民收入，有力支持农村经济快速持续健康发展。

三是城乡居民收入均衡化。这也是建立城乡一体化发展体制机制的核心。近年来，多项惠民政策的出台与实施，农民人均收入增速超过城市居民，城乡居民收入差距也在不断缩小。要想继续保持这一势头，从根本上讲，要靠扩大土地经营规模。因此，一要允许农户凭借承包权将经营权有偿转让；二要吸引农民工返乡创业；三要继续鼓励农村富余劳动力外出务工。总之，要不断完善城乡一体化的体制机制和政策环境，发挥城市对农村、工业对农业的反哺和带动作用，实现城乡居民收入的均衡化。

（三）以新型城镇化战略为契机，促进农业转移人口市民化

在工业化和城镇化推进过程中，尤其是以人为核心的新型城镇化战略提出后，如果农业转移人口能够与城镇居民享有同等的国民待遇，真正融入城市生活，实现市民化，毋庸置疑他们将会义无反顾地整家搬迁，那么农村留守问题即可迎刃而解。因此，在农村留守妇女、留守儿童、留守老人多面问题异常严峻的情况下，促进农业转移人口市民化不失为解决该难题的一个良策。[1]

---

[1]　傅晨、任辉：《农业转移人口市民化背景下农村土地制度创新的机理》，《经济学家》2014 年第 3 期。

"农业转移人口"这个概念是在 2009 年中央经济工作会议上首次提出，内涵比农民工更广，既包含"农民工"指代的农业剩余劳动力，也包含了随迁子女等非适龄劳动力。促进这个群体的市民化，是与中国的新型城镇化相伴而行的。中国从 2000 年起城镇化速度加快，每年以 1.3% 的速度增长，促进了农村人口向城镇转移。之后国家又相继出台了 2006 年《国务院关于解决农民工问题的若干意见》、2013 年《国务院关于城镇化建设工作情况的报告》、2014年《国务院关于进一步做好为农民工服务工作的意见》、2016 年《国务院关于实施支持农业转移人口市民化若干财政政策的通知》、2017 年《关于进一步推进户籍制度改革的意见》等重要文件，截止到 2018 年末，中国城镇化率已达到59.58%。2017 年，习近平总书记在党的十九大报告中指出，"以城市群为主体构建大中小城市和小城镇协调发展的城镇格局，加快农业转移人口市民化。"①2018 年 3 月国家发展改革委《关于实施 2018 年推进新型城镇化建设重点任务的通知》中，从全面放宽城市落户条件、强化常住人口基本公共服务、深化"人地钱挂钩"配套政策、不断提升新市民融入城市能力四个方面提出了加快农业转移人口市民化的举措。应该说，到 2020 年，实现规划中常住人口城镇化率的目标没有问题。但需注意的是，目前中国常住人口城镇化率（59.58%）与户籍人口城镇化率（43.37%）之间仍有 16.21 个百分点的差距，换言之，在城镇就业的 2.8 亿多农民工，有相当大一部分并未在城镇买房落户。② 因此，还需进一步加快户籍人口城镇化，推动农业转移人口的市民化。如何实现这一目的？除在前文提到的破除户籍制度障碍、完善社会保障制度、建立健全农村土地流转制度等举措外，还应从提高市民认同、解决农业转移人口民生难题、提升农业转移人口融入能力方面着力。

1. 加强宣传教育，提高市民对农业转移人口市民化工作的认同

改革开放以来，大批农村居民背井离乡，离开世代居住的乡村进入繁华都市务工。农民工为城市提供了数以亿计的劳动力并满足了城市社会对劳动力

---

① 习近平：《决胜全面建成小康社会　夺取新时代中国特色社会主义伟大胜利——在中国共产党第十九次全国代表大会上的报告》，《人民日报》2017 年 10 月 28 日。

② 国家统计局：《中华人民共和国 2018 年国民经济和社会发展统计公报》，《人民日报》2019 年 3 月 1 日。

的巨大需求,极大地促进了城市的发展和中国综合国力的提升。但这一群体在这一过程中并没有被为之服务的市民所接受,无法顺理成章地变为城市居民,甚至是很多市民并未认识到农民工对中国经济发展和城市社会进步作出的巨大贡献,也未认识到农民工市民化的历史必然性,相反,很多市民认为农民工进入城市会带来"城市病",会给城市治安带来消极影响甚至危害到城市社会稳定。他们更担心这些大量涌入城市的农业转移人口会增加他们的就业难度,会抢占城市优质的资源。为此,有相当一部分市民对农民工市民化带有一种抵制心理。为了改变这种情况,政府和社会应当积极行动起来,加大宣传教育力度,提高市民对农业转移人口市民化的认同与支持。

一是通过各种媒体广泛宣传,把农业转移人口市民化的相关政策宣传做到位,让大家能够理解、认可并接受政策,化解城市居民原有的担忧与误解。二是政府和社会应通过各种公众易得的途径,如宣传画、宣传册或电子滚动字幕等形式,向广大市民大力宣传农民工对城市发展作出的巨大贡献和巨大作用,积极鼓励市民和农业转移人口之间的交流沟通,营造他们融入城市社会发展的社会氛围。三是大力发展新型社会组织,增强农业转移人口的社会化和组织化程度,并创新社会管理方式,使他们能以社会组织及其多种多样的活动为载体,不断增强适应城市生活、管理社区事务、参与社区决策的能力,逐步增强社区归属感和依赖感。

2. 建立健全相关政策,保障农民工住房与子女受教育的权益

首先,建立健全农业转移人口的住房政策。由于低水平收入与政策制约,很大一部分农民工既无力购买高价的商品房,也无资格购买价格相对较低的经济适用房,只能靠租赁房子生活。这些房子大多空间狭小且卫生条件差,与农村中宽敞明亮的自建房屋无法相比,住房难题严重影响了农民工的生活质量,因此,虽有城市优质资源的诱惑,但仍严重挫伤了他们进城生活的积极性。这就需要各级政府创新体制机制,适当调整住房购买政策,让农业转移人口也拥有购买资格。另外,在解决农业转移人口住房难题方面,政府可以借鉴新加坡的经验,由政府为农业转移人口提供适宜的公租房,并通过严格把关进入与退出程序,改善这一进城群体的住房条件,提升其融入城市的能力。

其次,建立健全相关政策,保障农民工子女受教育的权益。城乡二元体制

及其衍生的一系列制度,使得进入发达城市务工的农民工子女无法获得与城市居民子女同等的受教育权利。子女受教育难阻滞了农民工融入城市的步伐,扼杀了他们融入城市的意愿,不利于他们市民化的转换。政府具有提供公共服务和大力发展文化教育的职能,对于保障农民工子女受教育权、解决农民工的后顾之忧有着义不容辞的责任。各级政府应当积极行动起来,从政策到措施努力让每个孩子,无论是市民子女还是进城务工人员子女,都能拥有平等的受教育机会和享有同等的受教育权利,促进社会的公平正义。① 为此,政府应当出台相关政策,取消城乡二元户籍制度,让优质资源能够同等面向市民子女和农民工子女。另外,加大对农民工子弟学校的扶持力度。短时间内,大量进城农民工子女的受教育问题,仍需靠农民工子弟学校解决,但农民工子弟学校大多办学条件较差、师资力量匮乏,且存在一定的安全隐患。各级政府要继续加大对农民工子弟学校的教育经费投入与支持,并尽快出台相关政策法规支持这些学校的发展壮大。②

最后,提升农业转移人口素质,增强其城市融入能力。一方面,提高农业转移人口的科学文化水平。在义务教育方面,政府应加大投入并逐渐普及到高中教育;在职业教育方面,政府应积极发展职业技术学校,并通过为接受职业教育的学生提供奖学金、补贴、就业岗位等优惠政策,鼓励将要走向社会的初中毕业生能够到职业技术学校继续学习,接受职业教育、掌握技能,提升自身科学素质,提高他们融入城市的资本。③ 另一方面,加强农业转移人口的职业技能培训。提升农业转移人口融入城市的能力,加强对他们职业技能培训的制度建设。各级政府要有"功成不必在我"的境界,统筹本区域内经济社会发展需求,对农业转移人口进行对口培训,并建立相应的制度。

(四) 以乡村振兴战略为契机,吸引农民工回乡创业

农村留守问题的解决,不仅可以通过加快推进新型城镇化、促进农民工市民化来解决,也可以通过逆城镇化的途径解决,即以实施乡村振兴战略为契

---

① 高磊:《农民工市民化的障碍及实现途径》,《中共银川市委党校学报》2018年第2期。

② 肖庆华:《农民工子女就学政策的演变、困境和趋势》,《学术论坛》2013年第10期。

③ 高磊:《农民工市民化的障碍及实现途径》,《中共银川市委党校学报》2018年第2期。

机,为农民返乡创业创造条件,实现其就近就业,维持家庭功能的完整性。乡村振兴和新型城镇化两大战略分别是党从不同角度提出的战略方针,两者侧重点虽有不同,但不是非此即彼的关系,乡村振兴战略不是否定城镇化,也不是抑制城镇化,而是在顺应城镇化趋势的背景下,着眼于如何在人口不断向城市集中的同时避免乡村凋敝的一个战略选择。

2015 年以来,农民工返乡创业愈益受到高度重视,国务院将其作为推动乡村经济发展的新动能,纳入"双创"战略进行统筹考虑,"雁归经济"蓬勃兴起。党的十九大的召开,乡村振兴战略的提出,为促进农民工返乡创业提供了更好的机遇。就目前而言,农民工返乡创业还存在着地方政府对这一工作的政策支持和保障存在缺位意识、平台对接欠缺、创业地信息基础设施亟须完善、创业的社会资本有限、创业主体的内生动力不足等问题。因此,在乡村振兴战略背景下,着眼于健全家庭功能,维护家庭结构的完整性,解决留守问题,各级政府必须提高认识,采取有力举措,搭建更好的平台,进一步推动农民工返乡创业就业。

一是利用媒介,营造农民工返乡创业的良好舆论氛围。充分利用广播、电视等传统媒体与 QQ、微信、网络互动平台等新媒体,建立报道农民工返乡创业的立体宣传网络,弘扬好他们当中的成功案例,宣讲好扶持他们创业的政策措施,引导全社会共同关注并大力支持农民工返乡创业,从而在全社会形成崇尚创业、支持创业的良好氛围,以吸引更多的有志之士返乡创业,使更多的农村家庭不再饱尝相思之苦、离别之痛。

二是积极作为,不断优化创业环境和创业平台。农民工返乡创业已渐成趋势,各级地方应当主动顺势而为。出台配套扶持政策,构建支持农民工返乡创业的政策体系;搭建多维对接平台,为农民工返乡创业做好牵线搭桥和后勤保障工作;树立典型示范带动,激发更多农民工返乡创业的意愿与热情;最大限度地挖掘和激发农民工返乡创业的优势与潜能,使他们能够真正地留下来、做下去。[1]

---

[1] 牛永辉:《乡村振兴视域下农民工返乡创业的动因、困境及对策研究》,《内蒙古农业大学学报(社会科学版)》2018 年第 1 期。

三是广开信息渠道,完善创业所在地信息基础设施建设。相较城市发达的网络设施和多元灵活的信息路径而言,在农村长期从事生产经营的大多数农民工都会面临信息滞后、渠道不畅等难题。因此,如何让返乡农民工能够顺利及时获得第一手信息,进而开展市场调研并在此基础上进行经营决策,是地方政府必须尽快落实与完善的工作。

四是搞好金融服务,拓展社会资本融资路径。资金保障是农民工返乡创业成败的关键。地方政府应畅通返乡农民工创业融资渠道,在政策范围内给予他们信贷倾斜,降低其创业门槛。减免有关服务性收费、行政事业性收费,简化审批程序。针对返乡创业农民工制定配套税收优惠政策,如通过降息、免费、减税等形式,对创业主体给予特殊优惠。就目前情况看,返乡创业农民工大多起步较迟、业务分散、起点不高、经营灵活,金融机构有必要细化对返乡创业农民工群体的服务内容,多形式加大扶持力度,保障他们在创业资金上无后顾之忧。

五是完善创业辅导和培训体系,提升农民工返乡创业综合素质。返乡创业农民工自身的整体素质和综合能力对创业成功与否,起着至关重要的作用。各级政府要多方式、广途径、全方位地开展针对返乡创业农民工的辅导培训,鼓励他们多以应变善变的眼光适应新常态,培养他们成为新型农村建设者,逐步增强他们的生产能力与管理能力,强化他们的规范意识与创新意识,从而不断提升他们创业的技术含量,提高他们的创业层次,拓展他们的创业空间。

第七章　我国快速城镇化中的
"城市病"及其防治

　　城市发展的宗旨是:让人们生活更美好。但是由于中国人多地少之矛盾,在中国城市发展的现阶段存在诸如环境污染、交通拥堵、基础设施承载力不足等很多问题。市民对城市生活并不是十分满意,有些市民开始转向郊区生活,有的农民工也不愿意迁移到城市。这种情况在大城市尤为明显。美国城市经济学家阿瑟·奥莎利文认为,在城镇化快速发展时期,大城市以其更大的集聚效益,吸引更多的人口和资源进入其中,使小城市规模难以扩大,从而造成城市规模的"两极分化"趋向①。这一结论被我国的城镇化实践所证实。"十一五"期间,我国"城市人口以特大城市为主,城市增加的人口主要分布在巨型城市和中等城市"②。2008 年,100 万人以上的特大城市总人口达 19507.51万人,占城市人口总数的 52.6%;20 万人以下的小城市总人口 3292.31 万人,仅占 8.9%。2004—2008 年,800 万人以上的巨型城市人口增加了 25%,而 20万人以下的小城市人口则下降了 4.7%③。近年来,随着大城市人口膨胀,我国交通拥堵、环境污染等"城市病"呈高发态势,严重困扰着城市发展和市民生活。

---

① ［美］阿瑟·奥莎利文:《城市经济学》,周京奎译,北京大学出版社 2008 年版,第 43 页。
② 潘家华等:《中国城市发展报告》,社会科学文献出版社 2010 年版,第 117 页。
③ 潘家华等:《中国城市发展报告》,社会科学文献出版社 2010 年版,第 120 页。

一、"城市病"的主要表现及其危害

（一）交通拥堵严重

交通是城市发展的动脉。近年来,许多城市纷纷陷入交通堵局(见图7-1)。交通拥堵同时导致事故增多,事故增多又加剧交通拥堵,形成恶性循环。交通不畅导致车辆平均速度严重降低,频繁的停车和启动不仅加大能源消耗,增加居民生产生活的运行时间和成本,降低城市活力,而且导致汽车尾气排放增多,进而加剧环境污染,降低城市生活质量。"由于交通拥堵,人们浪费了大量的时间'在路上',生活和工作效率也就降低了。当众多车辆在路面上排成一片却寸步难行的时候,受到伤害的并不只是我们的肺,而是生活方式的改变、生理'三急'的忍耐、肌体运动的不协调、焦虑、暴躁。"[①]交通拥堵

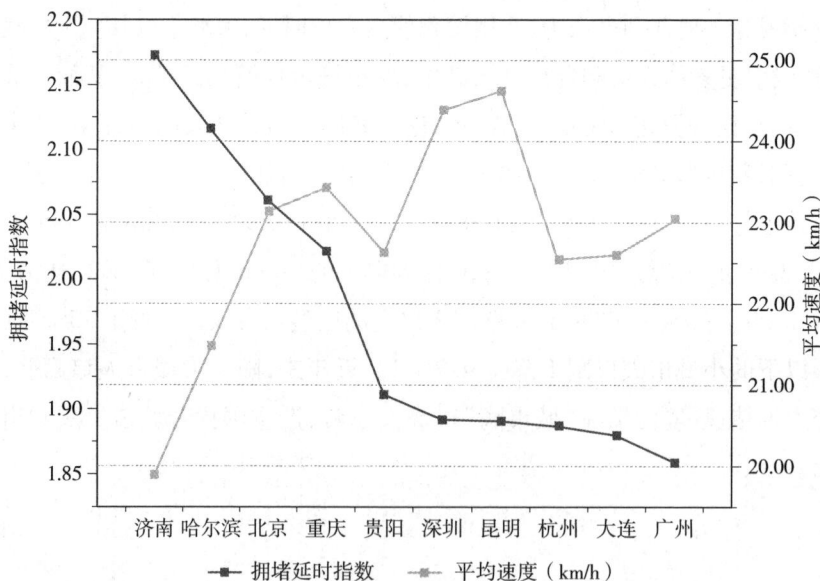

图7-1 2016年度中国拥堵排行榜前十城市交通数据折线图

数据来源:高德交通《2016年度中国主要城市交通分析报告》。

---

① 陈柳钦:《以"健康城市"理念化解"城市病"》,《中国社会科学报》2011年9月15日。

造成城市"肠梗阻",严重干扰城市功能的发挥,甚至会导致经济社会发展的衰退。"英国一家公司对发达国家大城市交通状况进行的分析表明,交通拥塞使经济增长付出的代价约占国民生产总值的 2%,交通事故的代价约占 GDP 的 1.5%—2%,交通噪声污染的代价约占 GDP 的 0.3%,汽车空气污染的代价约占 GDP 的 0.4%,转移到其他地区的汽车空气污染的代价约占 GDP 的 1%—10%。欧洲每年因交通事故造成的经济损失达 500 多亿美元。中国也有专家对 15 座城市因拥堵造成的损失进行了研究,结论是被研究的 15 座城市每天因交通拥堵损失近 10 亿人民币。"①

（二）能源资源短缺

能源资源是经济社会发展的必要物质条件。人口众多、能源资源相对不足,是我国的基本国情。我国人均耕地面积不到世界平均水平的 1/2,人均耕地面积在国际公认的警戒线之下的县市占到 1/3;人均水资源占有量仅为世界平均水平的 1/4,全国 658 座城市中 400 多座缺水;石油、天然气人均剩余可采储量只有世界平均水平的 7.7% 和 7.1%,储量比较丰富的煤炭也只有世界平均水平的 58.6%②。城市是消耗能源资源的最大主体。"联合国一份报告指出,虽然城市面积只占全世界土地总面积的 2%,却消耗着全球 75% 的资源"③。国际经验表明,城市化快速发展阶段也是一个国家能源资源消耗强度最大的一个阶段。近年来,水荒、电荒、煤荒、油荒接踵不断,成为制约我国城市经济社会发展的瓶颈。

我国正处于城市化加速发展阶段,由于我国人口众多,资源消耗日益增多(见表 7-1)。因此,城市化所面临的自然资源的约束越来越明显。在中国城市化进程中,资源危机日益加深,尤其是三大地质资源耗费严重,主要表现在如下方面。

---

① 吴冕:《警惕:中国"大城市病"愈演愈烈——问诊中国"大城市病"》(上篇),《生态经济》2011 年第 5 期。
② 任仲平:《越是文明进步,越要崇尚节约——论加快建设节约型社会》,《人民日报》2007 年 5 月 28 日。
③ 叶子:《城镇化是个"天大的问题"》,《中国青年报》2011 年 5 月 23 日。

表 7-1　近年中国主要资源消耗表

年份	人均用水量 （立方米/人）	人均能源消费量 （吨标准煤/人）	人均耕地面积 （公顷/人）
1997	450.23	1.0994	0.1051
1998	435.66	1.0916	0.1039
1999	444.48	1.1175	0.1027
2000	435.40	1.1482	0.1012
2001	437.74	1.1785	0.1000
2002	429.34	1.2412	0.0980
2003	412.95	1.4222	0.0955
2004	428.00	1.6421	0.0942
2005	432.07	1.8049	0.0934
2006	442.02	1.9679	0.0927
2007	441.52	2.1230	0.0921
2008	446.15	2.1946	0.0917
2009	448.04	2.2978	0.0912
2010	450.17	2.4233	0.0908
2011	454.4	2.5829	0.0903
2012	454.71	2.678	0.0899
2013	455.54	3.071	0.0894
2014	446.75	3.121	0.0889
2015	445.09	3.135	0.823
2016	438.12	3.161	0.0812
2017	435.91		0.0842

　　一是水资源危机。近年来,我国城市工业投资项目明显增多,城市人口快速增加,城市用水供需矛盾逐步尖锐。《中国城市发展报告(2012)》的数据显示,2012 年,全国有 420 多座城市供水不足,其中 110 座严重缺水,缺水总量达 105 亿立方米。全国已超过 2/3 的城市发出缺水警告。

　　中国作为全球 13 个人均水资源最贫乏的国家之一,在当前城市化的快速发展阶段,城市人口规模和人均用水量剧增的乘数效应导致城市水资源短缺、城乡和区域的用水矛盾日益突出。水资源短缺已经成为制约城市发展的一个重要因素①。我国水资源空间分布不均,南多北少,城市消费多乡村消费少。城市生产、生活用水的巨大消费量导致的用、排水问题已经严重影响了城市的水文循环系统。一方面,热岛效应容易引发强对流,城市上空的凝结核又多于他地,城市区域性降水开始增强增多;另一方面,地面硬化削弱了城市地表水循环,进一步也影响了地下水的循环,地下水漏斗逐步扩大。而工业污水、生活污水大量不达标排放,又破坏了城市河流和地下水质,城市洪涝开始与缺水并存,并成为城市健康发展的一个瓶颈。

二是能源危机。目前我国有资源型城市 118 座,占了我国城市总数约 1/5,主要以煤炭资源、石油资源、森林资源型城市为主。其中,煤炭城市是我国资源型城市的主体,占到整个资源型城市的一半以上。由于资源过度开采和不合理利用,大部分资源型城市呈现了短期繁荣,现阶段正面临资源枯竭、城市转型的难题。近年,我国先后将 44 个资源枯竭型城市纳为经济转型试点。

丰富的煤炭等矿产资源有力推动了这些资源型城市的能源产业集群,大大提高了其工业化和城市化水平。加之我国社会经济的快速推进,能源需求旺盛,这些能源型城市利用上天赋予的独特而丰厚的资源发展迅猛。然而,我国对于煤炭的开采大多是掠夺式,开发费用高,资源浪费严重储量下降快、产业效益低,并导致了当地生态环境系统的破坏。土壤污染、地面塌陷、水污染、大气污染、固体废弃物污染等严重制约了煤炭型城市的健康发展。此外,该类型城市大多传统产业与接续型产业衔接不紧密,长期产业结构单一化严重,仅依靠中央和地方财政,发展后劲不足。由于城市的历史背景,该类城市资源开发专门型人才多,而管理型、金融型、市场型等人才资源稀少。加之宜居度降低引发的人才外流,更加剧了人才紧张的局面。在整体快速发展的时代下,能源型城市却逐渐失去了发展优势,甚至开始低于城市发展的平均水平,"资源诅咒"不得不引人深思。

三是土地资源危机。作为三大地质资源之一,土地资源是我们的劳动对

---

① 刘通:《"十一五"期间提高城市水资源承载能力的思考》,《经济研究参考》2006 年第 77 期。

象,是我们生产活动最基本的资源。人们利用土地得以发展,但对土地也在不断无情的破坏。近年来,土壤污染、水土流失,土地荒漠化、耕地面积锐减等状况突出,土地资源危机已严重制约城市化的进程。

随着近年全球气候异常,旱涝灾害频繁,耕地灾毁逐年扩张。过度放牧、围湖垦田、毁林造田等人为破坏因素又使得耕地质量和数量日趋下降。伴随着城市化的推进,耕地锐减在大部分地区屡见不鲜且愈演愈烈。房地产过度开发令楼盘不断向郊区甚至乡村扩展,开发区、大学城、主题公园、高尔夫球场等建设用地重复建设率不断攀升,交通及工矿用地废弃地复垦率低,国家用于农业结构性调整的土地增多,生态退耕缺乏规范性和科学性导致一些地区耕地浪费,这些都是造成土地资源危机的重要原因。人地关系紧张已经阻碍了城市化的顺利进行。

(三) 生态环境恶化

城市人口和产业密集,对生态的破坏和对环境的污染也较为集中。随着城市化快速推进,城市建设和生产、生活所产生的垃圾、污水、废气等对大气、土壤、地表水、地下水的污染问题非常突出。其中,机动车污染尤为严峻,酸雨状况也不容乐观。这使得不少城市居民拼命寻找各种节假日或出差机会逃离城市,走向自然。城市建筑和生活垃圾激增,许多城市深陷"垃圾围城"的困扰。"调查表明,许多城市的垃圾产量年均递增值达7%以上,几乎与 GDP 增速同步。"①国务院参事刘秀晨在 2013 年两会期间披露,"据测算,2009 年中国城市生活垃圾约 1.7 亿吨,每年以 3%的速度增加。由于设备不足,每年大量垃圾未得到处理,全国累积未处理的生活垃圾约 40 亿吨。三分之一的城市出现垃圾围城现象。另外每年产生建筑垃圾 5 亿吨,大部分也未经处理利用。"②2005 年国家环保总局公布的《中国城市环境保护》报告指出,中国城市生态失衡问题不断严重。城市自然生态系统受到了严重破坏,"城市热岛"、"城市荒漠"等问题突出。2017 年,在监测的 338 个地级及以上城市中,有

---

① 鲍晓倩:《早日走出"垃圾围城"的困境》,《经济日报》2012 年 5 月 30 日。
② 刘秀晨:《垃圾泛滥是国之大病》,2013 年 3 月 5 日,见 http://lianghui.people.com.cn/2013/n/2013/0305/c356923-20674037.html。

64.2%的城市环境空气质量未达标,而且执行新的空气质量标准后,我国城市空气中的细颗粒物(PM2.5)污染问题逐步显现。[1] 环境污染使得城市从传统的公共健康问题(如营养不良、医疗服务缺乏等)转向现代的健康危机,包括工业和交通造成的空气污染、噪声污染、光污染导致的疾病等。"环境污染对城市经济的影响越来越大、越来越负面。世界银行曾对此作出过估算,认为由于污染造成的健康成本和生产力的损失大约相当于国内生产总值的1%到5%。"[2]

随着城市人口的快速增加、工业规模和城市规模的不断扩大,中国城市化进入一个全新的发展阶段。在这个过程中,工业化进入了前所未有的发展期,人口快速增长和人均能源环境消耗激增的双重效应,导致城市的各种污染物排放集聚增加(见表7-2)。

表7-2 近20年中国城市污染物排放表

年份	工业废水排放量(万吨)	二氧化硫排放量(万吨)	一般工业固体废物产生量(万吨)	生活垃圾清运量(万吨)
1990	3537991	1494	57797	6767
1991	2356608	1622	58759	7636
1992	3587835	1685	61884	8262
1993	3555888	1795	61708	8791
1994	3652546	1825	61704	9981
1995	3728508	1891	64474	10748
1996				10825
1997	1883296	1362.6	65750	10981.92
1998	2006331	2091	80068	11302
1999	1970000	1857	78442	11415.19
2000	1940000	1995	81608	11818.88
2001	2030000	1948	88746	13470.4

---

① 霍桃:《环境保护部发布〈2011年中国环境状况公报〉》,《中国环境报》2012年6月5日。

② 吴晃:《警惕:中国"大城市病"愈演愈烈——问诊中国"大城市病"》(上篇),《生态经济》2011年第5期。

年份	工业废水排放量（万吨）	二氧化硫排放量（万吨）	一般工业固体废物产生量（万吨）	生活垃圾清运量（万吨）
2002	2070000	1926.6	94509	13650
2003	2122527	2158.5	100428	14195
2004	2211425	2254.9	120030	14856.5
2005	2431121	2549.4	134449	15576.8
2006	2401946	2588.8	151541	14841.3
2007	2466493	2468.1	175632	15214.5
2008	2416511	2321.2	190127	15437.7
2009	2343857	2214.4	203943.4	15733.68
2010	2374732	2185.1	240944	15804.8
2011	6591922	2217.91	322772.3	16395.3
2012	6847612.14	2118	325266.42	17081
2013	6954432.7	2043.9	327701	17238.6
2014	7161750.53	1974.4	325620	17860
2015	7353226.83	1859.1	331055	19141.9
2016	7110953.88	1102.9		20362.0
2017	6996609.97	875.4		21520.9

从1990年以来,地表水源污染严重、空气质量下降、固体废弃物增加、绿地明显减少,另外光污染、噪声污染、辐射污染等新污染增加,而城市绿地不足等对污染的承载力和分解力下降,导致一系列生态环境问题开始凸显,成为阻碍城市发展的瓶颈。

《中国环境状况公报》有关数据显示,全国城市环境状况形势严峻。空气质量方面,在城市化进程中,大气污染主要是工业废气和汽车尾气污染,一氧化碳、二氧化碳、二氧化硫、粉尘和烟尘污染较为严重。在我国,由于生产结构和工业布局的不合理,工业"三废"得不到及时处理,使得城市大气污染主要是烟煤型污染,而部分大中城市私家车激增造成交通拥堵,尾气污染严重,进一步导致烟煤和机动车尾气混合污染出现。按照《环境空气质量标准》(GB3095-2012),全国开展空气质量新标准监测的161个地级及以上城市中,有 16 个城市空气质量年均值达标,145 个城市空气质量超标①。在水环境方面,由于城市排放未达标工业废水和生活污水,污染了周边河流或近海水域,已严重影响城市乃至区域持续发展,水环境质量不容乐观。2017 年,长江、黄河、珠江、松花江、淮河、海河、辽河、浙闽片河流、西南诸河和西北诸河的 1617 个水质断面中,Ⅰ—Ⅲ类、Ⅳ—Ⅴ类和劣Ⅴ类水质的断面比例分别为 71.8%、19.8% 和 8.4%。黄河、松花江、淮河和辽河流域为轻度污染,海河流域为中度污染。在监测的 109 个湖泊(水库)中,富营养化状态的湖泊(水库)占 30.28%。在 223 个地市行政区的 5100 个地下水监测点位中,优良—良好—较好水质的监测点比例为 33.4%,较差—极差水质的监测点比例则达到 66.6%。在城市内湖中,近乎所有内湖均有富营养化现象存在。四大海区中,黄海和南海近岸海域水质良好,渤海近岸海域水质一般,东海近岸海域水质极差。9 个重要海湾中,黄河口水质优,北部湾水质良好,胶州湾、辽东湾和闽江口水质差,渤海湾、长江口、杭州湾和珠江口水质极差②。

垃圾围城现象依然在城市生活中,废渣、粉尘及生活垃圾,都含有有毒和有害物质,但它们大都被堆积于城市近郊和城乡结合部,没有得到有效处理以及综合利用,形成了垃圾围城现象,有的甚至直接倾倒于河流之中,严重污染区域土地、水源和大气。固体废弃物污染破坏了人们的生存环境,同时一些具有放射性的固体废弃物的污染也是亟待解决的具有极其严重潜在性危害的环境问题。

随着人口数量的急剧增加,规模的迅速扩展,生活的日益丰富,城市噪声污染日益凸显。城市噪声污染主要源于公共交通、工业生产、建筑施工和人们的文化娱乐生活。在城市,噪声污染主要是公共交通噪声污染和生活噪声污染。机动车鸣笛、商业文化娱乐和家庭室内装修是主要污染源。噪声污染能够破坏人们安静的生活环境,长期下去,对人们身体健康会产生有害影响。2017 年,全国 70.9% 的城市区域声环境质量为一级和二级,环境保护重点城市区域声环境质量为一级和二级的占 77.9%。全国 93.5% 的城市道路交通

---

① 中华人民共和国环保部:《2011 年中国环境状况公报》,《中国环境报》2012 年 6 月 5 日。

② 中华人民共和国生态环境部:《2017 年中国生态环境状况公报》,《中国环境报》2018 年 5 月 31 日。

声环境质量为一级和二级,环境保护重点城市道路交通声环境质量为一级和二级的占 98.2%。全国城市各类功能区声环境昼间达标率为 92.0%,夜间达标率为 74.0%。

随着城市的发展,新型的环境问题显现。比如电磁波污染问题。城市的发展在为人民生活提供了前所未有便利的同时,医疗设备、电台、广播、移动电话、网络、核设施等一些电子器材也产生了不同波长的电磁波,从而产生电磁辐射污染。这些电磁波不同程度的辐射,长期可以诱发心脑血管疾病,对人们身心健康产生损害。再如,超采地下水使得地下水位大幅下降,形成大面积"漏斗区",地面塌陷时有发生,严重威胁城市发展和人们安全。

城市化中的环境问题既有社会因素也有技术因素,有经济原因也有历史原因,我们应该综合看待。基础设施滞后、环保意识淡薄和环保措施规划性针对性不强等都值得我们深思。我们应该清醒地认识到,中国的城市环境依然处于恶化的发展阶段;但我们也不能不看到,城市化是把双刃剑,城市化给人们带来的种种便利无可取代,城市化这条道路我们依然要坚定地走下去,怎样将趋利避害实现最大化任重而道远,随着生态意识的觉醒,相信环境陷阱必会缓解。

(四) 安全基础薄弱

由于发展太快,多年来,我国城市安全生产状况不容乐观,重特大事故时有发生。2009 年北京央视大楼特大火灾事故、2010 年大连中石油国际储运有限公司输油管道爆炸火灾事故、2010 年江苏省南京市地下丙烯管道重大爆燃事故、2010 年上海静安区特大火灾事故、2011 年天津特大交通事故等,社会影响大、性质严重,给人民群众生命财产造成重大损失。

城市对自然灾害抵御能力不足也令人担忧。寒潮袭来,便有不少城市水表冻裂、水管冻爆。到了夏天,许多城市又是遇雨即淹、逢雨必涝。2010 年 8 月舟曲一场泥石流瞬间夺走了 1765 个鲜活的生命,2012 年 7 月北京一场暴雨造成几乎全城交通瘫痪。"一些特大型城市每年建筑面积都在一亿平方米以上,越建越多,越建越高,消防能力却严重滞后。许多城市地上、地下管线网络密布,纵横交错,高负荷运转,部分设备设施老化,防御灾害水平普遍较低。

这些庞大的网络一旦发生事故极易造成次生、衍生灾害,严重影响城市的稳定运行。"①

二、"城市病"的复杂成因

我国城市化进程中的"城市病"不仅症状多样,而且成因复杂。很多"城市病"问题的产生既有不可避免的客观必然性,也由发展方式上的偏差和城市规划、建设、管理中的问题所致。

(一) 中国的基本国情和快速城镇化客观规律的影响

任何一个国家的城镇化,都必然离不开资源环境和经济社会发展成果的支撑。中国的基本国情:一是人多地少,人均自然资源相对短缺;二是正处于并将长时期处于社会主义初级阶段,作为世界上最大发展中国家的国家地位短期内不会改变。与此同时,中国正处于大规模城镇化加速发展时期,资源需求与供给之间的矛盾不断加剧,现阶段的经济社会发展成果还不足以支撑起全面高质量的快速城镇化进程。从 1978 年,能源消耗总量年均增长率达13.3%,而能源生产的年均增长率为 10.5%,两者缺口(生产减消耗)则以平均 18.1% 的速度拉大(见表 7-3)。随着城市化的进一步加速推进,经济增长持续处于高位,能源消耗速度也在不断加快,生产与消耗的缺口将不断加大。

表 7-3 1978—2014 年主要年份能源消耗与生产总量

单位:万吨标准煤

年份	1978	1980	1985	1990	1995	2000	2005	2010	2014
能源消耗	57144	60275	76682	98703	131176	145531	258676	324939	348002
能源生产	62770	63735	85546	103922	129034	135048	232167	296916	317987

---

① 王德学:《大力推进城市安全发展》,《人民日报》2012 年 5 月 19 日。

年份	1978	1980	1985	1990	1995	2000	2005	2010	2014
两者缺口	5626	3460	8864	5219	-2142	-9575	-25214	-28023	-30015

数据来源:2012年中国统计年鉴。

同样,不同省市的自然资源禀赋情况也影响到城市化速度。自然资源在我国的分布很不均匀,表现为中西部地区以及东北地区资源分布相对密集,而东部沿海大部分地区资源匮乏,资源供给长期不足。从自然资源对城市化速度的作用角度来看,能源、矿产资源一直是西部发展的突出优势,推动着地方城市化进程。但是,从较长的历史时期来看,我国自然资源丰裕的中西部省份城市化速度却大大落后于资源贫乏的东部沿海省份,如自然资源丰富的新疆、辽宁、四川等地,其城市发展远不如自然资源贫乏的浙江、江苏等地(见表7-4)。

表7-4 2014年部分省份城市化速度

省份	新疆	辽宁	四川	云南	山西	广东	河北	福建	浙江	江苏
城市化速度(%)	0.57	0.77	0.84	0.95	1.06	1.18	1.34	1.38	1.46	1.73

数据来源:2012年中国统计年鉴。

历史表明,"城市病"是一种带有普遍性和发展阶段性的世界现象,它与城镇化之间存在不可分割的内在联系。"尽管各国'城市病'的症状有异,程度不一,但它从显现、发作直到康复都有其内在的客观规律,而这一规律又直接地与城市化的生命周期密切相连。在其发展过程中,城市化具有呈'S'型的上升规律,而'城市病'则具有倒'U'型的升降规律。"[1]当一个区域城市化率在30%—70%时,城市化处于加速发展阶段。城市化率在30%—50%时,"城市病"处于显性阶段。城市化率在50%—70%时,是城市化的一个革命性阶段,标志着传统的农村社会开始转变为先进的城市社会,在这一阶段,城市

---

① 周加来:《"城市病"的界定、规律与防治》,《中国城市经济》2004年第2期。

系统与功能更趋复杂化和多样化,城市规模继续扩大,城市数量仍在增加,与此同时,城市系统的缺陷严重地暴露出来,从而使"城市病"爆发,在这一阶段,"城市病"症状不仅最多而且也最严重。改革开放以来,我国 40 多年的工业化、城市化进程,浓缩了西方发达国家几百年的现代化发展历程,"历时性矛盾共时性承受"催化产生并堆积着大量可以预料和难以预料的问题、矛盾和风险。"'新兴+转轨+转型+快速城市化'使得我国'城市病'问题更具复杂性、综合性。中国城市的'急症、慢症、并发症'存在共发的可能。"①由此可见,我国快速城镇化阶段,"城市病"多发具有客观必然性。

(二) 发展理念和发展方式的偏差

毋庸置疑,多年来,我们在发展理念和发展方式上存在偏差。在城镇化建设中,国内部分城市贪大求洋,大搞面子工程,过多看重经济建设和地标建筑,对与老百姓生活最息息相关的基础设施建设等重视不够、投入不足。有的城市建设方式粗放,大拆大建,大建设与大破坏往往并存。为了"政绩",许多城市热衷于"经营城市"、"土地经济",把城镇化简单地理解为卖地、盖楼。"许多城市都在爆发短视的、透支子孙资源的、杀鸡取卵的野蛮开发冲动,以牺牲人的生命健康和长远利益为代价,换来昙花一现的经济繁荣。"②华丽而羸弱,成了我们许多城市的通病。

长期以来在城乡二元结构影响下,导致经济社会发展不平衡,大城市和中小城市之间、城市和乡村之间发展不均衡,也是我们多年来在发展方式上存在的弊端,成为催生"城市病"等一系列城镇化问题的重要因素。"归根结底,城市病的出现就是快速膨胀的人口与城市资源不协调的问题。"③由于大城市在就业、文化等方面的巨大优势,吸引了来自四面八方的人群。"中国的一线城市集聚了过多的资源,但城市与城市之间资源发展的不平衡问题反而加剧一线城市等交通、污染问题的恶化。"④国家发改委城市和小城镇改革发展中心

① 张然:《大城市步入"城市病"爆发期》,《京华时报》2012 年 2 月 10 日。
② 唐黎明:《城市病源于战略眼光的欠缺》,《社会科学报》2010 年 12 月 16 日。
③ 屠启宇:《改善管理迎战"城市病"》,《中国教育报》2012 年 4 月 17 日。
④ 荆宝洁:《城市规划矛盾引发"超级城市病"》,《今日国土》2011 年第 2 期。

研究员冯奎提供的数据显示:"到 2009 年底,全国地级以上城市人口占全国人口总数的 29%,但固定资产投资占全国的 62%,GDP 占全国总量的 52%。大中城市在基础设施、公共服务水平等方面明显优于中小城市和小城镇。"①正因为如此,尽管 2000 年 10 月党的十五届五中全会就明确提出"走出一条符合我国国情、大中小城市和小城镇协调发展的城镇化道路"②,但是 10 多年下来,结果并非如此。中央农村工作领导小组副组长、办公室主任陈锡文在 2013 年"两会"期间透露,"我国小城镇人口占比从上世纪 90 年代初的 27%,下降到目前的 20.7%。"③这一结果的产生,与中国多年来在发展中人为地造成生活条件和社会资源的严重不平衡密切相关。

(三) 城市规划存在问题

城市规划是建设美好城市的基础,然而多年来我们在这方面却存在诸多问题。其一,很多城市没有成熟完善的规划体系,比如对各行业的地下管线尚未有整合的城市规划设计,往往各部门都有一套发展规划,相互之间不衔接。其二,城市规划的执行情况不理想,缺乏连续性和严肃性,有的城市政府"规划规划,墙上挂挂","一届市长、一轮规划",从而导致城市无序发展,城市基建工程重复建设,拆了建,建了拆。很多专家称,制定规划的是政府部门,违反规划最严重的也是政府部门。其三,城市规划理念落后。在城市规划专家王军看来,"中国城市之所以会出现不同程度的城市病,是因为城市规划多是在继续沿用 20 世纪 30 年代的规划思想。""这种已经落伍的规划思想,是 1933 年雅典宪章所确立的功能主义城市规划思路,最核心的观点就是将城市解构成工作、居住、休闲、交通,前三个区域通过最后的交通加以连接,从而形成了城市的单中心结构。特别是对大型城市,这样的单中心结构非常要命。"④中国工程院院士、中国科学院院士吴良镛在研究中发现,"不断出现的超大规模的'住宅城'已成为制造交通拥堵的源头,由于'住宅城'的就业功能、成熟城

---

① 冯奎:《从三个时间段看"十二五"城镇化》,《经济要参》2012 年第 37 期。
② 《十五大以来重要文献选编》(中),人民出版社 2001 年版,第 1382 页。
③ 顾仲阳等:《城镇化不是"造城运动"》,《人民日报》2013 年 3 月 10 日。
④ 张传文:《中国集体城市病:谁在掌控城市?》,《中国减灾》2011 年第 10 期。

市配套等功能区布局的缺乏,致使大量人口每日如潮水般在城郊之间奔涌。"①片面强调功能分区的城市规划导致城市建设的"摊大饼"和居住点、工作点、活动点的分离,从而使人口不得不在城市内大范围地集中流动,这不仅让不少市民几乎每天都要受"钟摆式"流动之累,而且增加人口活动的时间成本和经济成本,加重对资源环境的压力。

(四) 城市管理欠科学

多年来,一些城市管理者管理方式落后,重管制轻协商,重收费轻执法,习惯于依靠行政手段而不善于运用市场机制。拿对交通拥堵这一城市通病的治理来说,现在北京、上海限牌、限行的做法,实际上是一种非常简单机械的头痛医头、脚痛医脚的行政做法,事实证明难以从根本上奏效。北京、上海不让上牌,有人就转到其他城市上牌;车辆限单双号出行,有人就买两辆车。"很多城市想简单地通过限购、限行等手段来解决,一时看来是让路上的车少了点,但长期而言只会刺激市民去买更多的车,反而会使城市交通压力变得更大。城市管理部门治理交通拥堵时,在要求人们放弃小汽车之前,要首先考虑的是公交出行问题解决了没有? 城市交通的智能化管理做到了没有? 现有道路设施的使用效率发挥出来了没有? ……城市管理部门没有更多地去提高服务质量和管理水平,而总是在想办法限制市民,限制各种服务对象,这种简单粗暴的传统管制思路不仅不能治病,还是很多城市不断'生病'的根源所在。"②

三、"城市病"的防治对策

城镇化是经济社会发展的必然趋势,是世界各国走向现代化的一般规律,也是发展中国特色社会主义事业的基本途径和主要战略之一。面对城镇化进

---

① 转引自吴觅:《大城市:拿什么拯救你? ——问诊中国"大城市病"》(下篇),《生态经济》2011 年第 6 期。

② 唐子来等:《"美好城市"VS"城市病"》,《城市规划》2012 年第 1 期。

程中的"城市病":一方面,我们决不能因噎废食,而要深刻认识城镇化对我国经济社会发展全局的战略意义,坚定不移地推进我国的城镇化进程;另一方面,我们也决不能听之任之,而要在科学发展观的指导下,未雨绸缪,努力防治,积极做到以下几个方面:

(一) 走以人为核心的新型城镇化道路

深入贯彻落实科学发展观,必须坚持以人为核心这个核心。长期以来,我国城镇化实践"物本"突出、"人本"不足:许多大型建设与民生不搭界;包括农民工、失地农民、城镇拆迁居民等在内的较大规模的群众利益得不到很好的保障。如果不解决这些问题,不仅会加剧"城市病",而且势必会引起人民群众对城镇化进程的质疑和不满,甚至会激化社会矛盾。走以人为核心的新型城镇化道路,就是要实现城镇化发展模式由增长导向型向民生导向型的根本转变。

深入贯彻落实科学发展观,必须遵循全面协调可持续的基本要求和统筹兼顾的根本方法。"在市场的选择下,城市的实际规模会大于最优规模,这个理论已被经济学界证明。"[1]因此,政府必须发挥其宏观调控的功能,弥补市场缺陷,适当控制大城市的规模。在此过程中,政府应当制定合理的城市发展政策,灵活运用经济手段引导和鼓励教育、医疗、重点项目等资源流入中小城市,积极促进基本公共服务均等化,最终实现大中小城市和小城镇协调发展。

深入贯彻落实科学发展观,必须把握转变经济发展方式这条主线。走以人为核心的新型城镇化道路,就是要推动城镇化由偏重数量规模增加向注重质量内涵提升转变,由偏重城市经济功能向注重城市生产、生活、生态功能协调统一转变,由偏重城市发展向注重城乡一体化发展转变;努力实现城镇化的规模、速度与经济的发展水平相适应;切实做到城镇化发展成果由人民群众共享。

(二) 做好科学规划

规划是城市发展的龙头,事关城市建设的全局和长远。规划好是最大的

---

[1] 刘爱梅:《我国城市规模两极分化的现状与原因》,《城市问题》2011 年第 4 期。

节约、最大的效益,规划的失误和滞后是最大的浪费、最大的破坏。防治"城市病",科学规划先行,不应当把城市当作一系列的组成部分拼在一起来考虑,而必须努力去创造一个综合的、多功能的系统规划。为此,要以"联系"视角和"前瞻"思维科学规划城市的结构、布局和功能。可以借鉴 2002 年美国规划协会通过的《精明增长的政策指南》,"将紧凑、鼓励步行、公共交通主导、混合使用等作为城市规划的原则。"①在科学制定好城市规划的基础上,要注重保持和提高规划的严肃性,强化规划的约束力,从而切实发挥好规划的先导和规范作用。

(三) 完善配套设施建设

防治交通拥堵及其加剧的环境污染等"城市病",关键是要完善城市公共交通体系,让人们能够通过公共交通方便、舒适、快捷地到达目的地。轨道交通不仅运量大,而且较准时,因此成为国内外很多城市公共交通建设的重要方面。轨道交通建设中,要注意地铁出入口的规划和设计,使之能够"抓住"更多乘客、提升运载力。与此同时,要注重做好轨道交通和其他公共交通线路的配套、衔接。

防治生态环境恶化、安全基础薄弱等"城市病",要高度重视城市环境保护与治理、防灾减灾等方面的配套规划和建设,特别是要加大对城市绿化净化和安全设施建设的投入,并保证其有效运营。

(四) 创新城市管理方式

防治"城市病",至关重要的是要实现"共同防治"。让生活在城市里的每个人都充分体现出各自对公共决策的权利和影响,也各自承担起建设美好城市的义务和责任,我们的城市才会真的越来越美好。

防治交通拥堵等"城市病",城市管理者应减少简单机械的行政干预,更多地通过健全法规政策来规范城市管理,注重运用经济手段等市场机制引导老百姓选择绿色、低碳的出行方式。为此,可借鉴香港的做法,放开交

---

① 张传文:《中国集体城市病:谁在掌控城市?》,《中国减灾》2011 年第 10 期。

通拥堵地区或中心城区的停车费;也可借鉴美国的做法,把拼车共享的产业搞起来。

防治资源、环境方面的"城市病",尤其是"垃圾围城"这一"大病",须改变过去被动应付和偏重末端治理的管理方式,实现对垃圾减量化和资源化的管理创新,对从资源开发到生产、流通、消费、废弃的全过程进行控制和管理。垃圾是一种放错了位置的资源,而对垃圾进行分类是实现垃圾资源化处理的基础。政府将每一种按类分好的垃圾都按一定价格收购,有助于引导居民做好垃圾源头的分类。

防治社会矛盾凸显、安全基础薄弱等"城市病",要不断完善城市社会管理格局和社会治安防控体系,健全社会矛盾调处化解机制、城市监测预警机制、应急响应机制、协调联动机制等。

(五) 推动城市信息化建设

防治"城市病",还要积极推动数字城市建设,不断提高信息化和精细化管理服务水平。信息化带来的交通智能化,可以引导车流、减少拥堵;信息化带来的远程体验,比如电子商务、远程办公等,可以减少城市人口位移的需求,降低整座城市的"流动性",对节能减排也助益良多。"治理'城市病'自然是一项复杂的系统工程,它需要体制、政策、道德、文化、技术等多方面的支持,而信息化的意义并不仅在于技术的进步和创新,更在于信息技术、网络技术、数字技术在城市运行的各个层面的渗透、融和与互动,而引发的'质的革命'。'城市病'正是在信息化与城市化相互协调、相互促进的双赢中被治疗、最终被治愈的。"[①]

综上所述,"城市病"并不是我国城市化进程中的特有问题,世界上很多国家城市化进程中都曾经遇到过"城市病"问题。英国是世界上第一个迈进城市化门槛的国家,也是"城市病"的首发国家。伦敦曾经在成为世界工厂的同时,也因污染严重而成为"雾都"和欧洲有名的"脏孩子"。同时,英国也是第一个较为成功地治理了"城市病"的国家。英国特别是伦敦成功治理"城市

---

① 方维慰:《论信息化与"城市病"的治理》,《科学对社会的影响》2004 年第 1 期。

病"的实践表明,"城市病"并非不治之症。只要我们坚持走以人为核心的新型城镇化道路,不断提高城市规划、建设、管理的科学化水平,就一定能够有效地预防和控制"城市病",让城市生活更美好。

第八章　以深化体制改革推进以人为核心的新型城镇化

相关体制不适应,是导致中国传统城镇化进程中出现"半城镇化"问题的根源所在。推进以人为核心的新型城镇化,必须深化各项配套体制改革。

一、以体制改革推进以人为核心的新型城镇化的成就与经验

(一) 坚持党的领导是新型城镇化的根本保障

作为一项系统工程,城镇化涉及经济、政治、文化、社会、生态文明建设等各个领域。城镇化不是一个一蹴而就的过程,而是一个长期而复杂的过程。中国特色社会主义最本质的特征就是中国共产党领导,党要发挥关键带头领导作用,带领人民走上中国特色的新型城镇化道路,从而实现人的城镇化。①

1.党的宗旨决定了城镇化的价值取向是以人为核心

中国共产党领导是中国特色社会主义最本质的特征。离开了党的领导,我们的城镇化也就不再是中国特色社会主义的城镇化。坚持全心全意为人民服务的宗旨,是中国共产党的最高价值取向,这也决定了中国城镇化的价值取向必然是以人为核心。

---

① 陈炎兵:《我国新型城镇化理论创新取得新突破》,《中国经贸导刊》2017 年第 11 期。

2.40 多年改革实践证明了党对城镇化的领导能力

改革开放 40 多年来,在中国共产党的坚强领导下,中国克服了种种困难,保障了城镇化进程的健康有序快速进行。中国城镇化率从 1978 年的 17.9%增加到 2018 年的 59.58%,城镇化进程远远快于其他西方国家,西方国家 100年里完成的城镇化我们只用了 30 多年时间。除了后发优势,高效和正确的顶层设计起着最关键的作用。① 在 20 世纪 80 年代,中国共产党主要通过农村的改革和发展释放了大量需要城镇化的人口。1982 年到 1986 年、2004 年到2018 年这两个阶段,中央连续下发 20 个"一号文件"来解决"三农"问题,其中 5 个"一号文件"是在第一阶段出现形成的,15 个"一号文件"是在第二阶段出现形成的,突出了党对"三农"问题的重视。② 步入新世纪新阶段后,中国城镇化开始走上快速发展的道路,中国共产党进一步加强对城镇化发展的领导。"城镇化"一词出现在 2000 年《中共中央关于制定国民经济和社会发展第十个五年计划的建议》文件中,在"十五"规划关于城镇化相关论述的基础上,国务院又制定了第一个专门针对城镇化发展的《"十五"城镇化发展重点专项规划(2001—2005)》。党的十八大报告提出要统筹协调"新四化",即新型工业化、信息化、城镇化、农业现代化。2014 年 3 月,国务院印发《国家新型城镇化规划(2014—2020 年)》,全面规划和安排了新型城镇化的指导思想、战略意义、布局实施和建设重点,该规划是我们在未来的城镇化进程中必须坚持的指导思想。③

(二) 户籍制度改革是新型城镇化的关键举措

一直以来,户籍制度都是中国城镇化的关键制约因素,也是体现不同时期中国城镇化情况的重要方面。40 多年来,户籍制度的逐步放宽和改革,逐步突破了城乡人口流动的障碍壁垒。

1.国家层面的户籍制度改革举措及其成效

20 世纪 80 年代实行的家庭联产承包责任制是我国历史上的第一次"解

---

① 金兰、张秀娥:《以人为核心的新型城镇化实现路径》,《经济纵横》2015 年第 12 期。
② 罗松华:《基于以人为本的中国新型城镇化道路研究》,武汉大学博士学位论文,2014 年。
③ 《十八大以来重要文献选编》(上),中央文献出版社 2014 年版,第 888 页。

放"农民的革命,之后户籍制度改革是第二次"解放"农民的革命。1985 年 7
月,《公安部关于城镇暂住人口管理的暂行规定》出台,标志着城市暂住人口
管理制度逐步走向健全。1997 年 6 月,国务院颁布的《小城镇户籍管理制度
改革试点方案》等文件,打破了城乡地域和籍贯的界限壁垒,是中国户籍制度
改革的一次历史性成果。此后,国家又相继出台了《中共中央、国务院关于促
进小城镇健康发展的若干意见》等相关政策,缩小了由于不同社会身份而形
成的经济和社会差别。

《国家新型城镇化规划(2014—2020 年)》,首次提出了要实现常住人口
城镇化率与户籍人口城镇化率两个指标同时提升,这与以往相比是最大的不
同,也是巨大的进步。2014 年国务院印发了《关于进一步推进户籍制度改革
的意见》,探索降低落户门槛、扩大落户通道的可行路径,提出把农业户口和
非农业户口都统一登记为居民户口,突出体现了户籍制度本身具有的人口登
记管理的功能。随着改革的不断深化,户籍人口城镇化率与常住人口城镇化
率差距呈现缩小态势。

2.地方层面的户籍制度改革探索与成效

全国各地结合当地的现实情况,也进行了户籍制度改革试点。

20 世纪 90 年代,淮安开始户籍制度改革,呈现出启动快和发展迅速的特
点。1992 年,为吸引农村人口进城,凡经批准办理城镇户口的人员,享受市区
城镇居民同等待遇。1998 年,淮安启动小城镇户籍管理制度改革试点,凡在
省级试点镇的非农职业或已有稳定的生活来源并有合法固定的住所,且居住
已满 2 年的农村户口人员,可办理城镇常住户口。此后,又出台《淮安市关于
进一步深化户籍管理制度改革工作意见》,从落户城镇住房面积、合法稳定住
所范围、稳定就业界限、社保年限、子女投靠、人才落户层次等 9 个方面突破,
全面实行户口通迁制度,明确居住证持有人与本地市民同等享受 12 项社会权
益和公共服务,增强了外来流动人口的归属感。[①]

广东省先后制定和修改了一批政策法规。1989 年,广东省政府颁布《城

---

① 刘鹏:《全面深化改革视域下的新型城镇化建设研究》,南京师范大学硕士学位论文,
2017 年。

乡暂住人口管理办法》;1994 年广东省人大常委会颁布《出租屋暂住人员治安管理规定》;1995 年广东省政府制定《广东省流动人口管理规定》;1998 年、1999 年、2000 年、2003 年广东省人大常委会分别颁布《流动人员综合管理条例》、《劳动就业管理条例》、《租赁房屋治安管理条例(修订)》、《流动人员管理条例(修正)》、《劳动就业管理条例(修正)》。广东省及各市、县的公安、计划生育、劳动与社会保障、工商行政管理、城市建设管理等部门,也相应制定了本市县本部门关于流动人口管理的相关政策和行政规章。通过这些政策,广东初步构建起了流动人口管理政策法规体系的基本框架,成为全国第一个建立这一框架的城市。

根据国务院《关于进一步推进户籍制度改革的意见》及各地实施意见,多地已划定新型户籍制度成型期限。全国 31 个省市均已出台居住证制度。全国 27 个省市和新疆生产建设兵团出台公布落实户籍改革的专门文件。在各地的户籍制度改革方案中,有的地方还提出了具体的时间表和实施方案。比如,上海要求废除该市农业和非农业户口的性质,并将农业和非农业户口登记为居民户口;贵州要求从 2015 年 6 月 1 日之后,把"户别"统一登记为家庭或集体家庭。这些措施在一定程度上打破了城乡居民身份的壁垒,实现了社会公平和社会平等。

不少地区的户籍改革方案中,落户门槛不再像从前那么高,提倡更加宽松的落户条件。按照国务院《关于进一步推进户籍制度改革的意见》要求,对不同规模城市的政策也有所不同,其中要把建制镇和小城市落户限制全面放开,不再让特大城市盲目扩大规模。在该《意见》基础上,一些省份更大范围全面放开落户限制。比如,四川提出"全面放开大中小城市和建制镇落户限制"的政策;山西提出"全面放开建制镇和中小城市落户限制"的政策等。对于大城市的落户条件,国务院的《关于进一步推进户籍制度改革的意见》规定"大城市对参加城镇社会保险年限的要求不得超过 5 年",而河南则缩短为"不得超过 2 年"。

在特大城市落户方面,"建立完善积分落户制度"成为"标配"。上海市提出要深化改善积分落户政策。主要指标是:合法稳定就业和合法稳定居所,参加城镇社会保险年限等,据此合理设定分数。湖北省提出,科学控制人口规模,防止武汉人口盲目扩大规模,合理设定积分数值,建立积分落户制度。西安市提出,将城市基本承载力与经济社会发展需求相结合,遵循"总量控制、公开透明、有序办理、公平公正"原则,以合法稳定的就业、合法稳定的住所(包括租赁)、城镇社会保险年限等作为基本指标,合理设定积分数值。总而言之,因为每个城市的发展状况不同,每个城市的积分落户政策也有所不同。通常情况下,各地结合各自的城市承载力等实际情况,制定与城市的科学发展相应的落户条件,从而推动城市的可持续发展。

总体来看,户籍制度改革取得了一定成效。截至 2018 年,全国各省区市都已研究制定户籍制度改革实施意见,25 个省区市发布了居住证法,2018 年底全国户籍人口城镇化率达到 43.37%。户籍制度改革政策框架基本构建完成,主要表现在以下三个方面:第一,建成统一的户籍登记制度。当前以农业和非农业为区分户口标志的政策已经取消,以后将不再划分"城市人"和"乡下人"。第二,放宽户口迁移条件,户口迁移难度降低。第三,户籍登记管理更加科学化。各地对特殊群体予以特殊照顾,促进无户口人员、新生代农民工得以正常落户,与此同时,相关机构解决了历史遗留的户口管理不畅等问题,积极出台居民身份证跨地区办理的惠民政策。

伴随户籍制度改革,一些配套制度的改革也在同步进行,如城镇就业制度逐步完善,社会保障制度逐步健全。秉承维护农民切身利益的理念,在最新的户籍改革过程之中,政府允许农民带"土"进城,即进城务工的农民,可以自愿留存土地承包权或者按照法律规定转让。该政策既有利于农村土地流转,实行规模化种植,在整体上提升农业竞争力,又有利于保障进城农民的基本权益,为城乡一体化社会保障体系的构建打下基础。

(三) 市场化就业制度为新型城镇化提供经济支撑

随着改革开放的不断发展,我国已经由原来的计划经济体制向市场经济体制转变,与此同时劳动就业制度也发生了变化。以市场为导向的用人单位与劳动者相互选择的就业模式渐渐形成,彻底改变了计划经济体制下的统包统配就业制度。就业是最大的社会民生,国家为进一步规范就业市场,制定了许多法规政策。这其中不仅包括《宪法》中的相关规定,也包括人大制定的其他法律,如《劳动法》、《就业促进法》、《劳动合同法》、《劳动争议调解仲裁法》等,还包括国务院及其所属部门出台的相关具体条例和规定。这些政策法规集中体现在农民工和大学生两个群体的就业方面。

1. 农民工就业规范化与保障性

为了响应党中央的方针政策,各地区都非常重视完善农民工就业政策,例如山东等一些省市通过制定地方性法规政策来保障农民工就业。

表 8-1 山东省农民工就业制度改革主要文件

时间	文件内容
2013 年	山东省人民政府《关于进一步做好新形势下农民工工作的意见》(鲁政发〔2013〕22 号)
2014 年 8 月	山东省人民政府办公厅关于印发山东省农民工职业技能提升 3 年行动计划等 3 项行动计划的通知(政办字〔2014〕106 号)(3 项行动计划包括:《山东省农民工职业技能提升 3 年行动计划》、《山东省农民工权益保障 3 年行动计划》和《山东省农民工公共服务 3 年行动计划》)
2016 年 9 月	山东省人民政府《山东省就业补助资金管理暂行办法》
2016 年	《山东省人民政府办公厅关于贯彻国办发〔2016〕1 号文件全面治理拖欠农民工工资问题的实施意见》(鲁政办发〔2016〕41 号)
2017 年 9 月	《山东省"十三五"促进就业规划》(鲁政发〔2017〕26 号)
2017 年 10 月	山东省人民政府办公厅关于支持返乡下乡人员创业创新促进农村一二三产业融合发展的实施意见(鲁政办发〔2017〕72 号)
2017 年 12 月	山东省委办公厅、省政府办公厅联合下发 2017 年《关于清理解决拖欠农民工工资问题的通知》
2018 年 3 月	山东省人民政府《山东省保障农民工工资支付工作考核办法》

(1)提供就业服务

农民工就业制度改革,旨在建立起先进的劳动力市场信息体系,构建劳动力资源的供求信息采集、分类、筛选、分析和发布制度,采用先进的科学化管理方法,让信息网络覆盖乡镇地区,从而建成上下联通、乡镇互补的市场信息网体系,实现劳动和用工信息实时共享,减少信息不对称,进而建成远程招工系统。①

---

① 何绍田:《制度创新推动中国珠三角新型城镇化研究》,武汉大学博士学位论文,2014 年。

（2）提供技能培训

加强各地职业培训，构建覆盖农民工的职业培训网络。目前，人力资源和社会保障部门实施了"农村劳动力技能就业计划"，以农村新成长劳动力、农村富余劳动力和已进城务工的农村劳动者为主要对象，开展应用型基础技能培训。除此之外，包括农业、扶贫、教育、科技、建设、工会等各个群团组织以及相关部门都积极开展不同种类、实用性强的技能培训活动，这些培训为农民工能够顺利进城务工创造条件。

对于那些高风险岗位，《安全生产法》、《国务院关于预防煤矿生产安全事故的特别规定》、《生产经营单位安全培训规定》等劳动法规明确规定全员必须进行安全培训，构建完善的安全培训制度。同时要求，煤矿等具有高危职业的企业在招聘新员工时必须进行岗前培训，经知识考试合格才能转正上岗。这些政策有利于保护劳动者的合法权益。

（3）加强异地务工人员的权益保护

第一，完善企业工资给付制度，不得以非法名目扣除员工应得工资，严格执行《山东省企业工资支付规定》的要求。

第二，严格执行劳动合同制度。2016年山东省依法引导用人单位实施农民工同工同酬，农民工劳动合同签订率达九成以上。2016年农民工人均月收入3452元，430多万农民工参加了工伤保险。

第三，建立最低工资保障制度，确保农民工的基本生活。2018年3月，山东省出台了《山东省保障农民工工资支付工作考核办法》。《办法》规定，对各地区农民工工资支付的实际情况实行考核，并决定每年定期开展，同时将考核结果与政府部门领导者管理职业素养的水平评价挂钩。按照法律规定，以农民工工资支付工作的组织和筹划，工资支付保障制度体系的建立，以及欠薪问题的解决为领导者业绩考核的主要内容，而这些考核中的重点是，在工程建设领域要及时推行实名制管控，按月发放应付工资；努力推进工资保证金制度建设，完善工资的银行卡支付方式，减少现金使用；设立农民工工资专门账户，实行统一管理；对欠薪企业实行信用惩戒，营造诚实守信的社会风气；进一步强化劳动保障监察执法能力的建设等方面的情况。

第四，维护农民工在职业安全以及职业卫生方面的权益，减少工伤事件的发生。在企业工作期间,农民工与所在企业其他劳动者享有同等的权利。农民工患职业病的,其医疗和生活待遇与企业其他劳动者相同。

第五,农民工进城就业的不合理收费全部取消。国家法律法规明确规定的费用主要包括:暂住费、暂住(流动)人口管理费、计划生育管理费、城市增容费、劳动力调节费、外地务工经商人员管理服务费和外地(外省)建筑(施工)企业管理费等。

2. 大学生就业制度的改变

由于大学生代表着我国高知识人才群体,大学生就业一直是近些年来我国社会关注的热点问题。随着经济的不断发展以及高等教育的普及化,每年毕业的大学生人数显著增加,同时由于有限的就业岗位,进而导致大学生就业形势变得更加严峻。为了解决越来越严峻的就业问题,国家相关部门积极构建大学生就业制度体系。目前每年都有几百万大学生就业,为妥善解决大学生就业难的问题,需要各个方面共同努力。

一是政府对大学生就业制度定位的转变。我国的大学生就业制度经历了从"统包统配"到"双向选择"的过渡阶段,然后到一定范围内的"双向选择,自主择业",再到强调"面向基层"的全面落实。在这一过程中,政府的自身定位发生了很大变化。政府从事无巨细的包揽,到宏观调控和指导,逐渐从具体事务中脱离出来。

二是全社会择业观念的变化。随着知识经济的发展,大学生就业选择逐步趋于多元化。在"双向选择,自主择业"的就业制度下,大学生已经没有了铁饭碗的保护,为了能找到理想的工作,就要更加主动、积极地认真学习和实践,提升自身的素质能力和竞争优势。

三是大学毕业生流动的制度性障碍逐步缩小。近年来实施的"大学生志愿服务西部计划"、"三支一扶计划"等政策措施,为大学毕业生合理流动就业创造了制度环境,大大拓宽了毕业生就业的空间。

(四)逐步完善社会保障制度为新型城镇化提供基本保障

社会保障体系的建立是新型城镇化的制度保证。近年来,我国的社会保障制度改革主要侧重于碎片化的社会保障制度和劳动力跨区域流动之间矛盾的解决,逐步进行了相关制度的整合。主要包括以下几个方面:2014 年合并新型农村养老保险和城镇居民养老保险,建立起统一的基本养老保险制度;2015 年义务教育经费保障制度更加均等化、统一化;2016 年实行居住证制度,让流动人口也能够纳入社会保障的体系之中;2016 年整合新型农村合作医疗和城镇居民医疗保险,建立起城乡统一的基本医疗保险制度。这些举措,都推动了我国社会保障体系一体化的进程。除此之外,还努力完善和发展流动人口与农村人口享有的社会保障。

1. 农村保障项目不断增加

2003 年以前,农村社会保障主要包括:五保供养、自然灾害生活救助、优抚对象抚恤补助和低水平的合作医疗以及一些地区开展的老农保。这些保障项目少,资金有限,导致保障范围有限,效果也不佳。2003 年以后,随着经济的发展和资金投入力度的加大,农村社会保障的范围不断扩大,到目前为止包括以下几个方面:一是以新型农村合作医疗、新型农村社会养老保险为内容的社会保险政策;二是以农村五保供养、农村居民最低生活保障、自然灾害生活救助、农村医疗救助、农村危房改造为主要内容的社会救助政策;三是以优抚对象抚恤补助、优抚对象医疗补助、义务兵优待为主要内容的优抚安置政策;四是以残疾人事业、老年人福利、儿童福利、计划生育家庭奖励为主要内容的社会福利政策;五是以基本公共卫生服务、国家免疫规划、艾滋病患者救治、结核病患者救治等项目为主要内容的公共卫生政策。

2. 城乡社会保障制度整合

众所周知,我国目前的社会保障制度主要包括三大类:机关事业单位保险制度、城镇企业职工保险制度和城乡基本养老(医疗)保险制度。近些年国家不断出台相关的指导意见,着力解决被征地以及外出务工的农民在社会保障问题上的权益。我国分别于 2009 年和 2011 年就农村社会养老保险制度以及城镇养老制度改革进行了试点,在稳步推进这两项制度之后,我国又进一步出台了《关于建立统一的城乡居民基本养老保险制度的意见》,该意见在试点的基础上,进一步将前两项制度合并起来,在全社会范围构建了统一的城乡居民基本养老保险制度。

从医疗保险来看,农村合作医疗和以往的城镇基本医保是性质相同的两个社会医疗保障制度。2016 年国务院颁布的《关于整合城乡居民基本医疗保险制度的意见》，要求整合农村合作医疗和城镇基本医保制度，建立统一的城乡居民基本医保制度，这意味着城乡居民可以按照统一的政策参保缴费和公平地享有基本医疗保障权益。

3. 城乡社会保障制度接续

2001 年，国家层面才第一次提到农民工养老保险的转接问题，原劳动保障部颁发的《关于完善城镇职工基本养老保险政策有关问题的通知》中规定，"参加养老保险的农民合同制职工，终止或解除劳动关系后，由社会保险经办机构保留其养老保险关系，保管其个人账户并计息，重新就业的，应接续或转移养老保险关系；也可将其个人账户个人缴费部分一次性支付给本人，终止养老保险关系"。2012 年，人社部颁发了《关于做好新型农村和城镇居民社会养老保险制度与城乡居民最低生活保障农村五保供养优抚制度衔接工作的意见》，要求"各项制度待遇只叠加、不扣减、不冲销并兼顾现行政策的原则，保障现有待遇水平不降低"，通过这些措施，做好社保和社会救助等各个层次的保障。2014 年，人社部和财政部颁发了《城乡养老保险制度衔接暂行方法》，以解决城镇职工基本养老保险与城乡居民基本养老保险两大制度的衔接问题。

2009 年，人社部、卫生部和财政部联合颁布了《流动就业人员基本医疗保障关系转移接续暂行方法》。这一措施，使得流动人口基本医疗保障关系能够顺畅接续，保障了参保（合）人员的合法权益。由于医保基金的筹集方式是现收现付制，在缴纳医保基金之后的第二个月就可以享受待遇，所以这一政策主要是侧重于流动人口。

表 8-2　山东省社会保障制度整合情况

时间	项目	文件	内容
2013 年 7 月	居民基本养老保险制度	《关于建立居民基本养老保险制度的实施意见》	将新型农村养老保险和城镇居民养老保险两项制度正式合并实施，在全省范围内建立起统一的居民基本养老保险制度。
2013 年 12 月	城乡基本医疗保险制度	《关于建立居民基本医疗保险制度的意见》	2014 年起将城镇居民基本医疗保险和新型农村合作医疗制度进行整合，建立起全省统一、城乡一体的居民基本医疗保险制度。

时间	项目	文件	内容
2013年起	最低生活保障补助资金城乡合并	《山东省最低生活保障管理办法》、《山东省城乡最低生活保障资金管理办法》	山东省开始探索城乡低保统筹,率先在资金筹集使用上实现城乡合并,省市安排的低保资金捆绑使用,并通过一般转移支付逐级下达县级,由县级据实列支。
2012年	医疗救助全面实现城乡一体化	《山东省城乡医疗救助办法》	城乡困难群众医疗救助政策统一、救助标准统一。
2014年3月		《关于建立健全临时救助制度的意见》	各级财政安排专项资金,初步建立起临时救助制度。

(五) 土地制度改革是新型城镇化的基础

1. 城市建设用地的招拍挂制度促进了城镇化的集约发展

土地是新型城镇化规划建设的载体。经过 20 多年的不断改革,我国的城市建设用地使用制度已经发展成了一种既能维护土地公有制,又能促进市场经济运行的全新制度。2011 年,国土资源部颁布《关于坚持和完善土地招标拍卖挂牌出让制度的意见》。该《意见》主要是为了保障和促进中央关于房地产市场调控政策的落实,规范各地的招拍挂制度。实施这一制度,土地成交价格与真实的市场价格更加接近,更具市场化的运作方式使得土地利用效率显著提升。由此可以看出,招拍挂制度已不再仅仅是一种资源分配制度,而是作为一种更为重要的宏观调控手段,充分发挥其宏观调控作用,促进城镇化土地利用的集约化,将成为招拍挂制度改革的主要方面之一。可以说,招拍挂制度本身的完善,是招拍挂制度改革的重中之重。《关于坚持和完善土地招标拍卖挂牌出让制度的意见》也提到了一些改革的具体方式:比如限制房价等,使得城市中的土地能够得到集约化的利用,保障城市的建设。

(1)以限定房价或地价,使用挂牌或拍卖方式出让政策性住房用地的模式

该种模式又分为两种方式,即"限房价、竞地价"与"限地价、竞房价"。这两种方式的成功经验来自于几个大城市,其中北京和天津采取了"限房价、竞地价",深圳采取了"限地价、竞房价"。

限房价、竞地价的方式,是由市、县国土资源管理部门主导,根据相关政策规定及同片区商品房销售价格测算出出让地块的商品房价格上限及面积,据此作为约束条件而实行挂牌、拍卖出让的一种土地出让方式。简而言之,就是在限定最高售价和保证小户型的前提下,由开出最高土地出让金的开发企业得到土地使用权。

限地价、竞房价的方式,则是指由国土资源主管部门根据拟出让地块的综合条件确定拟出让宗地的出让价格,同时发布房价的最高控制价,在此基础上实行挂牌、拍卖出让的一种土地出让方式。简而言之,就是在确定土地出让金和最高售价的情况下,由承诺售价最低的开发企业取得土地使用权。

(2)通过限定保障性住房的面积,进行土地拍卖和挂牌出售的城市用地模式

此种模式是指国土资源主管部门主导确定拟出让地块配建廉租房、经济适用房等保障性住房的面积、套数、建设进度、政府收回条件、回购价格及土地面积分摊办法,以此为约束实施挂牌、拍卖的一种土地出让方式。最终取得建设用地使用权的开发企业,必须要承担挂牌、拍卖文件中确定的配建廉租房、经济适用房等保障性住房的义务。

2010 年的北京就已经开始实施此种模式,北京市房山区长阳镇的一片居住用地挂牌出让现场,在竞拍的价格达到 2.84 亿之后,进入了竞拍配建租赁房面积的环节。在这个环节当中,有一家企业通过搭配建造 4860 平方米的租赁房面积而胜出。

(3)通过"土地利用综合条件最佳"为标准出让土地使用权的模式

此种模式指的是相关部门应依据出让地块的详细综合条件会同有关部门制定标书,以招标方式选取土地利用综合条件最佳者出让建设用地使用权。在此种模式下,价高者得的观念不再通行,价格仅成为考量竞标人综合实力的一部分。

此种模式的探索最早源于北京,2010 年,北京市房山区某三号地和五号地对外进行招标,出价最高的企业并没有拿到土地的使用权,反而是一家中等的企业拿到了土地的使用权。主要是因为国土局将土地价款及交付时间、开发建设周期、建设要求等作为评价要素,按各要素重要性确定权重进行综合评

标,以土地利用综合条件最佳确定土地使用者。评标小组对于不同的项目按照综合评价办法进行相应的评分,将总分最高者确定为最适合的公司来完成开发,使得这块地皮能够得到最好的利用,防止浪费。

以上举例的这些新兴的招拍挂出让土地的模式,已经在一些省市试用,得到良好反馈后被纳入国土资源部的指导意见。可以看出,在稳定地价尤其是稳定房价、解决民生住房这一问题上,政府已经作出了不少尝试。而在相当长的一段时期内,不再单纯以出价高低确定土地受让人,而要求开发企业承担更多的社会义务,已经成为一种主流发展方向。因此,在进行建设用地招标时,投资者需要结合企业的综合实力及项目的投资价值,在投资过程中作出合适的定位,合理地利用土地。

2.农村土地制度改革推动了市民化进程

想要实现农民的市民化,最重要的一个方面就是摆脱土地对于农民的限制,让农民有人身自由,这样才能让他们转变成为城镇居民。

从1978年改革开放到现在,农村实行的是家庭承包制度为主、统分结合的双层经营模式。2013年中央"一号文件"鼓励承包土地向农业合作社、专业大户、家庭农场等流转,助力了一批农业大户的出现,培育和壮大了新型农业生产经营组织。2016年实施了"三权分置"的农村土地制度改革。"三权分置"实际上是在"两权分离"的基础之上,重在解决的是维护农民权益和土地资源配置效率问题,就是让农民可以更好地保障自己的权益,将闲置的土地承包出去,有利于规模化生产,加快城镇化和现代农业的发展,是发展中的一大创新。

二、推进以人为核心的新型城镇化
面临的体制性问题

(一) 户籍制度亟待进一步完善

随着城镇化进程的推进,户籍制度的瓶颈制约作用凸显。城乡二元的户籍制度让不同的居民享受不一样的待遇,这种不平等对于农村劳动力转移是一种障碍,阻碍了劳动力的流动和资源配置。虽然国家已经开始重视户籍制度的改革,但是从整体上看,户籍问题依然没有得到根本解决。

近年来,大多数城市逐渐放宽落户条件,居住证和各项指标的调整,让有意愿落户的人口可以凭积分落户,环境也有了很大的改善。目前为止,中国户籍制度的主要问题在于户籍上所享受的各种福利待遇不同,包括社保、教育、就业、生育、住房等一系列显性和隐性的福利待遇,而这些制度人为地将人口分为城镇人口和农村人口,形成了中国城乡二元结构的户籍壁垒。因此,户籍制度不仅涉及户口本身,还涉及公共服务制度、社会保障制度、城乡土地制度、住房制度、财政体制等综合配套改革。

第一,户籍制度对流动人口构成阻碍。人是生产力中最活跃、最积极的因素,但由于户籍制度的存在,流动人口无法获得当地居民的权益和保障,这会阻碍人口的自由流动。大城市和特大城市由于就业机会多、福利水平高,尽管落户准入门槛较高但还是面临人口流入压力,而中小城市和小城镇尽管落户门槛已经很低但仍然鲜有人口流入。

第二,户籍制度下非城市人员无法享受城市公共服务。进城农民工无法获得各种市民化待遇。例如子女教育、公共福利、公租房等各种公共服务对进城务工人员是不够友好的。户籍制度改革从根本上说,是公共服务均等化的问题,而公共服务能否均等,则在很大程度上取决于各地经济发展水平是否均衡。

(二)现行就业制度不利于劳动力资源的配置

在城镇化进程中,不管是大城市带动小城镇,还是小城镇发展成大城市,都需要解决老百姓的日常生活问题。就业是民生之本。对于百姓而言,最重要的就是就业,只有就业才能带来收入,通过稳定的收入,才能够保证生活的质量。也只有通过就业带来的稳定收入,才能让农业转移人口城镇化成为现实。如果失去土地的农民没有得到一份比种田更好的工作,或者掌握比种田更好的生计,这个城镇化肯定是失败的。

第一,就业市场的不统一。在土地、资金等要素向城市快速流动的同时,农业、农村的剩余劳动力向城市转移却受到了两方面的限制:一方面,存在针对农民工的限制性就业政策；另一方面，农村职业教育还很薄弱，农民由于没有接受过职业教育，就业竞争力不强，这些都阻碍了农民工进入城市就业，也不利于我国的城镇化过程。

第二，就业不均衡不充分。与过去同期相比，目前城市就业并不难，只是能够实现就业的岗位和求职者自身存在心理偏差，大家都在观望，寻找更好的工作。目前就业问题主要是结构性问题。一方面，随着"机器换人"、"智能制造"的推进和低端产业转移外迁，导致制造业农民工吸纳能力持续下降。另一方面，高技能人才短缺现象严重，无法满足企业的需要。

第三，相关就业政策碎片化现象突出。目前，人社部、农业部、科技部等多个部门都有相关的职业培训项目，共青团、妇联等群团组织也进行相关专业技能培训，①各地也因地制宜采取了许多新举措。但是政策过于分散，各个部门均从自身职能定位制定就业培训政策，整体性、系统性、协同性有待进一步加强，就业政策未发挥出最大效益，没有形成有效合力。另外，信息交流共享机制尚未完全建立，相关政策冲突，政策涵盖范围包括农民工、初高中毕业生、城镇登记失业人员、退役士兵、就业困难人员、高校毕业生等，这些群体之间存在交叉重叠。

表8-3　各部门相关的职业培训项目

部门	培训项目
人社部	农村劳动力转移培训阳光工程（简称为"阳光工程"）
农业部	"百万农民科技培训工程"和星火科技培训"五项工程"
国务院扶贫办	劳动力转移培训就业脱贫工程的"雨露计划"（针对农村贫困人口）
农业部	全国新型农民科技培训规划和乡镇企业蓝色证书培训工程
民政部	退役士兵培训

（三）现行社会保障制度不利于城镇化的进程和效果

社会保障制度充当着经济社会前行的"推动器"、"安全阀"，社会保障制

---

① 黄耀冬：《城乡一体化背景下的社会保障制度整合与优化研究》，中国社会科学院研究生院博士学位论文，2017年。

度是新型城镇化的核心关键。但是现行社会保障制度却还不利于城镇化的进程和效果。

第一，社会保障政策碎片化。目前，我国社会保障体系涵盖的项目非常多，管理分工不明确，有重叠的职能交叉。以养老保险制度为例，城镇企业职工养老保险制度（机关事业单位养老保险制度纳入其中）、城镇居民社会养老保险制度和农村养老保险制度，在是否自愿参保、筹资模式、保障项目等方面均有差别。城镇职工基本养老保险，是针对保障城镇就业群体的，由国家法律法规规定强制实施，用人单位与劳动者个人都必须按照规定缴费基数和比例缴费；而城镇居民社会养老保险，则是针对保障城镇非从业居民群体的，强调的是由政府加以引导，政府补贴城乡居民积极参保。与相对应的农村社会保障项目相比，城镇社会保障项目的支出内容更加丰富。

第二，社会保险体系覆盖面小，城乡很不平衡。国家统计局抽样调查结果表明，2014年全国农民工"五险一金"的参保率仅仅为：工伤保险26.2%、医疗保险17.6%、养老保险16.7%、失业保险10.5%、生育保险7.8%、住房公积金5.5%。[①]除进城务工农民本身社会保险的覆盖问题，他们还存在家庭分离问题，其家庭功能缺失。大量的农村留守儿童、妇女和老人，需要社会服务支持。"根据《中国2010年第六次人口普查资料》样本数据推算，全国有农村留守儿童6102.55万，占农村儿童37.7%，占全国儿童21.88%。"[②]还有"4000万的留守老人和5000万的留守妇女。"[③]他们不仅需要资金保障，更需要接受社会服务，而为这些弱势群体的社会保障在资金、人员、机构、政策上还没有准备好。

第三，相关管理服务水平还不高。以失业保险制度为例，目前，失业保险基金中有部分用于促进就业的支出，除了这部分，各级财政还有就业专项资金。相关法律法规对这两项资金的支出项目有明确的要求。例如，《就业促进法》规定，就业专项资金用于职业介绍补贴、职业培训补贴、社会保险补贴、

---

① 国家统计局：《2014年全国农民工监测调查报告》，《中国信息报》2015年4月30日。

② 全国妇联课题组：《全国农村留守儿童城乡流动儿童状况研究报告》，《中国妇运》2013年第6期。

③ 任远：《从"乡土中国"到"流动中国"》，《解放日报》2014年1月24日。

公益性岗位补贴、职业技能鉴定补贴、特定就业政策补助、小额贷款担保基金和小额担保贷款贴息,以及扶持公共就业服务等。按照《失业保险条例》规定,失业保险基金可以支出领取失业保险金期间接受职业培训、职业介绍的补贴。按照以上规定,就业专项资金与失业保险基金在促进就业方面有明确的职责分工:相关部门支持就业花费的资金来自于就业专项资金,而失业保险基金在于扶持失业人员就业。但是,在实际操作中,情况往往比较复杂。一方面,因为各级政府关注就业问题,因此就业专项资金规模也相对比较大,2015年已达871亿元。为了加快预算执行,避免资金沉淀,各地自然而然地通过就业专项资金,为失业人员领取失业金期间相关补贴买单。还存在一些问题:一是人社部门不根据年度促进就业和扶持创业工作任务编制就业专项资金支出计划,也未对就业专项资金编制预算。二是超范围弥补、补贴情况普遍,如弥补破产企业下岗职工的养老保险,弥补新农保征收经费和乡镇人社所平台建设资金,超年限补贴公益性岗位等。三是就业专项资金结余较大,就业培训仍然不足,资金效益发挥不理想。另一方面,失业保险基金累计结余增长较快,截至2018年5月底,失业保险基金累计结余超过5600亿元。这样一笔庞大的基金,任其躺在银行里休眠,注定贬值。如果不及时取之于民用之于民,就失去了其存在价值。①

(四) 现行土地制度阻碍城镇化健康发展

和全球许多地区不一样,我国执行的是两种不同类别的土地制度:城市土地属于国家所有,农村土地属于集体所有。这两种制度在城市规划发展进程中是不同的。根据我国现行法律规定,集体土地只有经过征收后才能变为国有,而农民只得到很少的一部分补偿。40多年我国经济的高速发展,使得土地价格飞涨,土地资源被征收后有着巨大的潜在利润,但这种潜在利润并没有流入农村及农民手中,而是形成了当地政府的土地财政和房产商的利润。主要表现为:

---

① 黄耀冬:《城乡一体化背景下的社会保障制度整合与优化研究》,中国社会科学院研究生院博士学位论文,2017年。

第一,依赖于土地低成本征用的模式已经不可持续。事实上,各国城镇化都意味着大量征地。中国的特殊在于:政府垄断一级土地市场,城镇化建设高度依赖土地财政,我国40年跑完西方发达国家两百余年的现代化进程。这使得在我国的城镇化进程中,出现了土地城镇化超越于人口城镇化发展的特例。地方政府在低价征占土地之后再高价出让,获取土地资本的增值收益,加快推进城市基础设施建设,从而维系了中国城镇化的"低成本扩张"。这种模式在未来将面临严峻挑战。其一,随着城镇化进程加快,土地价值大幅上升,征地拆迁成本快速提高,被征地农民和拆迁居民补偿水平占出让收入的比例显著上升。其二,我国城市基础设施建设的重要资金来源是土地出让收入。但随着土地出让收入增长放慢,以及成本性支出上升带来的土地收益减少,如果不改变这种依托卖地推进城市建设的模式,未来城市建设和维护均面临资金可持续性的问题。其三,我国土地抵押面积和贷款金额呈现持续较快上升态势,土地抵押贷款量占全国金融机构人民币各项贷款的比重也在逐步上升。用土地出让收入作为最重要的偿债来源,会显著增加地方政府尤其是县市级政府的潜在债务风险。

第二,在市场经济体制下,土地作为资源性要素,其应该充分实现在市场上的自由流动。城市对土地的需求和热情从未减少,城市土地供给趋紧,时常供给跟不上需求,而农村土地的存量巨大,却始终没有进入市场,农村土地的价格严重偏离价值,其上升空间巨大。

(五) 现行财税体制加剧人口城镇化滞后于土地城镇化

1994年财政体制改革将大部分地方税收收入转移至中央政府,留给省市尤其是县城更多的是支出责任。后来,地方政府发现可以通过土地填补财政缺口,在土地财政制度下,地方政府垄断土地市场和用途管制,土地出让收入最大化符合地方政府利益。土地财政为城镇化融资作出了巨大贡献,但也推高房价,如不改革,将使城镇化和高房价走向畸形,拉大收入差距,绑架政策。因此,还需要推进财税体制改革,调整中央和地方之间的财政分配关系,充实地方财政。

以人为核心的新型城镇化,是基本公共服务均等化的城镇化。这意味着:

一是要实现城市内部非户籍人口和户籍人口的基本公共服务均等化;二是城镇之间、区域之间的基本公共服务均等化。在城镇化进程中,人员流动必然带来政府之间公共服务供给责任的变化。流动人口包含了城乡因素,也包含了区域之间的因素,流动人口所需的基本公共服务给政府之间的责任划分带来了难题。

三、进一步深化体制改革推进以人为核心新型城镇化的对策建议

(一) 深化户籍制度改革,有序推进农业转移人口市民化

户籍制度改革,关系群众利益。目前,我国户籍制度正在逐步与社会保障体制脱钩。2014 年 6 月,深改组第三次会议审议了《关于进一步推进户籍制度改革的意见》。2019 年 4 月 8 日国家发展改革委发布《2019 年新型城镇化建设重点任务》,明确继续加大户籍制度改革力度,积极推动已在城镇就业的农业转移人口落户。

加强对户籍制度改革的顶层设计和统筹协调。户籍制度改革涉及面广、政策性强、工作量大,关系到群众的切身利益、经济平稳较快发展和社会和谐稳定。目前很多地方已经在改革户籍制度方面做了大量的工作和尝试,但改革的内容、步骤和具体措施不尽相同,缺乏协调一致和彼此衔接,影响了户籍改革的整体工作。下一阶段,户籍制度改革任务仍然艰巨繁重。按照改革部署要求,各地要坚持因地制宜、因城施策、一城一策,进一步细化户籍制度改革实施方案,制定出台更加积极、更加宽松的户口迁移政策,统筹配套更多领域、更大范围的具体改革措施。

(二) 深化社会保障制度改革,促进城镇化成果公平共享

第一,统筹推进城乡社会保障体系建设。城镇化是一个动态的过程,当前和今后一个时期,以深化社会保障制度改革推进城镇化健康有序发展,必须着力破解人口流动面临的制度转换接续障碍问题。这就要求我们必须统筹推进

城乡社会保障体系建设,在增强公平性的同时,适应人口流动的需要。

第二,扩大覆盖面。重点做好农民工、非公有制经济组织从业人员、灵活就业人员的参保工作,解决因企业破产等历史原因而未能参保的企业职工参保工作,引导有参保意愿的群众积极参保,对残疾人等困难群体参保给予更多帮助。

第三,改进社会保障管理体制。尽快颁布《中华人民共和国社会保障法》,明确各级政府责任,提高统筹层次,建立健全社会保障预算制度,加强社会保障资金管理和监督,建立全国联网的社会保障信息管理系统,建立与社会保障预算相适应的财务管理办法,适当调整审计的范围和内容,强化审计监督。

(三) 深化土地制度改革,促进城乡和谐发展

首先,改革和完善农村土地产权制度,依法保障农民对承包土地的占有、使用、收益等权利,依法保障农户宅基地用益物权,让农民真正享受到承包地和宅基地带来的财产收益。只有这样,才能解除农民进城的后顾之忧,并使他们可以依靠土地获得进城初期的生活和安置费用,也有利于推动农村土地流转和农业适度规模经营。

其次,改革土地征用制度,提高农民在土地增值收益中的分配比例,让农民公平分享城镇化成果。应让市场在土地资源配置中起决定性作用。根据改革方向,未来要建立城乡统一的建设用地市场,让农村集体建设用地与国有土地同等入市、同权同价。同时,还要解决土地的收益分配问题。实践表明,征地补偿款完全以现金方式一次性地发给农民,往往很难保证失地农民长远生计有保障,而让被征地农民与政府进行土地的合作开发不失为一举多赢的政策办法。它既有利于减轻政府用于征地补偿的财政负担,也能使被征地农民从土地增值中获益;既能使被征地农民的长久生计有保障,也能使征地拆迁中的社会矛盾得到较好的避免或缓解。

最后,完善用地增减指标挂钩机制,实行“人地挂钩”的政策,即在土地综合整治的基础上,将建设用地指标与安置人口数量挂钩,对那些吸纳外来人口定居的城市给予增加建设用地指标,并相应扣减那些户口迁出地的建设用地

指标,从而有效改变过去"要地不要人"、"要人手不要人口"的城镇化模式,扎实推进人的城镇化。

（四）深化财税体制改革,发挥财政和税收的导向与扶持作用

第一,合理划分地方政府的支出责任和事权。2018 年 2 月 8 日,国务院印发《基本公共服务领域中央与地方共同财政事权和支出责任划分改革方案的通知》,明确了公共服务中中央与地方共同财政事权的范围,分为 8 大类 18 项,同时也分清了中央与地方共同财政事权的支出责任,但是对于省及以下的事权与支出责任没有划分清楚,下一步应重点放在省以下划分支出责任和事权。对于流动人口的公共服务支出,要实行政府转移支付的额度与地方已经吸纳的流动人口数量挂钩,从而调动就业地城镇政府吸纳人口的积极性。

第二,确保地方财政有稳定可靠的税源,形成人口增加必然带来税收增加的机制。为此,就要尽快实现间接税收(企业缴纳的增值税等)向直接税收(个人缴纳的房产税、遗产税、赠与税、消费税等)的转变,从而建立起地方政府税收增加主要依靠居民缴纳的机制。

第九章　新型城镇化进程中的城乡
人力资源统筹开发

随着知识经济和信息化时代的到来,人力资源作为第一资源,已成为推动科技进步和社会经济发展最重要的力量。新型城镇化强调以人为核心,城镇化不仅为了人,更要依靠人。推进新型城镇化不能只停留在制度调整层面,更需要有人力资源来支撑。统筹城乡人力资源开发特别是加快做好农村人力资源开发工作,不仅是实现我国城乡经济社会和谐发展的根本保障,也是从战略角度推进新型城镇化的根本措施。

一、新型城镇化进程中的城乡
人力资源统筹开发概述

(一) 人力资源的含义与特点

管理学大师彼得·德鲁克(Peter Drucker)在其著作《管理实践》一书中指出,"与其他资源相比,人力资源是一种特殊的资源,它必须通过有效的激励机制才能被开发利用,并为企业带来客观的经济价值。"可以认为,人力资源是指一定范围内的人口总体所具有的劳动能力的总和,或者说是指一个组织(包括国家)能够推动社会和经济发展的具有智力和体力劳动能力的人群的总称。人力资源包括数量和质量两个方面。人力资源的数量可分为:直接人力资源(适龄就业人口)、现实人力资源(经济活动人口)、理论人力资源(全部人口)。人力资源的质量是指一国(组织)拥有劳动能力的人口的身体素质、文化素质、思想道德素质以及与专业（职业）劳动技能水平的统一。影响人力资源素质的因素主要有：人的体质与智力遗传、营养状况、教育状况、文化观念以及经济与社会环境等。当然，从组织（微观）的角度研究人力资源或劳动力，不应是泛指一切具有一定脑力和体力的人，而应是法定劳动年龄内具有劳动能力的人口与劳动年龄外愿意参加社会劳动的人口之和。它不同于人口资源和劳动力资源，也不同于人才资源。

人力资源具有能动性、时代性、可再生性、高增值性、时效性、社会性等特点。

第一，人力资源具有能动性。人力资源不同于其他资源，它基于人这种不同于其他生物的生物，是"活的"资源。它的最大特点是能动性和情感性。人力资源的能动性主要表现在：自我强化、知识和技术创新、功利性取向。

第二，人力资源具有时代性。首先，人力资源生成过程具有时代性，这突出体现在：一个时代的生产力水平决定那个时代人的发展水平，同时，一个时代人的发展水平也会影响那个时代的经济社会发展水平。其次，对人力资源的素质要求也具有时代性，不同时期对人力资源的素质要求是不同的。

第三，人力资源具有可再生性。体力的消耗可以通过食物、医疗保健与新陈代谢得到恢复和补充；智力的消耗可以通过学习、培训得到开发和可持续利用。

第四，人力资源具有高增值性。在目前的国民经济中，人力资源收益的份额正迅速赶超资本资源和自然资源。人力资源越来越被公认为是第一资源。

第五，人力资源具有时效性。人力资源从形成、开发到配置和使用等各环节都需要时间。首先，人力资源不是与生俱来的，而是经过后天的教育和培训形成的，因此，要形成人力资源就必须投入物力和时间。其次，人力资源在使用过程中会出现有形磨损，如生病、衰老等。最后，人力资源在使用过程中也存在无形磨损，如劳动者知识和技能的老化等。

第六，人力资源具有社会性。马克思主义认为，人的本质是一切社会关系的总和，人的本性就是社会性。人类劳动的本质是在特定的社会关系中，劳动者通过分工与合作达成社会群体性劳动。因此，从本质上讲，人力资源是一种社会资源。

（二）我国人力资源的总体状况

我国人力资源的总体状况可概括为数量大、质量不高、结构性短缺和结构性失衡。

1. 数量大

国家统计局统计公报显示，截至 2018 年年底，我国大陆总人口为 139538 万人，其中城镇常住人口 83137 万人，乡村常住人口 56401 万人。[①] 预计到 2020 年，我国人口总量或将突破 14.6 亿；到 2033 年前后，我国将达到人口总量的高峰，该数值预计将达 15 亿左右。[②]

2. 质量不高

我国人力资源总体水平还不够高，主要表现在：我国人口平均受教育年限不仅远低于发达国家水平，甚至低于世界平均水平（11 年）。我国第六次全国人口普查（2010 年）的数据显示，2010 年我国劳动力中受过高中教育的比例仅为 24%，也就是说，当年劳动力人口中有 76% 的人未接受过高中教育。2010 年，在 25—34 岁的年轻人群中上过高中的人占 36%，在 35—44 岁年龄段人群中上过高中的人占 23%，在 55—64 岁年龄段人群中上过高中的人仅占 12%。[③] 城乡人口之间显示出更大的教育差异。数据表明城市劳动力中受过高中教育的比例为 37%，而在农村劳动力中仅为 8%。值得注意的是，城乡劳动力之间的教育差距目前还在不断扩大。针对 25—34 岁年龄段人口的调查结果显示，在城市地区该年龄段人口的高中毕业率是 52%，而农村人口仅为 14%，差距达到 38 个百分点，在所有年龄段的城乡差距中为最高。在 35—44 岁年龄段，这个差距是 30 个百分点（城市为 37%，农村为 7%），在 45—54 岁年龄段差距为 18 个百分点（城市为 28%，农村为 10%），而 55—64 岁人口中的差距为 17 个百分点（城市为 21%，农村为 4%）。[④] 虽然我国近几年总体的高中毕业率有所增加，但主要是由城市人口所拉动。2010 年我国人口平均

---

① 国家统计局：《中华人民共和国 2018 年国民经济和社会发展统计公报》，《人民日报》2019 年 3 月 1 日。

② 国务院办公厅：《人口发展"十一五"和 2020 年规划》，2006 年。

③ 国家统计局：《2010 年第六次全国人口普查主要数据公报》，2011 年 4 月 28 日。

④ 国家统计局：《2010 年第六次全国人口普查主要数据公报》，2011 年 4 月 28 日。

预期寿命达到 74.83 岁,比 10 年前提高了 3.43 岁。但从总体上讲,我国人口健康素质仍然不高。每年幼儿出生缺陷发生率为 4%—6%,约 100 万例。① 数以千万计的地方病患者和残疾人给家庭和社会带来沉重的负担。

3. 人口结构性矛盾突出

一是老龄化进程加速。全国老龄办发布的《中国人口老龄化发展趋势预测研究报告》指出,2001 年到 2020 年是我国快速老龄化阶段。在这一阶段,我国平均每年增加近 600 万老年人口,年均增长速度达到 3.28%,大大超过总人口年均增长速度(0.66%),人口老龄化的进程增速明显。到 2020 年,老年人口规模预计达到近 2.5 亿人,老龄化水平预计高达 17.17%,其中,80 岁及以上老年人口将达到 3067 万人,占老年人口的 12.37%。② 国务院新闻办公室于 2010 年 9 月 10 日发布的《中国的人力资源状况(白皮书)》称,到 2035 年,我国将出现 2 名纳税人供养 1 名养老金领取者的局面。③ 中国社科院报告指出,到 2030 年,我国 65 岁以上人口占比将超过日本,成为全球人口老龄化程度最高的国家。④ 二是出生人口性别比持续升高。预计到 2020 年,20—45 岁男性将比女性多 3000 万人左右。⑤ 三是人口在城乡间、地区间、产业间分布不尽合理,大量剩余劳动力仍滞留在农村。

(三) 城乡人力资源统筹开发的含义

从文字释义看,结合此概念所讨论的语境,"统"应取率领、总括之义;"筹"应取策划、谋划之义,相应的,"统筹"即应理解为统一地、整体地、全面地策划。"城乡统筹"是指把城市和农村作为一个整体通盘考虑、全局部署,通过一系列的政策、措施和改革,克服传统重"城"轻"乡"、城乡分割的政策和制度安排,破解城乡二元结构,通过城乡人力资源自由流动实现城乡经济社会协调发展。

---

① 国家统计局:《2010 年第六次全国人口普查主要数据公报》,2011 年 4 月 28 日。
② 全国老龄工作委员会办公室:《中国人口老龄化发展趋势预测研究报告》,2006 年 2 月 24 日。
③ 国务院新闻办公室:《中国的人力资源状况(白皮书)》,2010 年 9 月 10 日。
④ 中国社会科学院财政与贸易经济研究所:《中国财政政策报告》,2010 年 9 月 10 日。
⑤ 国务院办公厅:《人口发展"十一五"和 2020 年规划》,2006 年 12 月 29 日。

从西方发达国家城镇化的经验来看,随着城镇化和工业化的进程,相关的农业人口自然而然地迭代置换为非农业人口,城市和乡村都在各自轨道上取得了适合于自身特点的发展,并由此带来社会经济的巨大进步。与此相比,我国特殊的国情带来的是不同的局面与问题,也就需要不同的思路与答案。庞大的农业人口、广阔的农村地域、落后的农业生产水平,这些因素决定了我国不能照抄西方发展经验,强行完成农业与非农业人口置换,而应在正视和关注自身国情的基础上,思考我国的新型城镇化道路,充分理解和发挥城市和乡村的不同特点,以统筹的方式推动发展,让更多的人来享受发展带来的成果。

造成我国城乡社会经济发展不平衡的原因是多方面的,根本原因是人力资源整体素质不高特别是农村人力资源开发程度低。因此,城乡统筹的核心和关键是实行城乡人力资源的统筹开发与管理:一方面,通过城镇化进程为农村劳动力转移创造条件,发挥城市对农村的带动作用;另一方面,通过提高农村人力资源质量,实现城乡人力资源的自由流动,向城市输送更多的劳动力,发挥农村对城市发展的支撑作用。

二、新型城镇化进程中城乡人力资源统筹开发的必要性

(一) 城乡人力资源统筹开发是城镇化的内在要求

城镇化是一个国家或地区经济社会发展的必然过程,是由生产力发展水平所决定的一个自然而然的历史进程。城市是社会经济发展到一定阶段的产物,从城市的起源看,在传统农村周围交通便利的某一地方聚集起工商业,工商业的聚集对农产品产生大量需求,对农产品大量需求刺激了农产品价格上涨,农产品价格上涨带来农民收入提高,农民收入的提高使其有能力不断改善农业生产条件,农业生产条件的改善提高了农业劳动生产率,农业劳动生产率的提高为剩余劳动力向城市转移创造了条件,从而推进了城镇化的发展进程。城市的起源和发展必然伴随着城乡人力资源的流动,城镇化的过程自然也是城乡人力资源统筹开发的过程。

城镇化是不可逆转的,发达国家已经走完了这一历程。今后我国城镇化率即使每年增加 1 个百分点,也意味着城市每年要吸纳约 1300 万人。如何让农民变市民,还有很多工作要做,这其中统筹城乡人力资源开发,提高进城农民工的科技文化素质和劳动技能就是关键的一环。

(二)城乡人力资源统筹开发是实施乡村振兴战略的根本措施

城镇与农村是相互依赖、相互促进的命运共同体,城镇化与乡村振兴相辅相成。实施乡村振兴战略并不意味着放弃城镇化,反而是要构建新型城镇化发展体系。新型城镇化与乡村产业兴旺之间相互作用,实现城乡要素自由流动、资源公平合理配置,在解决乡村剩余劳动力问题之余,鼓励和吸引外出务工人员返乡创业;充分运用新型城镇化"黏合剂"作用,以城乡结合部作为切入点,引领城乡第一、第二、第三产业深度融合发展。

城镇化也不是要消灭农村,即便我国的城镇化率达到 60%,也还有超过 5亿人口居住在农村,我们仍然还要振兴乡村。党的十九大报告提出实施乡村振兴战略,实施这个战略与推进新型城镇化,是你中有我、我中有你,相互补充、相互促进的关系。特别需要认识到的是,只有把乡村振兴战略与新型城镇化战略同时推进,才可以使后者的目标更加明确,实施手段更加协调和统筹兼顾,推进过程更加健康和更可持续。为了避免城镇化进程中出现农业萎缩、农村凋敝和农民失利失意的不利后果,习近平总书记强调指出:城镇化进程中农村也不能衰落,要相得益彰,相辅相成。[①] 同时告诫我们任何时候都不能忽视农业、不能忘记农民、不能淡漠农村。

党的十八大以后的五年间,我国农业现代化稳步推进,城镇化率提高了 6个百分点,八千多万农业人口转为城镇居民,六千多万贫困人口稳定脱贫,城乡居民收入增速超过经济增速……这是党的十九大报告给出的成绩单。近几年我国农村居民收入增速超过城镇居民,城乡居民收入相对差距在缩小,但绝对差距仍在扩大。资料显示,城乡居民收入比 2007 年为 3.33 倍,2016 年为 2.72 倍。收入比下降的同时,城乡居民绝对收入差距却在拉大,2007 年为

---

① 《习近平提"逆城镇化"深意何在?》,《人民日报》2018 年 3 月 7 日。

0.96 万元,到 2016 年扩大为 2.13 万元。造成这一问题的原因是多方面的,根本问题是农村人才流失,农村人力资源质量低。如果农村没有人才,无论投入多少资金、设备,也很难成为一个有活力的兴旺之地。

所以,实施乡村振兴战略关键是要把人力资源开发放在首要位置,大幅度提高农村人口素质,搞好城乡人力资源的统筹开发。正如习近平总书记 2018 年 3 月 8 日在参加十三届全国人大一次会议山东代表团的审议时所要求的那样,"让愿意留在乡村、建设家乡的人留得安心,让愿意上山下乡、回报乡村的人更有信心,激励各类人才在农村广阔天地大施所能、大展才华、大显身手,打造一支强大的乡村振兴人才队伍,在乡村形成人才、土地、资金、产业汇聚的良性循环。"①

(三) 城乡人力资源统筹开发是建设社会主义现代化强国的需要

城镇化是现代化的必由之路。党的十九大报告明确提出,在全面建成小康社会的基础上,分两步走,到本世纪中叶把我国建成富强民主文明和谐美丽的社会主义现代化强国。习近平总书记指出,这是新时代我国社会主义发展的战略安排。要把这一重大战略安排的美好蓝图变为现实,必须以习近平新时代中国特色社会主义思想为指引,坚韧不拔、锲而不舍。目前我国已进入中等收入国家行列,面临的最大挑战是能否跳出"中等收入陷阱"。所谓"中等收入陷阱",是指当一个国家的人均收入达到中等水平后,由于无法成功实现经济转型,导致后续的增长动力不足,最终出现经济停滞的状态。要突破"中等收入陷阱",一个必要条件是一个国家的人力资源必须大幅度地增长。在衡量一国人力资源水平的指标中,最为常用的一个指标是高中教育比例,即高中毕业生占劳动力总人口的比例。基于我国第六次人口普查数据,我国高中教育占比不仅低于发达国家,也低于中等收入国家,数据还显示,2013 年我国高中教育占比城市约 90%,农村只有 37%,城市大大高于农村。

造成我国城乡高中教育比例失衡的原因有很多。第一,高中教育既不像

---

① 《习近平李克强王沪宁赵乐际韩正分别参加全国人大会议一些代表团审议》,《人民日报》2018 年 3 月 9 日。

小学、初中教育被涵盖在九年义务教育中,也不像大学教育因与当地政绩关系密切而受到重视,这导致了地方政府对农村高中教育的投入有所欠缺。第二,我国经济近几十年的增长繁荣带来了大量工资可观的制造业岗位,导致农村的孩子因机会成本增加而放弃高中教育,转而工作挣钱。第三,越是处于社会底层的民众,越容易持有读书无用的态度,何况目前的高中教育费用已经超出很多贫困家庭所能承受的范围。第四,因教育与户籍密切挂钩,大量的民工子弟很难在父母工作的城市接受高中教育。

城镇化是我国实现现代化的必由之路,而城镇化的实质是社会经济结构的转变,有什么样的人才和劳动力,才能构筑什么样的产业。如果农村的教育水平太差的话,必然会影响到我们整个国家的发展。实践表明在提高劳动生产率方面,小学毕业、初中毕业、大学毕业不同学历水平表现出很大的差异。因此无论是全面建成小康社会,还是建设社会主义现代化强国,都必然要求我们大幅度提升我国人力资本整体水平,在城乡统筹基础上重点提高我国农村人力资源质量。

三、我国城乡人力资源统筹开发的成效与问题

近年来,我国采取一系列政策措施,大力推进城乡统筹发展。2002 年党的十六大首次提出统筹城乡经济社会发展;2007 年党的十七大提出要建立以工促农、以城带乡长效机制,建立城乡经济社会发展一体化新格局;2012 年党的十八大提出,要推动城乡发展一体化,形成以工促农、以城带乡、工农互惠、城乡一体的新型工农、城乡关系;2017 年党的十九大提出,进一步健全城乡融合发展的体制机制和政策体系。这一系列重要思想和政策措施,反映了我国城乡发展理念、政策和方法的不断演进。

(一) 我国城乡人力资源统筹开发的成效

1. 城乡劳动者平等就业制度初步建立

我国从 2006 年开始在 27 个城市开展统筹城乡就业的试点工作,在试点

城市建立覆盖城乡的人力资源数据库以及针对人力资源与就业指标的统计制度,不仅取消了针对农村劳动者的就业限制政策,并且将职业介绍补贴、培训补贴、小额担保贷款等就业扶持政策延伸到乡镇和农村。

2. 城乡一体化公共就业服务体系不断健全

在各县和乡镇建设公共就业服务中心,并普遍开设农民工服务窗口,提供免费的公共就业服务。乡镇以下的村则依托劳动保障事务所,充分发挥村信息员作用,将就业和失业统计、劳动力市场信息、培训信息以及政策宣传等各类咨询送村到户,让更多农民能够及时得到可靠的用工信息和咨询服务。

3. 城乡就业和职业培训体系实现全覆盖

各地区统筹整合城乡教育及培训资源,推进建立覆盖城乡的职业培训制度、培训网络以及职业技能鉴定平台;从解决培训资金、落实补贴政策、推进就业准入制度等多个维度提高城乡劳动者的技能水平和就业能力。

4. 城乡人才互补、互动机制不断完善

近年来,随着相关政府部门一系列优惠政策的出台,各类配套优惠政策的完善,辅以相关舆论宣传及引导,城乡人才资源的双向互动交流程度显著提高,越来越多的城市人才选择到农村建功立业,推进了城市智力资源"下乡"。

5. 城乡一体化社会保障水平不断提高

多个城市都在积极探索建立完善的社会保障制度,保障覆盖面逐步扩大至城乡各类劳动者,被征地农民、农民工的社会保障工作不断取得新的突破和进展。农村社会保障体系也在初步形成的过程中,其保障重点包括但不限于农村最低生活保障制度、新型农村合作医疗制度、农村医疗救助制度、农村五保供养制度、自然灾害生活救助制度等。

6. 对进城农民工权益保护不断增强

目前,伴随着覆盖城乡的劳动保障监察执法网络和农民工维权工作服务体系的建设探索过程,许多城市已经建立健全了农民工工资支付预警、监控和突发事件应急的全链条处理机制。除此之外,为了从根本上切实维护农民工的合法权益,保障按时足额发放工资,许多地区通过加强执法检查完善农民工劳动合同管理,实行农民工最低工资制度,改善农民进城务工的环境。

7.农村人才资源开发体系建设不断完善

一是建立人才开发机制,在能力为本的理念基础上,通过实施农村实用人才评价、制定农村技能人才提升计划、开展灵活多样的专业技术培训等,提升农村人才队伍的素质。二是制定优惠政策,引导各类农村人才积极参与重点项目、重要产业的开发经营。三是健全保障机制,包括农村人才养老、失业、医疗等各类保险和社会保障制度。四是完善奖励制度,激发农村人才队伍的活力。

(二)我国城乡人力资源统筹开发存在的问题与成因

我国统筹城乡人力资源开发工作已经取得了显著的成绩,但与此同时,我们也需要及时发现和正视此项工作中暴露的不足。主要的不足之处包括以下几点:一是规划范围上不够全面和系统。主要关注就业和社会保障两个方面,对城乡人力资源开发缺少更全面统筹的政策和机制。二是组织协调机制上不够完善。工作中还存在相关部门政策不统一、工作重合、重复建设等需要优化改进的情况。三是统筹的层次较低。多数地区的城乡人力资源开发局限于县级统筹,省级统筹很少,区域一体化的格局还未形成。造成这些问题的原因是多方面的,主要是:

1.思想观念落后

受长期计划经济和城乡建设路径惯性的影响,各级政府和部门在思想认识上还停留在"城市和工业优先"的层面,在资源配置、工作部署、制度保障等方面对农业和农村支持不足,表现在人力资源开发管理方面重城市轻农村,最近全国各个城市的"抢人大战"就是例证,人才差异影响了乡村与城镇的同步发展。

2.管理体制不顺

职责交叉、部门分割、权责脱节和效率不高的问题仍比较突出,多头管理、无人管理的情况同时存在,行政运行和管理制度不健全,中央和地方财权和事权的不匹配现象突出。教育关系国家未来,农村教师工资待遇未能实行国家统筹,造成农村教师待遇低,影响了农村教师的积极性。

3.产业发展动力不足

产业充分发展是城乡融合的基础和动力。由于规模化、产业化、科技化、设施化程度低,农业比较效益长期处在较低水平,从而将优质要素资源不断挤出农业农村,影响其发展的动力和活力。由于重城市轻农村,片面强调城镇化,导致农村人力资源大量流失。

4.资金投入不足

近年来,尽管农业农村发展的财政投入持续增长,但与其他行业和区域相比仍存在巨大缺口,影响了农村基础设施的建设与改善,制约了农村社会事业的发展。对农村教育投入不足,影响了农村教育水平和农村人力资源的质量。

5.户籍制度造成的流动性障碍

二元户籍制度由来已久,直接导致了城乡就业机会供给不均衡,并使进城农民无法以平等的身份共享城市公共服务和社会保障,城乡要素的平等交换和双向流动存在无法逾越的制度障碍。

四、新型城镇化进程中城乡人力资源统筹开发的对策建议

城乡人力资源统筹开发的战略目标,是将城市和农村通盘考虑,实行统一规划、统一协调,消除阻碍城乡人力资源流动的各种障碍,弥补城乡人力资源开发的差距,优化城乡人力资源配置结构,提升城乡人力资源整体素质,为新型城镇化和乡村振兴提供人力资源支撑。

(一)调整生育政策,增大人力资源规模潜力

人口数量和规模是人力资源开发的基础。人口政策是一个国家根据本国人口增长情况而采取的相应的政策措施。不同的国家,因本国人口发展的情况不同,会采取不同的人口政策。而且,一个国家的人口政策还会随着本国人口发展的实际情况作适当的调整。人口政策有广义和狭义之分。广义的人口政策指政府为了达到预定的与人口有关的经济、社会发展目标而采取的旨在影响生育率、死亡率、人口年龄结构、人口生理素质、文化教育程度、道德思想水平,以及人口迁移和地区分布等方面变化的一系列措施。狭义的人口政策

主要指政府在影响生育率变化方面的措施。这里我们分析讨论的是狭义的人口政策即生育政策。

　　30多年来我国的计划生育工作取得了巨大成就,使得13亿人口的到来整整推迟了4年,这一成就举世瞩目。在改革开放之初,我国面临两个人口高峰,人口控制迫在眉睫。当时,我国生育旺盛年龄的妇女比第二个人口高峰的育龄人群多一倍,如果不提倡一对夫妇只生一个孩子,生育量将比第二个人口高峰多得多,人口增长的速度将快得多,到20世纪末人口总数就会高达15亿,甚至更多。应当说改革开放初期提倡一对夫妇只生育一个孩子是不得已而为之,更着眼于子孙后代的长远利益。现在看来,当时作出这样的决策是权衡长期和短期的利弊所作出的正确决策。30多年来的实践也证明了当时计划生育政策是理智的。否则今天我国人口比现在多三到四亿,光是粮食、就业、住房就是更大的难题,就未必有今天的大好局面。

　　人类世代交替所需的更替水平是平均每对夫妇生育2.1个孩子。我国从1992年开始生育率已低于2.1这一水平。[1] 2010年人口普查结果显示,2010年全国总和生育率为1.1811,其中城市为0.8821,镇为1.1534,乡村为1.43755。[2] 按照人口学上的定义,通常把低于1.5的生育率称为"很低生育率";把低于1.3的生育率称为"极低生育率"。低生育率会给我国社会未来发展造成三种影响:一是造成男女性别比例失衡。2017年1月22日国家统计局发布数据显示,2016年男性人口70815万人,女性人口67456万人,总人口性别比为104.98∶100。[3] 2017年6月浙江大学发布的《中国农村家庭发展报告》显示,在我国农村地区,0—4岁少儿男女性别比例已达122∶100,第二和第三胎失衡现象更为严重,分别达到了126.4∶100与146.3∶100。尤其当第一胎是女性时,第二胎的男女性别比例达到了194.3∶100。[4] 男女性别比例失衡会带来一系列的社会问题。二是劳动力短缺。国家统计局2017年1月22日发布数据称,2016年全国劳动年龄人口为90747万人,占总人口的

① 苏剑:《论我国人口政策的走向》,《广东商学院学报》2010年第1期。
② 国家统计局:《2010年第六次全国人口普查主要数据公报》,2011年4月28日。
③ 国家统计局:《2016年国民经济运行情况》,2017年1月22日。
④ 浙江大学:《中国农村家庭发展报告》,2017年6月10日。

比重为 65.6%。这也意味着,全国劳动年龄人口比上一年减少了 349 万人。这是我国劳动年龄人口自 2012 年连续五年净减少。① 三是人口老龄化加剧。

按照两种生产理论,人类自身生产要与物质生产相适应,是实现"人口长期均衡发展"最为可行也最为公平的选择。在发达国家实现代际均衡的生育率为 2.17 胎,在发展中国家实现代际均衡的生育率为 2.3 胎,我国是发展中国家,理想的生育率应是 2.3 胎。目前我国不仅总和生育率偏低,只有1.1811,而且城乡生育率差别较大,存在逆调节的现象。因此,调整生育政策迫在眉睫。

2013 年 11 月 15 日,党的十八届三中全会通过的《中共中央关于全面深化改革若干重大问题的决定》对外宣布了单独二孩政策,启动实施一方是独生子女的夫妇可生育二孩的政策。2015 年 10 月,十八届五中全会决定全面放开二孩,这意味着一对夫妇可以生育两个孩子。"全面二孩"于 2016 年 1月 1 日起正式实施。按人口与计划生育法修正案中规定,生育一孩或两孩的夫妻均可获得延长生育假的奖励。我国将实行生育登记服务制度,对生育两个以内(含两个)孩子的,不实行审批,由家庭自主安排生育。全面放开二孩的实施效果如何,有人曾预测,通过实施"全面二孩"政策,2017 年的出生人口可达到 2023 万至 2195 万人。结果是,国家统计局的数据显示,2017 年的出生人口数为 1723 万人,反而相比上年减少了 63 万人。②

党的十九大报告对人口问题的表述:"促进生育政策和相关经济社会政策配套衔接,加强人口发展战略研究。积极应对人口老龄化,构建养老、孝老、敬老政策体系和社会环境,推进医养结合,加快老龄事业和产业发展。"③这是自 1982 年计划生育被定为基本国策以来,首次在全国党代会报告中未提及类似"坚持计划生育的基本国策"的表述,表明决策层的态度是已经把人口当成一种优势,也看到了我国存在的低生育率危机。

放开生育政策的重点不应该在"奖",而应该在"励"。生不生孩子,生一

---

① 国家统计局:《2016 年国民经济运行情况》,2017 年 1 月 22 日。

② 国家统计局:《2017 年国民经济运行情况》,2018 年 1 月 18 日。

③ 习近平:《决胜全面建成小康社会　夺取新时代中国特色社会主义伟大胜利——在中国共产党第十九次全国代表大会上的报告》,《人民日报》2017 年 10 月 28 日。

个还是两个,这是家庭内部决策。即便将来有了奖励生育政策,也很少有人会为了津贴生孩子,而是政策托底使人们恢复了本来就有的生育意愿。鼓励生育的实质应该是:消除那些不合理的,使人们不敢生孩子的,显性的和隐性的障碍。鼓励生育政策,首先应该考虑的是填补过去公共服务、社会保障的短板。比如,为孕期和哺乳期女性提供便利,本来就是女性权益保障工作的一部分。再如,加大公立学校教育资源投入,本就是促进社会公平的必要之举,同时也有"促生"效果。

(二) 增加义务教育特别是农村义务教育财政支出,提升人力资源质量

生育政策不仅只是个"生"的问题,重要的是教育问题。要看到当前我国城市中还存在幼儿入园难、入园贵的问题,在农村还有几千万留守儿童。还有许多孩子因缺乏营养和良好的早期教育造成智力发展不足,这些人是国家最大的负担之一,因为要给他们特殊教育,需要投入更多的资金。如果不能提高他们的认知能力,他们将会无工作可做,成为社会不稳定的因素。

党的十九大报告提出:"建立健全城乡融合发展体制机制和政策体系,加快推进农业农村现代化";"推动城乡教育一体化发展,高度重视农村义务教育,办好学前教育、特殊教育和网络教育,普及高中阶段教育,努力让每个孩子都能享有公平而有质量的教育"。[①] 2017 年 12 月 23 日,受国务院委托,财政部部长肖捷在十二届全国人大常委会第三十一次会议上作《国务院关于国家财政教育资金分配和使用情况的报告》。报告显示,2012—2016 年,全国教育经费总投入(包括财政性教育经费和非财政性教育经费)累计接近 17 万亿元,其中 2016 年达到 38888 亿元,是 2012 年的 1.36 倍,年均增长 7.9%。2016 年全国财政性教育经费(主要包括一般公共预算和政府性基金预算安排的教育经费等)31396 亿元,占全国教育经费总投入的 80.7%,占 GDP 比例达 4.22%,自 2012 年以来连续 5 年保持在 4% 以上。[②] 值得注意的是,财政性教育经费一半以上用于义务教育,体现了义务教育重中之重的地位。数据显示,

---

① 习近平:《决胜全面建成小康社会 夺取新时代中国特色社会主义伟大胜利——在中国共产党第十九次全国代表大会上的报告》,《人民日报》2017 年 10 月 28 日。
② 肖捷:《国务院关于国家财政教育资金分配和使用情况的报告》,2017 年 12 月 23 日。

2016 年全国财政性教育经费中,用于义务教育 16583 亿元,占 52.8%。[①] 我国教育总体发展水平进入世界中上行列,教育服务党和国家战略全局能力显著增强。教育公平和质量明显提升。农村地区和中西部地区的孩子有了更好的就学条件和更多接受高质量教育的机会。

我国教育经费占 GDP 比例 2012 年以来连续 5 年保持在 4% 以上实属不易,统一的城乡义务教育经费保障机制基本建立。但是与发达国家相比还有不小差距,对学前教育投入占总投入的比重仍然偏低,而且学前教育投入在城乡之间、城市内部与郊区之间、公办与民办之间差距很大。优质学前教育主要集中在城市(优质公办园和高端民办园),入园贵、入园难的问题还没有得到根本解决,农村孩子不仅健康状况堪忧,更为严重的是缺乏早期教育的方法。

国外有个"1000 天假设"理论,是说我们的脑子、我们的认知、我们的 IQ,90% 是 0 到 3 岁的发育决定的。詹姆斯·赫克曼(James Heckman,美国经济学家、2000 年诺贝尔奖获得者)在《因人而异的教育回报估计》一书中测算,国家和家庭投资 0 到 3 岁,回报率是最高的,长期有效的扶贫是投资儿童教育。要是 3 岁时 IQ 低,就是到最后 IQ 也是低的。

可喜的是,一些地方在制定财政性教育经费投入计划时,进一步明确重点、难点任务,有针对性地增加资金投入。例如,河南省 2017 年计划安排奖励资金 2.8 亿元,支持社会资本兴办教育和扩大普惠性学前教育资源,促进民办教育和学前教育发展。湖南省提出,2017 年要实施农村义务教育学生营养改善计划 51 个贫困县全覆盖,所需资金由省级财政承担。

提高农村义务教育水平,不仅要增加财政投入,更要重新确立教师在乡村的地位,努力改善他们的福利待遇。只有事实上确立了教师在乡村和乡村教育中的核心地位,才可能激发出他们的创造力和影响力,也才能吸引那些具有"农夫的身手、科学的头脑、改造社会的精神"的乡村教师安心于农村教育。

(三) 加强对农民工的培训,满足新旧动能转换的时代要求

有序推动农业转移人口市民化,是推进以人为核心的新型城镇化的首要

---

① 　肖捷:《国务院关于国家财政教育资金分配和使用情况的报告》,2017 年 12 月 23 日。

任务。城镇化的核心是化农民为市民。李克强总理 2014 年在《政府工作报告》中曾经提出要解决好"三个 1 亿人"的问题,即在今后一个时期,要促进约 1 亿农业转移人口落户城镇,改造约 1 亿人居住的城镇棚户区和城中村,引导约 1 亿人在中西部地区就近城镇化。有人担心,只解决 1 亿人城镇落户难以适应城镇化快速发展的需要。也有人担心,差别化城镇落户政策会不会使流动人口多的地方特别是大城市和特大城市农民工想落户而落不下,而落户条件相对宽松的中小城市又没有人愿意落户。事实上,早在 2012 年,在地级市以下就业的外出务工农民工已占外出务工农民工总量的 70%,约 1.1 亿人。①如果这些人有意愿在中小城市落户,对于推进市民化将是一个重大进展。大城市和特大城市的农民工,仍可通过居住证等户籍制度改革逐步融入城市。随着东部产业转移加快和西部大开发、中部崛起战略的深入实施,在中西部资源承载力较强的地区,促进农业转移人口就地就近从业定居,也具备了条件和可能。

应当看到,我国虽然有大量农民工转移就业、进城务工,相继融入到城市建设和生活中,但文化素质和劳动技能总体不高。根据统计,我国农村现有富余劳动力中,85%以上的文化程度在初中及以下,真正受过专业技能培训、掌握一技之长的人员占比不容乐观。进行经济结构调整,实现新旧动能转换,如果农村富余劳动力的教育和技能水平低下,则难以满足用人单位对劳动力的素质需求,这是目前制约农民工进城就业的重要因素之一。对于已成为市民的农民工来说,如果没有一定的素质和技能,没有稳定的工作和收入是很难立足的;对于准备进城务工就业的农民工来说,面临经济结构的调整,产业转型升级,新旧动能转换,如果没有一定的素质和技能,也是很难找到工作的。因此加强对农民工的培训,尤其在劳动力密集型的建筑业,做好职业技能培训,对促进农民工有效转移和稳定就业是非常必要的。

近年来,国家对农民工培训的投入力度一年比一年大,培训项目的覆盖面一年比一年广。然而很多地方存在农民工定点培训机构过多、过滥现象,有的省少则数百家、多则上千家,良莠不齐,收效不大。大量农民工最迫切的愿望

---

① 韩俊、何宇鹏:《以人为核心全面提高城镇化质量》,《人民日报》2014 年 4 月 9 日。

是就业,参加技能培训主要是为了尽快找到工作,目的性很强。只有那些社会声誉好、就业率高的培训才能受到青睐。然而,目前一些县级农村劳动力培训机构设施落后,培训规模小,培训质量低,政府虽然补贴了大量资金,效果却不明显。更有一些不具备必要资质的机构,为了获取政府补助,巧立名目缩减培训内容,其培训效果可想而知。另一方面,农民工自身对职业技能培训认识不足,部分农民工思想观念比较陈旧落后,认识不到提高技能对于提高收入的重要影响,因此不愿通过相关培训提升职业技能。即使是免费的职业培训,部分农民工还是认为参加培训耽搁"活路",耽误挣钱,要让他们放下工作来参加培训很难。

从全国范围来看,大中城市有国家财政的支持,不仅实训基地多,条件也好得多。县一级的农村劳动力培训基地却普遍面临资金短缺的问题,导致培训设施落后、培训规模小、培训质量低,影响了农村劳动力就近就地转移。如果国家通过一定的政策和资金倾斜,培植规模较大的农村劳动力转移培训基地,将有利于节约资源,形成合力。建议新增培训基地、鉴定机构,扩大培训规模,让有实力、有资质的社会培训机构分担部分培训任务,通过校企联姻,让施工企业定向培养、定向使用。在各大施工现场配备农民工业余学校,并定期组织多种形式的农民工培训。甚至可把农民工持证的继续教育培训工作分散到各大型施工企业,在施工现场完成继续教育培训,充分发挥农民工业余学校的辅助作用,同时减轻政府培训基地的培训压力。

农民工培训是一个长期性、持续性的工作。为提高农民工培训的有效性,真正让农民工学以致用、学以致富,不仅需要国家有关部委重视农民工群体的职业技能培训工作,还要转变农民工职业培训的观念。依托大众传媒和新媒体进行宣传,举办讲座,使广大农民工获取信息,转变观念,认识到技能培训的重要性;把是否持证、技能水平高低、做工质量好坏与计时或计件综合考虑确定薪酬,充分运用经济手段调动农民工主动参与培训的积极性。

(四) 打通城乡人力资源流通渠道

城市发展需要人才,乡村振兴首先也需要人才,打通城乡人力资源流通渠道非常重要。2019 年 5 月发布的《中共中央国务院关于建立健全城乡融合发展体制机制和政策体系的意见》中明确提出建立城市人才入乡激励机制,通过制定财政、金融、社会保障等激励政策吸引各类人才返乡入乡创业,包括"第一书记"、大学生村官、城市投资者等。建立城乡人才合作交流机制,不仅需要外面的人进来,尤其要培养农村自己的人才。那些考不上大学或者大学毕业后找不到工作的人,还有在城里打工的"农民工"、"农二代",农村是否能够吸引他们回来? 要把乡村作为一个"活体",与城市统筹安排、整体考虑。但这已不仅仅是教育问题,其最大的障碍还是来自城乡二元体制。

城乡二元结构既是我国经济和社会发展中的严重障碍,也是新型城镇化进程中城乡人力资源统筹开发中存在的一个严重障碍,主要表现为城乡之间的户籍壁垒,两种不同资源配置制度,以及在城乡户籍壁垒基础上的其他问题。其实我国城乡二元结构自宋朝起就已存在,但城乡二元体制却并非一直都有。比如在"闯关东"的时期,山东的农民可以到东北的城镇工作经商,山东的城里人也可以到东北乡村种地建房——这种在城乡之间切换迁移的自由一直维持到 20 世纪 50 年代前期。此后,户籍因计划经济体制而分为城市户籍和农村户籍,生产要素的流动亦受到严格限制,城市和农村各自成为封闭单位,自此被割裂。在这种城乡二元体制下,广大农民受缚于土地、被禁锢在农村,无法拥有与城市居民相对等的权利与机会。为了促进城乡经济协调发展,我国自改革开放以来实行了一系列改革举措和政策措施,包括全面推行家庭联产承包经营责任制,调整工业化战略以支持农业和轻工业的发展;实施城镇化战略,支持发展乡镇企业;放开农产品流通和价格,培育农村商品市场;等等。党的十九大报告提出要"建立健全城乡融合发展体制机制和政策体系,加快推进农业农村现代化"。①

但是也应当认识到,促进城乡二元社会经济结构向现代一元结构的转变是一场深刻的社会变革。这个变革的题中之义不仅仅限于生产生活方式的改造、生产要素的重组和人口由农村向城市的流动和迁移、城乡产业的有机整合以及组织方式的变化等,还延伸到整个社会文化、结构、组织的变迁。这就意

---

① 习近平:《决胜全面建成小康社会 夺取新时代中国特色社会主义伟大胜利——在中国共产党第十九次全国代表大会上的报告》,《人民日报》2017 年 10 月 28 日。

味着这个过程不可能一蹴而就,而将成为伴随我国社会主义初级阶段的漫长的历史过程。尽管如此,鉴于城乡二元经济结构导致的矛盾日趋突出,加快推进改革的必要性和迫切性也不容忽视,这也要求我们在尊重客观规律的前提下充分发挥主观能动性,把握关键机遇,适时推进改革。

从城乡人力资源统筹开发的角度,当前最迫切的任务是消除城乡壁垒,实现城乡人力资源的自由流动。要针对人才流动机制进行创新,从城乡、区域、行业、所有制等各个维度进行协调,从户籍、身份、学历、人事关系等各个方面打破禁锢,鼓励人才流动,尤其是向农村、向艰苦边远地区和基层一线流动。要健全人才激励机制,打通科技和经济转移转化的通道,完善人才合理分享创新收益的激励办法,让机构、人才、市场、资金协调活跃起来。实行更加积极、更加开放、更加有效的人才引进政策。

积极鼓励各类人才回归乡村。现在的城里人,往上数三代,大都来自农村,只要有机会,很多人都有回报家乡的愿望。要打好"乡情牌"、"乡愁牌",念好"招才经"、"引智经",想方设法创造条件,让农村的机会吸引人、让农村的环境留住人。全面建立高等院校、科研院所等事业单位专业技术人员到乡村和企业挂职、兼职和离岗创新创业制度,发挥好各类农业科技人员的作用。吸引支持企业家、党政干部、专家学者、技能人才等通过下乡担任志愿者、投资兴业、包村包项目、捐资捐物等方式,参与到乡村振兴的伟大事业中来。

第十章　新型城镇化进程中的城乡社会保障一体化

社会保障是国家对本国社会成员的基本生活权利给予一定的保障,尤其关注那些生活有特殊困难的社会成员,其主要是以立法的方式对国民收入进行分配和再分配。社会救助、社会福利、社会保险等都是社会保障体系的构成部分。社会保障是社会稳定发展的坚强后盾,对社会文明进步有重大意义。完善的社会保障体系是新型城镇化的必然要求,也是体现我国社会主义制度优越性的重要一面。

一、城乡社会保障一体化是国家新型城镇化的必然要求

(一) 城乡社会保障一体化的具体内涵

对于城乡社会保障一体化的具体内涵,目前学界尚有争论,主要有两种观点:一种观点认为,城乡社会保障一体化,即通过统筹有关城乡社会保障各方面的发展,以实现城乡社会保障均等化,统筹的目标应当具体包括四个统一:制度统一、管理统一、对象统一、标准统一。[1] 另一种观点认为,城乡社会保障一体化,并不是城乡社会保障制度和标准完全统一和平均。[2]

---

[1]　童星:《社会救助是城乡统筹的"突破口"》,《中国社会保障》2009 年第 9 期。
[2]　刘静:《城乡社会保险一体化的路径研究——基于太仓市的经验》,《社会建设》2017 年第 4 期。

景天魁提出了底线公平理论,该理论将社会福利的建设区分为两部分("底线"部分与"非底线"部分),并规定每一部分实行不同的原则,具体来说,无差别的公平原则对应于底线部分,有差别的公平原则对应于非底线部分。由于基本养老、基本医疗保险等属于底线福利,所以在统筹方面应当实行全国统筹,确保实行无差别的公平原则。[①]

李迎生提出了社会保障制度的"城乡整合"模式,又称统分结合模式,该模式将所有的社会保障项目分为基本项目和非基本项目,对于基本项目,应该逐步统一,而对于非基本项目,一定的差异是可以保留的。[②]

郑功成提出了中国特色社会主义福利建设"三步走"的战略:首先,对城乡社会保险制度进行整合;其次,对于"国民基本养老保险"和"国民健康保险"进行全社会的统一;最后,实现全国统筹国民基本养老保险中的"基础性养老金",并且将国民健康保险公平地覆盖到全体国民。

综上所述,我们可以认为,城乡社会保障一体化重点是在整合基本保障制度基础上,实现基本保障体系的统一,包括管理体制、制度模式、给付对象、给付标准的统一,即便筹资标准不一致,但在待遇给付上应该统一标准,体现社会保障的公平性和互济性。而较高层次的保障可以倾向于效率,可以体现筹资标准和给付标准的差异性。

(二) 以人为核心的新型城镇化必然要求实现城乡社会保障一体化

以人为核心的新型城镇化的根本出发点和落脚点是为人民谋福祉,在城镇化过程中促进人的全面自由发展,使城乡全体居民共享经济社会发展成果,实现社会公平正义。在新型城镇化中,人是处于核心地位的。新型城镇化的追求,不仅仅是城市在"物"的层面的提升,更重要的是要完成让进入城市的农民进行由"乡"到"城"的彻底转变的过程。在此过程中更需要关心的是能否公平地满足人的需求。[③] 新型城镇化也不再仅仅是简单的城市规模的扩大

---

① 景天魁:《社会福利发展路径:从制度覆盖到体系整合》,《探索与争鸣》2013 年第 2 期。
② 李迎生:《中国普惠型社会福利制度的模式选择》,《中国人民大学学报》2014 年第 5 期。
③ 李迎生、袁小平:《新型城镇化进程中社会保障制度的因应——以农民工为例》,《社会科学》2013 年第 11 期。

和城市人口的增长,而是要实现进入城市群体的社会角色转换以及日常生活方式、城市发展动力、社会文化系统的全面转型。这一转型过程是实现中国社会结构的整体转型的必要条件,它不仅仅是一个农民市民化的过程,更是破除城乡发展的二元体制,全面统筹城乡发展,实现城乡融合的必然要求。由此可见,新型城镇化必然要求对社会保障体系的进一步完善与优化提出更高的目标,不仅仅要将进城农民纳入城市社会保障体系,真正实现进城农民工的社会融入,在基本医疗、养老、教育、失业等社会保障各方面与城市人口进行平等的共享,更重要的是推进城乡基本公共服务均等化,全面统筹城乡社会保障发展,从而进一步推进城乡社会保障一体化。

(三) 当前社会保障的城乡二元结构阻碍了新型城镇化进程

经过多年不断的实践和优化,我国的社会保障制度不断健全,社会保障体系日臻完善。从政策体系上看,社会保障制度基本实现了在城乡间以及不同群体间的全覆盖,在"机会公平"上迈出十分重要的一步。但是,现行社会保障制度也还存在缺点和不足,例如针对城乡等不同群体建立了不同的社会保障制度,体现出我国社会保障结构体系上的多元化、碎片化问题。社会保障天然追求公平正义、互助共济,城乡之间、群体之间适用不同的保障制度不仅有失制度公平,也与我国新型城镇化背景下鼓励劳动力自由流动、实现城乡基本公共服务均等化的要求相矛盾,并有可能由此产生一系列的社会问题。随着工业化、城镇化的不断深入发展,越来越多的人将涌入城市,农业转移人口的规模将越来越庞大。然而目前对于农业转移人口来说,他们还无法像城镇职工和城镇居民一样享有同等的社会保障制度。例如农业转移人口遭遇到的同工不同酬、同工不同险(社会保险)等方面的不公平必然会成为影响社会稳定的负面因素。另外,由于农业转移人口无法平等享受所在城市的社会保障制度,这无疑将增加他们自身必须承担的风险,如果他们所面临的社会风险超过了他们的承受能力,他们只能返村。因此,打破社会保障的城乡二元结构,实现城乡社会保障均等化、一体化发展,让所有人平等共享发展成果,这是我国在新型城镇化进程中不断推进社会保障制度体系健康发展的必由之路。

二、新型城镇化进程中城乡社会
保障一体化的国内实践

近年来,着眼于解决新型城镇化过程中劳动力自由流动与社会保障制度的条块分割之间的矛盾,我国从整合和完善不同的制度以及同一制度转移接续办法两个方面着手,将城乡社会保障一体化进程朝着健康的发展方向不断推进。

(一) 整合制度

1. 基本养老保险制度整合

首先是城镇职工内部的制度统一。国务院于 2015 年颁布了《关于机关事业单位工作人员养老保险制度改革的决定》,规定了有关机关事业单位的基本养老保险制度应按照企业职工基本养老保险制度模式进行重建,并自 2014 年 10 月 1 日起实施,两者在缴费比例以及待遇计发办法等方面完全一致。

其次是整合我国城乡居民养老保险制度。在 2009 年和 2011 年,我国分别启动了新型农村社会养老保险制度和城镇居民社会养老保险制度试点工作,截止到 2014 年,这两项制度实现了全覆盖。之后,国务院于 2014 年下发了《关于建立统一的城乡居民基本养老保险制度的意见》,规定合并实施城乡基本养老保险制度,使得统一的城乡居民基本养老保险在全国范围内最终能够得以建立。到此为止,我国基本养老保险制度由三大板块构成,即城乡居民基本养老保险制度、机关事业单位基本养老保险制度和企业职工基本养老保险制度。

2. 基本医疗保险制度整合

社会医疗保险制度分为城镇居民基本医疗保险制度与新型农村合作医疗制度,这两个制度的性质本来是完全相同的,但是在多年的实践中,却分别由不同的部门进行管理,而不同的部门间缺乏协调,这就使得待遇攀比、重复参保等现象在两个参保群体间出现。国务院 2016 年颁布了《关于整合城乡居民基本医疗保险制度的意见》,该意见要求整合城乡居民基本医疗保险制度,并将二者进行统一,统一的具体内容包括两项制度的覆盖范围、筹资政策、保障待遇、定点管理、基金管理、医保目录等六个方面内容。截至 2018 年,绝大部分省份已经实现了两项制度的整合,建立起统一的城乡居民基本医疗保险制度。

(二) 转移接续

1. 基本养老保险关系转移接续

我国的基本养老保险制度由两种保险制度构成,分别是居民养老保险制度和职工养老保险制度。目前,这两个制度之间统筹层次比较低,在待遇计发办法、缴费比例等方面存在较大差异。所以,当前有两个问题需要重点解决:其一,保险关系的转续;其二,个人权益的确认。解决方法是通过政策对职工基本养老保险制度的转移接续的具体办法作出规定。国务院在 1997 年颁布的《关于建立统一的企业职工基本养老保险制度的决定》中确立一原则,即"个人账户随同职工调动全部转移"。但是,在实践中地方政府对于养老保险关系转入是不愿接受的,尤其是对于年龄较大人员的养老保险关系转入,认为这将损害自身利益。基于此,在 2009 年,国务院出台《城镇企业职工基本养老保险关系转移接续暂行办法》,在其中首次明确指出,在办理基本养老保险关系的转移事项的时候,为平衡转入地和转出地之间的利益冲突,除了转移个人账户全部储存额外,还要转移 12% 的单位缴费额,从而真正实现跨地区的转移接续。

机关事业单位退休养老制度和企业职工养老保险之间的统筹衔接。在机关事业单位实施养老保险制度改革后,国家财政部和人社部联合下发了《关于机关事业单位基本养老保险关系和职业年金转移接续有关问题的通知》,明确了在机关事业单位和企业之间流动时,劳动者需要转移个人账户全部储存额和部分单位缴费累计额的比例。

对新型城镇化进程中农民工养老保险关系转移接续的相关规定。国家财政部和人社部于 2014 年颁布了《城乡养老保险制度衔接暂行办法》,对有关居民养老保险制度和职工养老保险制度之间的转移衔接问题做了最初步规定。

2. 基本医疗保险关系转移接续

《中共中央国务院关于深化医药卫生体制改革的意见》明确提出,为了保障参保人员的合法权益和保证参保人员连续参保,要积极做好有关城乡流动的农民工在基本医疗保险关系方面的转移接续问题。2009 年,国家财政部、人力资源社会保障部、卫生部共同下发了《流动就业人员基本医疗保障关系转移接续暂行办法》,这个制度通过规范劳动力在地区之间、城乡之间流动时的参保登记,从而对城乡参保人员流动就业时基本医疗保障关系转移接续办法作出了规定。

按照《社会保险法》的规定,城镇职工基本医疗保险参保人达到法定退休年龄时累计缴费达到国家规定年限的,退休后不再缴费即可享受医疗保险待遇。另外,职工基本医疗保险参保人跨统筹地区流动就业时,其基本医疗保险关系随本人转移,缴费年限累计计算。然而到目前为止,统一的职工基本医疗保险缴费年限政策国家尚未制定,地方政府自行确定的缴费年限如何互认也没有明确规定。因此,实践中职工基本医疗保险关系跨地区转移接续成功率非常低,阻碍了劳动力的合理流动。

3. 进一步理顺管理体制

近年来,由于主管部门多头管理带来的经办机制分割,运行成本必然会成倍增加,精细化管理亦无法实现。如两套医疗保险经办机构、两套医疗保险信息系统在许多地区都是并存着的,这将导致各地区的管理与运行费用翻倍增加,结果不仅行政效率低下,混杂参保、信息失真等问题也将出现。中央于2018 年颁布了《深化党和国家机构改革方案》,有关社会保障管理体制改革的内容列在其中。将国家人社部的城镇居民和城镇职工基本医疗保险与生育保险管理职责、民政部的医疗救助管理职责、国家发改委有关医疗服务和药品价格管理职责、国家卫计委对于新型农村合作医疗的相关管理职责加以整合,由作为国务院直属机构的国家医疗保障局统一管理,符合同一类业务或事务由一部门统一管理的原则。国家医疗保障局的建立,将彻底解决过去严重制约医疗社会保障制度改革与发展的相关的体制性障碍,有利于实现社会保障城乡一体化,使得全体人民能够公平地享有医疗保障。

三、新型城镇化进程中城乡社会
保障一体化的困境分析

（一）基本养老保险城乡一体化面临的困境

1.转移接续问题

转移接续问题体现在两方面：一是有关跨地区的转移接续问题，这是由于统筹层次不高所导致的，具体的解决办法是提高统筹层次。二是有关制度间的转移接续问题，这是由于制度模式不同所带来的，这一问题可通过对现行制度模式的调整来解决。

当前，企业和机关事业单位的职工基本养老保险制度已经统一，二者之间的转移接续制度难点已不存在。但是，城乡居民与城镇职工之间的养老保险关系转移衔接问题还没有得到完全解决。虽然都采取社会统筹与个人账户相结合的模式，但实质内涵完全不同。城镇职工基本养老保险制度中，单位、个人缴费分别形成统筹基金、个人账户基金，兼具共济与强制储蓄的作用。而在居民养老保险中，雇主这一角色是缺失的，因此统筹基金一直难以建立。中央和地方政府通过公共预算的安排来承担基础养老金，个人账户由个人缴费的部分构成，按规定利率计息，相当于一个储蓄账户。比较两种制度模式发现，居民基本养老保险制度并没有实现统筹共济功能，所以并非严格意义上的社会保险。由于居民和职工两类基本养老保险制度的性质不同，要实现这两类人员的基本养老保险制度的对接难度很大。在人社部于2014年颁发的《城乡养老保险制度衔接暂行办法》中，规定了城乡居民基本养老保险和企业职工基本养老保险具体的转移接续办法，要求将个人账户全部储存额转入对方制度的个人账户当中。换句话说，在衔接过程中，只转移个人账户基金，统筹部分的基础养老金不进行转移，并且并非所有参加居民基本养老保险人员都具有转移接续的资格，必须参与并缴费15年以上的职工基本养老保险的人员才能够具备资格。这就导致相当一部分农民工仍会被排斥在制度之外。许多农民工由于城镇居民基本养老保险门槛过高,不得不在原籍参加养老保险。

2.统筹层次问题

从制度要求来看,在全国范围内,职工基本养老保险都应实现省级统筹;但从现实情况来看,大部分省份的职工基本养老保险制度实行的是省级调剂金制度,地市一级主要进行基金管理,实际上仍然是市级统筹。目前城乡居民基本养老保险制度多是市县级的统筹层次,地方差异不利于参保人跨地区流动就业,因为这将产生养老保险关系转移接续的问题。

基本养老保险基金收支平衡的关键因素是制度内的抚养比。制度内的抚养比指的是,一名养老金领取人员对应的参保缴费人员数量。人社部近年的社会保险发展年度报告相关数据显示,养老保险基金不平衡现象存在已久,由于东部地区年轻人口较多,缴纳社保的较多,基金结余较多;而中西部地区老龄化程度高,养老基金支出大,则出现亏空。根据国家统计局网站公布的数据可知,现在养老保险基金支付最困难的一个省份是黑龙江省,其抚养比是1.3∶1;而广东的抚养比最高,为9∶1。统筹层次过低,我们将难以发挥基金规模整体优势,基金的抗风险能力自然会降低。因此,要实现城乡养老保障制度一体化,就要发挥基金使用的规模效应,在全国范围内统筹使用基本养老保险基金。

3.可持续性问题

从总体来看,与我国职工相关的基本养老保险基金是处于盈余状态的,受来自于各级财政投入规模的不断扩大的影响,基金的累计结余规模持续增加。财政部公布的2015年社会保险基金决算显示,当年财政补助为3893亿元,然而当年企业职工基本养老保险基金收支仅结余3462亿元。根据统计数据可知,当前我国财政收入增速明显放缓,但我国各方面对财政的需求也是一直在增加。因此,我国职工基本养老基金若长期依赖财政补助,该基金的收支平衡将很难持续。

(二)基本医疗保险城乡一体化面临的困境

1.不合理的筹资机制

第一,个人缴费比例偏低。我国政策规定,职工基本医疗保险的缴费中,个人为2%,企业为6%左右,二者分摊比例为1∶3。在国际上,国家对雇主和雇员的分担比例多数为1:1。第二,退休人员不缴费。在大多数国家,基本医疗保险对于在职人员和退休人员来说都是一样的,每个人都必须每年缴费才能够得到保障。举个例子,德国退休人员需要将8.2%的养老金拿出来进行缴费,由法定养老金承担单位缴费部分。但是在我国,城乡居民医疗保险采取终身缴费制,而城镇职工基本医疗保险参保人达到法定退休年龄时,一旦他们的累计缴费年限达到国家规定,他们可以不再缴费,并且他们能平等长久地享受医疗保险待遇。一般来说,疾病是最容易困扰老年人口的,这使得他们的医疗需求更多,远高于青年人。卫生部信息统计中心对2008年中国卫生服务的调查研究结果显示:"无论城市还是农村,慢性病患病率随年龄的上升而增高",60岁及以上的老年人口"两周患病率[①]为43.2%(城市53.4%,农村37.8%);慢性病患病率为43.8%(城市53.2%,农村38.9%)。在失能方面,4.0%的老年人长期卧床;7.3%的老年人很难听清楚;14.5%的老年人说话有困难;4.3%的老年人视力存在极度困难。城市和农村老年人生活起居需要照顾的比例分别为14.1%和12.8%。""随着年龄的增加,老年人的慢性病患病率呈上升趋势,60—69岁组为39.5%,而70—79岁组和80岁及以上组分别为48.8%和49.4%。"[②]随着我国人口结构老龄化越来越严重,若退休职工不缴费,那么我国基本医疗保险制度将难以持续。

2. 统筹层次不高与政策碎片化

基本医疗保险制度要发挥作用,就必须发挥其规模效应,该基金的规模越大,所能够承担的风险就越高。由于我国多用市县级统筹的基本养老保险基金,因此,我国的基本养老保险基金呈现出多元化和碎片化的特点。尽管自2016年以来,我国开始将新型农村合作医疗和城镇居民基本医疗保险进行整合,但是由于从制度建立以来新型农村合作医疗和城镇居民基本医疗保险在筹资和保障水平等方面存在着很大的差异,很多地方都难以整合,这将十分不

---

① 国家卫生服务调查通过询问调查前两周内被调查者患病情况来估算两周患病率,用每百人两周内患病人数或者例数(人次数)来表示。卫生部信息统计中心:《2008中国卫生服务调查研究:第四次家庭健康询问调查分析报告》,中国协和医科大学出版社2009年版,第23页。

② 卫生部信息统计中心:《2008中国卫生服务调查研究:第四次家庭健康询问调查分析报告》,中国协和医科大学出版社2009年版,第31、93、98页。

利于城乡社会保障一体化的最终实现。

（三）社会救助城乡一体化面临的困境

1.政策碎片化

2014年2月发布的《社会救助暂行办法》,建立了一个社会救助的框架体系,其中的主体是城乡低保、特困人员供养、受灾人员救助、医疗救助、教育救助、住房救助、就业救助和临时救助等制度,辅之以社会力量参与。由于救助对象类型不同,各项救助制度的功能定位也不同。但是,当前社会救助制度碎片化还很严重,这一问题体现在该制度与社会保险、不同福利政策之间缺乏统筹平衡。由于地方政府的急于求成,绝大部分社会救助政策都是只做"加法",拒绝做"减法",这就最终形成了各地方政府层层"打补丁"的"单向叠加",导致待遇叠加、政策碎片等问题,为进一步统筹城乡社会救助制度、实现城乡社会救助一体化增加了不少困难。

2.救助管理资源分散

我国社会救助是由不同的政府部门和组织进行管理的,其中涉及民政、人力资源社会保障、教育、残疾人联合会、住房城乡建设、卫生计生等十多个部门。各部门发布救援政策时,缺乏有效的沟通和融合,导致救援信息不共享,最终使得反复救援、遗漏救援与多头救援并存。由于社会救助资源多头管理,各部门衔接不足,使得社会救助政策缺乏整体安排和统筹考虑。虽然财政用于社会救助领域的投入在逐年增加,但是由于存在前述问题,使得财政资金使用效益和惠民政策效果大幅降低。[①]

四、新型城镇化进程中城乡社会
保障一体化的推进路径

在新型城镇化背景下,如何实现城乡社会保障一体化? 许多学者对社会

---

① 黄耀冬:《城乡一体化背景下的社会保障制度整合与优化研究》,中国社会科学院研究生院博士学位论文,2017年。

保障或社会福利的整体愿景进行了讨论。米红等提出了中国社会保障体系的
"三步走"战略,测算出当养老金替代率为 20% 时,我国东、中、西部较佳的城
乡社会养老保险衔接年份分别是 2028 年、2027 年、2024 年①。林毓铭将"相
机抉择"作为实现城乡社会保障体系对接的解决方案②。综合考量推进城乡
社会保障一体化的各种推进路径,总体思路就是实现从制度扩覆到制度整合。
结合当前新型城镇化背景,实现城乡社会保障一体化应当分清轻重缓急,优先
解决好城镇化进程中出现的失地农民和农民工的社会保障问题,使这两部分
群体融入城市社会保障体系,然后再从全局上做整体布局,从制度的全覆盖到
制度整合,从制度整合再到最后不断缩小城乡社会保障在待遇上的差距,让城
乡基本社会保障实现均等化。

(一) 率先解决好失地农民的社会保障问题

土地是农民赖以生存的物质基础,失地农民在城镇化进程中必然会出现,
解决失地农民社会保障相关问题是新型城镇化进程中必须要考虑的问题。为
了能够成功解决这一道必答题,有以下几点需要做到:

第一,对于失地农民在生活保障方面的需求,政府要妥善并积极解决,以
更好提供失地农民基本社会保障。对于失地农民的保障,应包括:"老有所
养、困有所助、病有所医",同时应注意对不同的失地农民应实行有差别社会
保障政策,具体标准应该根据失地农民劳动能力和失地多寡的具体情况。对
于失地农民的养老保险统筹应该也是有差别的,政府应根据年龄差距(职工
退休年龄减去农民失地时的实际年龄),割让出土地出让金中的一部分,以城
镇职工的标准为失地农民一次性缴纳一定年限的有关养老保险的统筹基金。
同时,应完善户籍制度,让部分完全丧失土地的农民成为城市居民,政府可从
土地出让金中一次性缴纳至少 15 年的统筹基金,个人缴纳个人账户基金,纳
入城镇职工养老保险制度。在医疗保险和大病统筹政策上享受城镇居民待

① 米红、王丽郦:《从覆盖到衔接:论中国和谐社会保障体系"三步走"战略》,《公共管理学报》2008 年第 1 期。
② 林毓铭:《城乡社会保障一体化:将进城农民纳入城镇养老保险体系》,《调研世界》2003 年第 10 期。

遇,做到应保尽保。

第二,创新解决失地农民的具体安置方式。具体是通过结合货币安置、就业安置、入股安置等多种安置办法,以更好满足失地农民的长远生计需求。

第三,政府对于年轻失地农民应加大人力资本投资方面的投入,以保障失地农民能够拥有就业机会。尤其要重视就业培训,增加部分公益性岗位以及技术含量较低的岗位,以增加他们的就业机会。对于有条件的村集体经济组织,政府应当积极鼓励创建物业公司和建筑公司等,开辟新的就业渠道,解决其就业问题。

(二) 重点解决好农民工的社会保障问题

农民工是城市建设中的一支重要力量,是我国城镇化进程中的一个特殊群体。解决好这一重要群体的社会保障问题,让其能够顺利进行市民化,是当前进行城乡社会保障一体化的关键一环。

第一,要根据农民工自身特点进一步完善这一群体的社会保障办法,包括基本社会保障制度以及大病统筹保障制度等,为将来完全纳入城镇职工社会保障体系做好准备。

第二,尽快放开户籍身份等限制,把农民工彻底转换成城市市民,在城市社会福利和社会救助体系中将农民工完全纳入进来,让农民工能够平等享受城市公共服务。

第三,要根据农民工流动性特点,将社会保险关系转移接续办法真正落实好。

(三) 破除社会保障制度的城乡二元结构,实现制度的并轨和整合

1. 做好统筹规划和顶层设计,自上而下推进社会保障城乡一体化

我国社会保障制度实践习惯于采取"试点先行"的改革策略,虽然这种策略可能会避免大范围失误的风险,但是如果从整体上推进城乡社会保障体系一体化,绝非可以通过地方政府单打独斗能完成的。因此,应当在中央政府主导下,对于现行社会保障制度进行全面评估,主要从主管部门、相关部门、研究机构等不同视角进行,尤其是要充分了解城乡二元分割状况及其产生的不良

效果。通过对试点经验的总结，以及按照新型城镇化的总体要求，首先对不同的保障项目和制度尤其是基础保障制度制定出操作性较强的方案，从而顺利实现自上而下的整体推进。

2.加快实现城乡社会救助一体化，形成城乡统一的社会救助体系

当前城市居民最低生活保障制度与农村居民最低生活保障制度并行，在救助标准和给付水平上存在较大差异，有失公平。为了解决这一问题，最好的办法是实现两种制度并轨，促进我国城乡居民最低生活保障制度尽早形成。当城乡最低生活保障制度形成后，应当将城乡其他社会保障制度进一步并轨，如城乡社会救助中的医疗救助、灾害救助、教育救助和司法援助等项目，最终实现我国城乡社会救助一体化。具体做法如下：

第一，加大中央财政投入，整合社会各界救助资源。提高中央财政投入社会救助的比例，明确要求新增的财政收入优先用于社会救助，重点向农村倾斜。完善社会募捐机制，发挥福利彩票募集社会救助资金的功能，并使其规范化和制度化。发展慈善事业，通过社会捐助募集救助资金。

第二，通过推动部门协作，整合社会救助职能，对社会救助管理实行城乡一体化。首先要对当前分布于各个部门和单位的社会救助工作进行剥离和整合，其改革思路是"决策、执行、监督"的三位一体。通过整合各部门的行政资源，将社会救助事项进行统一的组织、协调和管理，实现统一的社会救助信息管理平台以及统一的社会救助业务管理机构和监督管理机构。

第三，为完善社会救助监督体系，需要进一步整合社会救助监督机构。统一各种专项救助业务的监督管理，如司法部门管理的法律援助、建设部门管理的住房救助和教育部门管理的教育救助等方面，逐步将社会救助监督管理机构纳入国家统一的社会保障监督管理机构，将司法监督、行政监督和社会监督三者相互结合的监督体制真正落到实处。

3.基本养老和医疗保险制度全面推行城乡居民一体化，进一步实现城乡居民与城镇职工的制度并轨与整合

医疗保障制度方面，国家应基于各方面的差异性，如地区发展不平衡以及不同地区间对医疗保障制度供给程度的差异性，考虑扩大统筹区域层次以能够有效地满足医疗风险分担的大数法则，与此同时也应当结合当地的流行病

规律和医疗保障服务具体情况,在尽量层级高的统筹区域范围内,如省级、国家级等,实现医疗保险制度城乡一体化。也就是说,对于各种医疗保险制度,要将职业和身份的壁垒进行破除,将服务购买、费用支付机制、管理和运行体制进行统一,并且在费率和待遇支付水平方面要不断缩小差距,最终使得统一的国民医疗保险制度建立起来。

在社会保障城乡一体化中,需要解决一个关键问题,就是要全面加强区域卫生规划,提高医疗卫生服务的资源可得性。增量的公共卫生资源投入应该向农村尤其是落后的农村地区倾斜,按照人群的地理分布合理配置医疗卫生资源的数量和质量。

养老保障方面,在巩固现行的城镇职工基本养老保险以及城乡居民基本养老保险制度的基础上,进一步将现存的机关事业单位职工基本养老保险制度、城镇职工与城乡居民养老保险制度进行并轨,真正实现养老保险制度的一体化。国民基本养老保险制度的保障对象包括全体公民和在中国居住达到一定期限的外国人;资金来源以征收社会保障税来获得;采用现收现付的财务模式,原有三种基本养老保险的个人账户纳入补充养老保障体系,或和原有的补充养老保险合并或形成个人储蓄养老保险或购买商业保险。与此同时,国民基本养老保险的发放采用均一制,发放标准随着经济发展水平和人们收入水平的提高而不断提高,使各种补充养老保险获得充分发展。

第十一章　新型城镇化进程中的
乡土文化传承问题

　　文化是一个国家、一个民族的灵魂。随着城镇化的快速发展,"城镇"与"乡土"、"城镇文化"与"乡土文化"之间的关系等问题摆在人们面前。新型城镇化本身给乡土文化及其传承带来的影响是什么? 新型城镇化需不需要乡土文化的传承? 乡土文化在新型城镇化进程中又应当发挥什么样的作用? 它们之间应该是一种什么样的关系? 这诸多问题都需要给予明确回答。我们知道,城镇是由乡村发展而来的,乡土文化是城镇文化的根基,对于一个建设中的城镇来讲,我们应该怎样重视文化,尤其是乡土文化的传承与建设;如果以新型城镇化理念建设的新型城镇没有自己的文化传承,没有城镇建设之前的乡土文化,就会割裂了新型城镇的"本源",就形成不了自身特色,其优势就发挥不出来,必然会出现"千城一面"、"千镇一面"的现象。因此,在新型城镇化进程中,不能再建设没有发展根脉的一座座"城镇",要在优秀乡土文化的传承中建设新型城镇,这样才能秉持新型城镇化的理念、建设新时代我们需要的新型城镇,更好地满足群众对美好生活的需求。所以,新型城镇化比较突出的一个特点就是,必须更加重视"文化因素",使得优秀乡土文化能够得到有效的传承。

一、乡土文化的内涵特征及其意义

(一) 乡土文化的内涵

尽管文化研究已经成为当代社会科学领域的显学之一,但是学界对"文化"概念及内涵的认识还存在着不小的差距。我们依据中国著名社会学家费孝通先生关于文化研究来理解和分析本文中的研究对象——乡土文化。费孝通先生认为："'文化'指的是一个民族，或者群体，共有的生活方式与观念体系总称"。① 同时，费孝通先生对中国传统乡土社会进行了系统深入的分析，认为中国文化是土地里长出来的，而且是一直在土地的封锁线内徘徊：一方面国家的收入要靠田赋，另一方面农民的收入要靠农产，离开了土地就没法生存。② 据此，我们可以将乡土文化做如下定义：乡土文化是指共同生活在乡村中的民族，或者群体，在长期的历史中逐渐形成、发展起来的特有的、相对稳定的生活方式与观念体系的总称。因此，这种以乡村为背景而诞生、发展、演化的乡土文化自然也就成为传统社会中的核心文化，乡土文化也便成为中华民族五千多年文明历史所孕育的中华优秀传统文化的重要组成部分，是中华民族永远的底色。一般来说，乡土文化具有以下三个典型特征。

1. 乡土性

乡土文化最为核心的特征便是"乡土性"，也可以称之为地方性。这种乡土性是在特定的空间内形成的，换句话说，这是乡土文化生成的"土壤"。费孝通先生指出，中国传统社会结构中的乡土性特征，最为明显的便是人与空间关系的不流动性。因而，共同生活在特定空间的民族或群体所产生的乡土文化，自然也就会带有特定空间、区域下的乡土特性。③ 在中国传统社会的发展进程中，"安土重迁"成为中国乡土文化中的常态，形成了中国传统的农耕文化、农耕文明，深深地融入到了中华优秀传统文化之中。当然，安土重迁并不意味着从来没有进行变迁的可能，相反，受战乱等因素的影响而导致的流离失所乃至大规模人口迁移的事件也屡见不鲜，但这种迁移并非常态，其最终仍然是找寻相对稳定区域、相对稳定的生活状态，并在这种相对稳定区域内对原有生活方式与观念体系的继承、改造，继而重新塑造成该区域内群体共同拥有

---

① 《费孝通九十新语》，重庆出版社 2005 年版，第 164 页。

② 费孝通：《土地里长出来的文化》，转引自崔丽华：《在现代化进程中铸建乡村精神家园——以农村文化礼堂建设为例》，《理论视野》2018 年第 11 期。

③ 康继元：《历史唯物主义视野下的中国乡土文化变迁》，河南师范大学硕士学位论文，2017 年。

的、特有的、相对稳定的生活方式与观念体系。

2. 伦理性

乡土文化诞生于中国传统社会,尤其是乡土社会之中,因而,其不可避免地对中国传统的乡土社会具有一定的依附性,形成一种以道德准则、伦理规范为主要特征的十分浓厚的"伦理性"。而乡土文化的这种伦理特征逐渐成为人们日常生活的一部分,使得成员间建构了一套独特的权利义务关系,严格地限定、约束着乡土社会中人们的行为方式,也实现了社会在道德意义上的整合。

3. 强人际关系性

乡土社会是熟人社会,诞生于乡土社会中的乡土文化,表现出熟人社会的典型特征——强人际关系性。费孝通先生认为,在传统社会里,人们或血缘、或地缘、或姻亲织成了一张张庞大而复杂的关系网,彼此熟悉,彼此关照,沟通关系、打通关节、解困排忧,同时也可以寻找捷径、超越规则、营私舞弊,甚至徇情枉法。[①] 对此,罗伯特·埃杰顿认为:"乡间社会的特点就是道义和情感义务、人与人之间亲密无间、社会凝聚和持久的连续性。这都是乡间社会的特点,而人们转向城市生活以后就不复存在了。"[②]

(二) 乡土文化在新型城镇化进程中的意义和价值

随着城镇化快速发展,我们可以发现,乡村人口和乡村的数量都正在急速地减少,乡土文化被边缘化甚至遭受到了毁灭性的破坏,是不是乡土文化对于城镇化、新型城镇化就没有意义和价值了呢? 这个问题也一度得到大家广泛的研究和探讨。纵观国内外城镇化的理论与实践,结合中国 5000 年发展史,我们认为,新型城镇化建设离不开乡土文化,应该在深度融合乡土文化、现代城市文明基础上进行城镇化建设。具体来说,乡土文化在新型城镇化中有以下意义和价值。

1. 乡土文化是新型城镇文化建设离不开的传统文化基因

城市和乡村是对立统一体。乡村的经济社会发展是城镇的基础。新型城

---

① 张永谊:《从"熟人社会"走向"法治社会"》,《中国发展观察》2013 年第 9 期。

② 塞缪尔·亨廷顿等:《文化的重要作用——价值观如何影响人类进步》,程克雄译,新华出版社 2002 年版,第 194 页。

镇化是建立在现代文化基础上的城镇化。新型城镇文化的建设离不开中国优秀传统文化,而优秀乡土文化是中国优秀传统文化的重要组成部分,因此,新型城镇文化的建设必须要继承、吸收优秀的乡土文化。这是新型城镇文化建设必需的传统文化基因,离开了这个传统文化基因,就割断了所谓现代城市文化的"根",新型城镇文化也就成了无本之木、无源之水,可能成长为"四不像",成为没有灵魂的一堆堆钢筋水泥的组合物。所以,需要我们用历史的眼光审视乡土文化的意义和价值。新型城镇文化建设离不开这些世代累积的知识和经验,更离不开经过实践证实的、行之有效的社会共同经验,因为乡土文化有一套自己完整的知识体系,我们建设新型城镇化不能简单地用外部性的眼光,用另一套知识体系来简单评判。我们需要在建设新型城镇化进程中用历史的眼光审视乡土文化,这些乡土文化是我们中华文化的重要根脉和宝贵文化遗产,是中华文化不断生长的丰厚文化土壤。

2. 乡土文化是城乡融合发展的巨大文化资本

新型城镇化的一个显著特征是实现城乡统筹、城乡一体化。而乡土文化因为其在与自然相处的过程中诞生、发展、演化所呈现的文化多样性和特殊性,更好地契合了新型城镇化的要求,将成为新型城镇化进程中巨大的文化资本,在城乡融合发展中发挥其应有的作用。一方面,随着交通条件的改善、互联网信息技术的运用、现代传播手段的使用,使得城乡的时空距离逐渐从过去的发展障碍变成了发展的有利条件,为乡土文化和城市文化的融合提供了基础和条件。另一方面,随着乡村生活条件的改进、乡村休闲农业、观光农业的发展、乡村人口的流动,使得原本生活在两个相对孤立空间的群体有了进一步的流动、交往,甚至是相互学习,使得乡土文化存在的乡村土壤开始产生变化,乡村人的生活生产方式也产生了潜移默化的变化,使得乡土文化在新型城镇化的进程中得到了自我改变、迁移和净化;也使得城市人对乡村、乡村人、乡村文明有了更进一步、更深刻的了解和理解,对美丽田园、诗意栖居、农耕文明的向往和追求,也对城市文化产生了正向影响。这些都使得生生不息的农耕文明历史积淀的乡土文化和现代文明集中地的城镇文化,在这种融合发展中形成更适合时代发展的文化张力,使得城乡之间有了更为深厚的融合基础、桥梁和枢纽,成为新型城镇化进程中巨大的文化资本,更好地建设广大人民群众需要的美丽家园,建设满足人民群众美好生活需求的城镇。

3.乡土文化是生态文明建设的重要基石

生态宜居,是新型城镇化的基本特征之一,是中国生态文明建设的具体内容和基本要求,也是推进中国新型城镇化的基本要求。早在 2005 年 8 月 15 日,时任浙江省委书记的习近平同志在视察浙江余村时提出"绿水青山就是金山银山"的科学论断;2015 年 3 月 24 日,"绿水青山就是金山银山"被写入《关于加快推进生态文明建设的意见》的中央文件;党的十九大报告中再次指出,"建设生态文明是中华民族永续发展的千年大计。必须树立和践行绿水青山就是金山银山的理念,坚持节约资源和保护环境的基本国策,像对待生命一样对待生态环境。"①以习近平同志为核心的党中央,把生态文明建设摆在改革发展和现代化建设的全局位置,开创了生态文明建设和环境保护新局面,要求我们在新型城镇化进程中,紧紧遵循人与自然和谐共生的基本原则来尊重自然、顺应自然、保护自然,推动形成绿色发展方式和生活方式,尤其是推进新型城镇的产业结构、空间结构、能源结构、消费方式的绿色转型。

中国的乡土文化蕴含着丰富生态智慧的地方性生态知识,是构建中国生态文明的重要文化基因,传统村落是建设具有中国特色生态宜居新型城镇的基础平台。乡土文化在广大农村中具有广泛的群众基础,容易被动员、组织和利用,乡土文化是中国特色生态宜居新型城镇走多样化发展道路的文化依据,也是在广大乡村推行绿色生活方式的深厚的文化传统。把中国特色生态宜居新型城镇建立在深厚的乡土文化基础上,会取得事半功倍的效果。但是,目前我们在推进城镇建设的过程中,对自然生态环境的态度和理念,对城镇绿色发展和绿色生活方式的推广和重视,却很少有人进行系统性的挖掘,虽然也有一些学者在进行研究,可是更多的只是理论上的探讨,从具体城镇化建设的实践和操作层面上来看,并没有引起政府的足够重视,这些优秀的文化基因在生态文明建设的大背景下并没有发挥它们应有的作用。

① 习近平:《决胜全面建成小康社会　夺取新时代中国特色社会主义伟大胜利——在中国共产党第十九次全国代表大会上的报告》,人民出版社 2017 年版,第 23—24 页。

4. 乡土文化是新型城镇持续健康发展的持久发动机

2013 年 12 月,习近平总书记出席中央城镇化工作会议时强调,要以人为本,推进以人为核心的城镇化,更加注重提升人民群众获得感和幸福感,把促进有能力在城镇稳定就业和生活的常住人口有序实现市民化作为首要任务,促进中国特色新型城镇化持续健康发展。因此,城镇化不仅仅是物的城镇化,更重要的是人的城镇化,以人为核心才是新型城镇建设与发展的本质。城镇的发展终究要依靠人、为了人,尤其是人的获得感和幸福感,更重要的是对人精神世界的满足和丰裕,这是新型城镇能够持续健康发展的内生动力、持久的发动机。

乡土文化是在长期的生产生活实践中处理人与自然的关系、人与人的关系、人的物质需求与精神需求的关系过程中而创造出来和总结出来的生产和生活方式,其中使得乡土文化之所以能够随着千年的变更而流传下来,不但是因为乡土文化中既有世代累积和总结的与满足生存需要的系统性的地方性知识,也有实现地方自治的一系列制度的安排和文化的传统,更有满足精神需求的文化活动,才使得它们能够更好地满足精神需求。而这些在乡土文化中存在着的满足精神需要所创造的文化主张、精神文化和精神内核,恰恰是新型城镇化进程中需要传承、吸收、融入的重要内容,是确保新型城镇能够持续健康发展的悠久动力。

5. 乡土文化是促进新型城镇经济发展的传统基因

朱方长、李红琼认为,乡土文化传统具有对农村经济直接或间接作用的功能。乡土文化传统经济功能的发挥可以通过多种有形的、显在的方式来实现:一是通过外化为乡土文化产品,指乡土文化中无形的审美观念、思想观念等精神形态资源,通过特定的物质载体,形成的用于交换的实体性产品和服务。二是通过外显为乡土文化景观,是由自然因素和乡土文化因素综合而成的、存在于地表并占据一定地理空间的文化生态体系,乡土文化景观中物质因素的独特组合若能与独特的人文活动相结合,将能构成一幅有吸聚力的乡土旅游景观,从而获取经济效益。三是通过外现为乡土文化经济活动,有两种基本方式,一种是松散的非组织形式的联姻,又称为"文化搭台、经济唱戏";另一种是紧密的有组织形式的联姻,又叫作经济文化联合体。四是通过外化为农业生产活动的组织部分,有些做法使乡土文化传统与农业生产活动有机结合起来,并使乡土文化传统发挥着弥补传统农业生产技术不足的重要生产技术功能。乡土文化传统还会在内隐层面以多种方式影响农村经济活动,如内成为农民生产劳动的精神和力量、内合为具有经济吸聚力的"气场"、内作为农业技术进入农业生产的文化过滤器、内构为乡土社会组织结构的控制性规范。①

　　促进经济繁荣发展,是加快新型城镇化发展的应有之义。中共中央政治局常委、国务院总理李克强指出,城镇化是现代化的必由之路,是中国最大的内需潜力和发展动能所在。全面推进新型城镇化建设,为促进经济中高速增长、迈向中高端水平注入强劲动力。② 因此,在新型城镇化发展进程中,着重加强新城镇对农村建设、发展的辐射带动作用,带动农村一、二、三产业融合发展。所以,我们有必要深入科学挖掘乡土文化的经济功能,正确看待和发挥乡土文化传统的经济功能,可以更好地促进新型城镇的发展,又可以有利于乡土文化的传承。

二、新型城镇化进程中乡土文化 传承面临的基本问题

　　新型城镇化进程中,加强对乡土文化传承方面的研究和具体实施,有利于促进新型城镇化发展的速度和质量。但是,在新型城镇化进程中实施乡土文化传承也遇到了不少的问题,主要表现在以下四个方面:

(一) 新型城镇化进程中乡土文化传承的基本理论问题研究不够深入

　　大量学者对传统乡土文化进行了深入研究,有的对中国传统的乡土社会进行了系统深入的分析,有的对变迁中的乡土中国进行了大量的调查研究,也有的对乡土中国进行了理论上的再认识,还有的从农业文化遗产、新农村建

---

① 朱方长、李红琼:《乡土文化传统的经济功能分析》,《求索》2005 年第 12 期。
② 《习近平李克强对深入推进新型城镇化建设作出重要指示批示》,2016 年 2 月 23 日,见 http://www.gov.cn/guowuyuan/2016-02/23/content_5045328.htm。

设、乡村振兴战略的视角研究了乡土文化。但学术界从新型城镇化视角的研究,相对于新型城镇化进程来说,是远远不够的。用"乡土文化"作为"主题"在中国知网的期刊、博硕论文、报纸、会议数据库进行检索,共检索到5395条文献,其发表年度趋势见图11-1,其中,研究学科分布结果显示,排在前十位的是:中国文学(19.34%)、建筑科学与工程(15.22%)、文化(12.05%)、中等教育(8.04%)、旅游(5.91%)、农业经济(5.35%)、教育理论与教育管理(3.92%)、政党及群众组织(3.80%)、社会学及统计学(3.26%)、戏剧电影与电视艺术(2.63%)。而在"乡土文化"作为主题结果下、再输入"新型城镇化"主题在中国知网的期刊、博硕论文、报纸、会议数据库进行检索,仅仅检索到62条文献,研究学科分布结果显示:宏观经济管理与可持续发展(34.15%)、文化(20.73%)、建筑科学与工程(10.98%)、农业经济(6.10%)、社会学及统计学(4.88%)、教育理论与教育管理(3.66%)、旅游(2.44%)等,其他学科研究基本是一篇文献。①

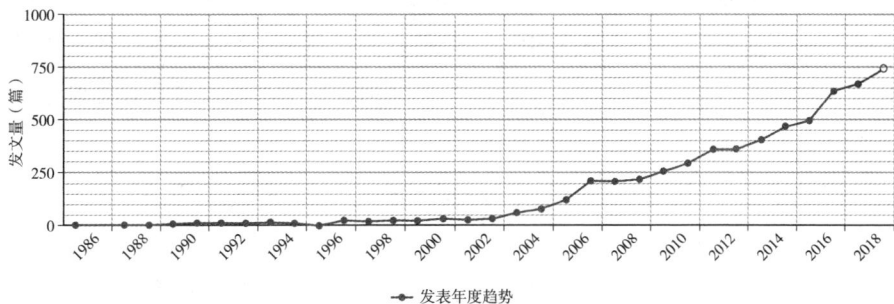

图 11-1　关于"乡土文化"主题发文年度趋势

从具体研究的内容来讲:一是没有从学理上研究清楚乡土文化随着生产力发展而其自身的发展、演变、变迁的内在规律。随着现代社会的发展、城市文明的推进,乡土文化变迁是其随着时代大潮所作出的必然转变,涉及传统文化与新型文化两个层面的内容。学界对这个问题也早有研究,认为乡土文化作为传统的文化形态在社会现代化转型的大语境中,其文化的整一性面临着瓦解的危险,但是乡土文化仍然有着强大的生命力,在当代文化建构中有着举

---

① 数据来源:中国知网检索数据,2018年7月27日。

足轻重的意义。这种判断是客观的,因为文化从来不是恒定不变的,而是处于不断变迁之中,只是当文化变迁过于激烈时,人们往往会关注其一面而忽略了另一面。而相对于轰轰烈烈、红红火火的新型城镇化来讲,我们需要研究清楚,在这种文化变迁过程中,传统乡土文化内在的演变规律是遵循怎样的逻辑,演变的趋势是朝着什么方向进行,是顺其自然进行演变,还是进行引导式的向前发展,其趋势发展的目标是什么等等问题,在研究文献中并没有给出清晰的说明和表达。二是没有研究清楚乡土文化与新型城镇文化是如何融合的。社会存在决定社会意识。乡土文化是自然经济时代、形成于乡村地区的区域性文化,现在中国广大乡村发生了翻天覆地的变化,传统乡土文化存在的社会基础产生了很大的变化,变化了的社会基础,必然产生新的生产生活方式和观念体系,必然带来乡土文化的巨大变化;同样道理,作为产生于现代社会基础上的城市文明来讲,城市文化、城市文明自然代表着这种社会存在基础上的产物。当两种文化遇到一起的时候,是如何进行耦合、发展、演变成一种符合时代发展需求的新型城镇文化、文明的呢? 其工作机理是什么? 工作机制又是如何? 这些问题如果说不明白,研究不清楚的话,又如何指导新型城镇化? 又如何提升新型城镇化的质量呢? 又如何让广大群众享受到新型城镇化进程中的获得感、幸福感和安全感呢?

因此,从以上数据及其研究内容来讲,对乡土文化的研究虽然有多种学科视角,并且这些研究成果对乡土文化的研究也达成了一些共识,但站在新型城镇化视野深入研究乡土文化的成果不多,而且对新型城镇化进程中要建设的城镇文化、城镇文明如何与乡土文化进行融合的研究成果极为少见。很明显,在新型城镇化背景下对乡土文化的价值认识、理论研究还需要更为深入、更为系统、更为全面的把握,表象的、静止的、局部的把握无法实现对乡土文化理论研究的与时俱进,远远不能满足中国快速城镇化发展的实践需要。

(二) 在新型城镇化进程中乡土文化传承面临被解构的危险

从中国社会发展变化来看,中国社会发生着剧烈的社会转型与社会变迁,工业化、城市化、现代化是其主要特征。在这个阶段,技术进步、经济增长、观念改变重新塑造了人们的生活状态、提升了人们的生活水平。与此同时,"社会生产要素包括人口、非农产业、资本、市场等社会要素,也由分散的农村向现代城市集中并逐渐增长,农村生产方式、生活方式、思维方式和行为方式发生城市性的大变革。"①在这一进程中,大量的农村资源被"整合"或"掠夺"到城市,构建起了城市支配农村、城市剥夺农村但农村又被城市深深依赖的不平衡的城乡关系。传统的礼仪、习俗、道德规范和有价值的村落文化等观念层面的乡土文化却在市场化和现代化大潮中被弱化,甚至被边缘化,乡村社会的生活方式渐渐失去了原有的风貌,乡村人际交往规则也慢慢脱离了传统习俗和契约的影响,取而代之的是鳞次栉比的高楼大厦、油光的柏油马路和时尚的消费文化,是原子化的个人情怀、功利主义的人际交往规则、物质主义的主流价值观和理性化的交往方式。同时,在现代化进程中,社会转型与社会变迁前所未有的剧烈,但农民似乎很少抱怨,在他们看来,机械化取代人牛合力犁田,猪圈、牛栏被拆除,年轻时使用的农具卖给傻气的城里人(农具收藏家),这是过上幸福生活的标志。毫无疑问,农民对于自身的文化变迁是非常漠然的,实际上正在遭遇着文化认同危机。因此,在此背景下,传统的乡村结构和乡村关系已不再适应市场化和现代化的发展需要,优秀的民间文化特别是大量的传统乡土文化面临着濒临灭绝的危险。

(三)在新型城镇化进程中乡土文化传承面临悖论挑战

《国家新型城镇化规划(2014—2020年)》中明确指出,走中国特色新型城镇化道路,必须坚持"文化传承,彰显特色"的基本原则,"根据不同地区的自然历史文化禀赋,体现区域差异性,提倡形态多样性,防止千城一面,发展有历史记忆、文化脉络、地域风貌、民族特点的美丽城镇,形成符合实际、各具特色的城镇化发展模式。"②这为当地党委政府指明了在推进新型城镇化发展过程中,要更加注重乡土文化传承的发展方向。然而,政府主导和强力推动在新型城镇化实际的工作中,存在着实践上的悖论挑战,出现"说起来重要,做起来不要"的尴尬结果。

---

① 颜廷平:《近十年来我国农村城镇化若干问题研究综述》,《理论与当代》2011年第1期。
② 《国家新型城镇化规划(2014—2020年)》,《人民日报》2014年3月17日。

　　现实中的这些悖论挑战表现在以下三个方面:一是乡土文化识别的悖论,我们是以排斥现代性的心态保存乡土文化的传统性,还是以抛弃传统性的方式融入现代性? 二是乡土文化市场化生存的悖论,在新型城镇化中,我们对待乡土文化,是定位于过去的保护,还是以城镇化的现代性带动乡土文化的开发与利用? 又或者乡土文化依旧固守于传统的生存形态,还是转向具有时代气息的现代化市场生存? 三是乡土文化认同的悖论,传统性要求城镇居民首先要认同乡土文化,才能进一步保存和开发乡土文化,而现代性则要求乡土文化必须具备现代文化的认同要素,才能满足城镇居民对现代生活方式的追求认同,这即是传统性和现代性在乡土文化认同上的悖论。[1] 如果我们的新型城镇化的开发和推进主体依然存在着认识上不清晰、不到位、不及时问题,对这些悖论没有一个明确而深入的认识和理解,在具体进行建设新城镇过程中,就会忽视了不同地区的自然历史文化禀赋、地域风貌、民族特点,结果只能会出现"千镇一面"、"千村一面"现象;更会忘记了历史记忆、文化脉络,割裂了城镇文化建设的乡土文化传承,逐渐忘记了我们是从哪里来的了,终究会违背了推进新型城镇化快速发展的终极目的。

(四) 在新型城镇化进程中乡土文化传承面临主体缺失的问题

　　一般来说,乡土文化是指以农民为主体,以乡村社会的知识结构、价值观念、乡风民俗、社会心理、行为方式为主要内容,以农民的群众性文化娱乐活动为主要形式的文化类型。乡土文化的根本属性,是农业的生产性、农民的生活性及农民生产与生活的变化所带来的文化变迁。从这个层面来讲,乡土文化传承的主体应该是"农民",而现在真正意义上的传统农民也产生了很大的变化,有些身份变化为"城镇居民",但他们是新型城镇化进程中乡土文化传承的主体吗? 谁在推进城镇化的快速发展? 新型城镇化的推动主体和新型城镇化进程中乡土文化传承的主体意愿一样吗? 城镇居民愿意认同乡土文化吗? 愿意传承这些乡土文化吗? 这些问题急需解决。

---

[1]　周德新:《乡土文化开发利用中的传统性与现代性悖论及其克服》,《理论导刊》2011 年第 9 期。

为什么要快速提高城镇化发展水平呢? 因为其意义重大。《国家新型城镇化规划(2014—2020 年)》明确指出,"城镇化是伴随工业化发展,非农产业在城镇集聚、农村人口向城镇集中的自然历史过程,是人类社会发展的客观趋势,是国家现代化的重要标志"、"城镇化是保持经济持续健康发展的强大引擎"、"加快产业结构转型升级的重要抓手"、"解决农业农村农民问题的重要途径"。诚然,随着生产力水平的提高、现代文明的推进,城镇化是社会向前发展的一种客观必然和趋势,但是在实际推进的过程中,各地党委政府及其相关部门是实施城镇化的主体,他们考虑的更多的可能是"经济"效果、走出农村贫穷的迫切需要,使城镇化背负着扩大内需、拉动增长的重任。据不完全资料统计,"一个城市居民的消费水平相当于三个农民,城镇化率每提升 1 个百分点,将带动消费 1012 亿元,消费多增加 0.8 个百分点。"①在物质消费和追求经济利益的影响下,作为城镇化推进主体在实施过程中,容易出现工作上的"异化",使得乡土文化传承的主体缺位、不到位,不可避免地会导致乡土文化面临生存危机,乡土文化传承就更无从谈起了。

三、新型城镇化进程中乡土文化传承的路径选择

(一) 科学认识乡土文化价值,以制度化形式考核其在新型城镇化进程中的存在元素

只有认识了乡土文化的价值,内化于心,才能落实到行动上。《国家新型城镇化规划(2014 — 2020 年)》中明确指出,在新型城镇化进程中必须坚持"文化传承"的基本原则,必须"根据不同地区的自然历史文化禀赋,体现区域差异性,提倡形态多样性,防止千城一面,发展有历史记忆、文化脉络、地域风貌、民族特点的美丽城镇"。这条基本原则明确告诉我们,在这一轮的新型城镇化进程中,必须要坚持乡土文化传承。这样推进的新型城镇化,才能够建设

---

① 李志兰、陆云:《"十二五"时期我国城镇化面临的问题与挑战》,《广西城镇建设》2011 年第 2 期。

成体现这个地区自然历史禀赋的城镇,才能够建设成有这个地区历史记忆、文化脉络的城镇,也才能够称之为有地域风貌、民族特点的美丽城镇。有乡土文化传承的新型城镇,才是有灵魂的城镇。正如习近平总书记曾经指出,"不忘历史才能开辟未来,善于继承才能善于创新。优秀传统文化是一个国家、一个民族传承和发展的根本,如果丢掉了,就割断了精神命脉。"①所以,中国各级党委政府在推进新型城镇化进程中,必须要深刻认识到乡土文化传承的意义和价值,把它作为推进新型城镇化进程中一个"紧箍咒",时刻放到脑中、记在心中,这样才能够实现中国特色新型城镇化的终极目标。

然而,仅仅认识到乡土文化传承的意义和价值,仅仅是时刻记在心中,是远远不够的,必须要出台相应的考核评估制度,量化其在新型城镇化建设中的存在元素,比如,新型城镇的哪些规划、哪些场景、哪些区域体现了本区域的自然历史文化禀赋,哪些部分体现出了本地区的历史记忆、文化脉络、地域风貌和民族特点等。只有这样,才能够在新型城镇化进程中使得乡土文化传承理念真正落地。

(二) 加大基本理论研究,为新型城镇化进程中乡土文化传承提供理论指导

马克思主义认为,理论的价值主要在于理论对实践具有巨大的指导作用。要科学有效推进新型城镇化进程中乡土文化的传承,离不开对新型城镇化进程中乡土文化传承的基本理论问题的研究。前文中我们提到过,新型城镇化进程中乡土文化传承的基本理论问题的研究,与轰轰烈烈、红红火火的新型城镇崛起力度、势头相差太远,远远不能有效满足实践的需求。因此,亟须从基本理论上作出卓有成效的研究,才能为新型城镇化进程中乡土文化传承扫清理论上的障碍,既可以丰富乡土文化传承的理论宝库,又可以有利于在新型城镇化进程中保护和继承优秀乡土文化。

第一,加强对乡土文化本身问题的研究。伴随着现代化的发展和转型,乡土文化未来发展走向是怎样的? 有学者指出其面临严重的发展危机,"农民,

---

① 《习近平谈治国理政》第二卷,外文出版社 2017 年版,第 313 页。

这个被现代化工具宣判了死刑的阶层，正在等待寿终正寝的日子，对他们来说，土地的魅力已经完全丧失。他们唯一的希望就是现钞。好在儿女们的肌肉并没有随古老的工具消失而消失。儿女们将肌肉能量转移到城市的水泥上去了。在最后的日子里，老农们显得十分平静。猪围、牛栏拆除了，古老的农具变卖给收藏家了，锄头上的泥土已经清洗，高高地挂在了墙壁上。他们一边搓麻将，一边盼望着邮差的到来。"①实际上，这里需要研究的是，乡土文化存在所依赖的条件是什么，进一步说，乡土文化离开了什么条件就不存在了？离开这些条件和环境，如土地、乡村、农民式的生产生活方式，乡土文化还是我们的乡土文化吗？这应该是对乡土文化自身研究亟须解答的问题。但是，孙庆忠的研究认为，农业的凋敝以及乡村文化的蜕变都是乡土文化危机的表象，是"离土"之"形"，而那些按照固有的惯性存活在乡村的生活观念和价值体系乃是"乡土"之"神"，"形散"而"神聚"才是乡土文化的实质。② 如是这样，乡土文化传承的载体又是什么？如果这些问题理论上搞不清楚，那么乡土文化传承又如何落地呢。

第二，加强对新型城镇化文化建设问题的研究。新型城镇化与传统城镇化的最大不同，在于新型城镇化是以人为核心的城镇化，注重保护农民利益，与农业现代化相辅相成。不能为城镇而城镇，发展城镇的目的是为人服务。这样，新型城镇化更需要文化建设，创造良好的人本环境，使城镇更具有人情味，形成良好的人本气氛，满足人的文化需求，能够促进人的自由而全面的发展。这应该是新型城镇化的核心理念和终极目标。我们认为，这里所说的"人"，应该是具体的人，生活在城市群、大中小城市和小城镇中的人，而小城市和小城镇中的"人"大部分应该是由"乡村"转移到"城镇"中来的。这样才能更科学合理地来研究新型城镇化文化建设的问题，诸如新型城镇化进程中建设的新型城镇需要建设什么样的文化、文明。这个基本问题搞清楚，才能够真正实现以人为核心的城镇化。

---

① 张拧：《土地的黄昏——中国乡村经验的微观权力分析》，东方出版社 2005 年版，第106 页。
② 孙庆忠：《离土中国与乡村文化的处境》，《江海学刊》2009 年第 4 期。

（三）切实发挥政府引导作用，为新型城镇化进程中乡土文化传承提供多元落地方案

从新型城镇化推进实践来看，政府是新型城镇化进程中的推动主体。所有新型城镇化的理念和任务，要通过各级政府来推进和落实，因此，各级政府的作用发挥如何，直接关系到新型城镇化的质量和速度，更直接关系到新型城镇化进程中乡土文化传承的品质。

1.切实履行政府在新型城镇化进程中制定乡土文化传承规划及其相应政策、营造制度环境的重要职责

各级政府应该根据资源环境承载能力、乡土文化传承规律，规划科学合理的城镇化宏观布局，优化城镇内部空间结构，建设有历史记忆、文化脉络、地域风貌、民族特点的美丽城镇，形成符合实际、各具特色的乡土文化传承模式。

2.善于把弘扬优秀乡土文化和发展城镇现实文化有机统一起来，引导乡土文化积极变迁

随着现代社会的发展，乡土文化整一性的破裂是个严峻的问题，但这也是社会变革与文化变迁的必然结果。因此，在乡土文化的这个变迁过程中，政府应该积极地在挖掘优秀乡土文化的基础上，把弘扬优秀传统乡土文化和发展城镇现实文化有机统一起来，紧密结合起来，在继承中发展，在发展中继承，这样才有利于乡土文化的传承。正如习近平总书记指出的，"传统文化在其形成和发展过程中，不可避免会受到当时人们的认识水平、时代条件、社会制度的局限性的制约和影响，因而也不可避免会存在陈旧过时或已成为糟粕性的东西。这就要求人们在学习、研究、应用传统文化时坚持古为今用、推陈出新，结合新的实践和时代要求进行正确取舍，而不能一股脑儿都拿到今天来照套照用。要坚持古为今用、以古鉴今，坚持有鉴别的对待、有扬弃的继承，而不能搞厚古薄今、以古非今，努力实现传统文化的创造性转化、创新性发展，使之与现实文化相融相通，共同服务以文化人的时代任务。"[1]

3.加大宣传教育，培育新型城镇化进程中乡土文化传承的主体

新型城镇化进程中优秀乡土文化是否能够持续健康地传承下去，关键还

---

[1] 《习近平谈治国理政》第二卷，外文出版社 2017 年版，第 313 页。

来自于乡土文化传承主体。"城镇化"固然是指农村人口转化为城镇人口的一个过程,但这个过程绝不仅仅停留在盖房子层面,不是房地产化,这种"转化"不仅要有"广度"、更要有"深度"。当然这个深度也包括一个问题,就是新型城镇化进程中乡土文化传承的主体,谁是主体? 如果没有主体,乡土文化的传承就失去了持续健康的动力。作为各级政府来讲,必须正视和重视这个问题,应该加大培育力度,才能使得新型城镇化进程中乡土文化能够持久传承下去。

总之,作为中华优秀传统文化的重要组成部分的乡土文化是中华民族永远的底色,在新型城镇化进程中,必须坚持优秀乡土文化的传承。

第十二章　大数据在新型城镇化中的应用

我们正生活在一个由实时数据信息构成的海洋中,数据已渗透到每一个行业和业务领域。大数据作为海量数据、规模庞大的信息,具有大规模(Volume)、速度快(Velocity)、多样性(Variety)、价值密度低(Value)的 4V 特征[①],其中隐藏着巨大的经济、社会和研究价值。大数据在新型城镇化中的应用具有重要意义。一是实现数据的集中存储。利用现代化的数据信息平台和工具,能够实现城镇化过程中数据信息的集成化存储、管理、应用和共享,可为推进新型城镇化相关决策和管理提供最基础的依据。二是实现应对问题的主动性。通过构建国家、区域、城镇、乡村的完整数据体系,及时识别城乡发展中的突出矛盾和关键问题,便于明确城乡统筹发展的目标和任务,做到对问题超前预判和未雨绸缪,提高政策应对的主动性。三是提高决策的科学性。通过对城乡大数据的分析和应用,针对城市与乡村复杂巨系统问题,能够从多个目标中选择最优目标进行实时动态决策,全面提高新型城镇化发展决策的智慧化。四是实现治理的协同化。通过构建覆盖城乡的共享、高效、集成化信息管理平台,支撑新型城镇化建设的全方位工作协同。五是实现管理的精细化。依托现代化信息技术手段和工作平台,实时、动态、全息反馈城镇化和城乡发展建设的全貌,精准甄别城镇化发展中的问题,及时把控发展的趋势和动态,及时采取有针对性的措施,实现新型城镇化管理的精细化、高效化。六是实现管理的常态化。通过对大数据的持续更新维护,结合系统历史数据和动态数据,能

---

① 维克托·迈尔-舍恩伯格等:《大数据时代:生活、工作与思维的大变革》,浙江人民出版社 2013 年版,第 35 页。

够实现对新型城镇化建设成效和相关政策绩效的实时动态评估、意见反馈、检查检讨、方案修正和完善等,使新型城镇化建设不偏离预定目标。七是实现管理的民主化。通过城乡大数据平台的推广与普及,不断扩大应用范围,推动新型城镇化相关信息和数据开放共享,能够使城乡群众更便捷、直观、高效地认知和参与新型城镇化,进一步促进城镇化发展决策和管理的民主化进程,同时为不同社会群体更好地表达诉求提供平台和渠道。

一、大数据在城乡互动中的应用

《辞源》一书中,城市被解释为人口密集、工商业发达的地方;乡村被解释为主要从事农业、人口分布较城镇分散的地方。城市与乡村在人口密集度、工商业发展等方面存在很大不同,但城市和乡村却又是一个紧密联系、相互依存、相互促进的有机整体,互为体用,不能只顾及一面而丢弃另一面,城市要发展,乡村也要发展,城市与乡村同步发展才能相得益彰。由于历史原因,我国城乡互动主要是以城市为中心,经历了城市主导、城乡隔离阶段,城乡间要素的流动主要是由乡村流向城市,信息的流动也是单向流向城市,没有形成城乡信息的互动。新型城镇化发展,要求城乡之间人员、资本、技术等信息加速向乡村流动,以城带乡,实现城乡统筹发展。

(一) 城乡互动中的数据与信息

信息的经典性定义是由控制论创始人维纳提出的,信息是人们适应外部世界并使这种适应反过来作用于外部世界的过程中,同外部世界进行互相交换的内容与名称。城市与乡村之间的互动表现为人口、资金、能源、信息和技术等要素的流动,以及要素流动所带来的城乡变化,这些都是信息。要素流动的过程是信息,而城乡发展变化的过程也就是信息互动的过程。

比如城乡之间人口的流动。伴随城镇化进程,乡村剩余劳动力向城市迁移,越来越多的农村人口也踏上了迁徙到城市的道路;反过来,也有部分人口再重新返回乡村,或者部分城市退休职工选择回乡村居住。这在一定时间与空间上就形成了城市与乡村之间人口的流动,这种流动是动态的,每时每刻都在发生着变化,并且变化是极其复杂的。就某一个体来讲,时间与位置信息就决定了这个个体所在的地点,按照时间顺序把这些位置信息串接起来就是这个人的迁徙轨迹。进一步讲,把属于某个群体的众多个体的轨迹汇聚起来,就能得到这个群体的迁徙图景,进一步分析其中蕴含的规律性的东西,就可以把握这个群体迁徙的特点和趋势。当然,群体中的个体成员是多属性的甚至是"多空间"的,即一些成员属于农村,其他成员属于城市,他们有些从事城市地区的农业活动,有些可能从事农村地区的非农业活动。但这些空间和个体属性也是信息,空间是位置信息,个体属性属于"个体标签信息"(标明个体特征的信息,如个人身份、性别、年龄段、受教育程度等),通过"个体标签信息"可以把个体划分为不同的群体,个体有时可能属于不同的群体,可能某个时期属于这个群体,某个时期又属于另一个群体。

舍恩伯格在被誉为大数据系统研究先河之作的《大数据时代》中就指出,大数据的核心就是预测。就群体和整个社会而言,某个个体的活动有很大的随机性和不确定性,但就整个群体而言,又呈现一定的稳定性和规律性。每个个体具体行为可能是偶然和不确定性的事件,但把巨量的个体信息汇聚起来进行研究分析,就可以得到一些有确定性和趋势性的东西,进而对事物的发展趋势作出预知。就城乡互动中人口的流动来讲,每个个体成员在城乡间的来回流动可能带有很大的随机性,但众多的个体行为数据汇聚成的大数据,通过分析就可以得出很多有价值的东西,进而为新型城镇化决策、运行管理、监测评估提供科学的数据支撑。如同分子的运动是不规则的,但由大量分子组成的物质的运动状态却呈现一定的稳定性和规律性,城乡间人口等要素的互动同样如此。

(二)城乡要素互动与大数据

在信息内容的生产方面,互联网经历了一个从少数人生产信息到大众共同生产信息的发展过程。2003 年以前出现的互联网模式通常被称作第一代互联网,又称 Web1.0。从信息的单向和双向传输来看,Web1.0 与传统的报纸、电视等媒体并没有本质上的区别,Web1.0 下互联网信息的传播是单向的。而 2003 年之后的互联网被称作第二代互联网,又称 Web2.0。与第一代互联网相比,第二代互联网信息是双向传输的,Web2.0 更注重与网民的交互作用,网民既是互联网内容的浏览者,更是内容的生产者。第二代互联网带来了信息生产的革命性变革。

1. 信息、数据及大数据的价值

有关研究表明,从人类文明出现一直到 2003 年,所有存储下来的信息总和与当今信息相比,仅仅相当于当今人类两天创造出来的信息数据量,这些数据中大多是人们网络活动所产生的数据,只是互联网出现之前人类没有工具把它记录下来而已。人们浏览网页、发布信息、在线沟通交流、点击某件感兴趣的商品等,正是人的社会活动在互联网上的痕迹,这些痕迹构成了人们的网络活动。而云存储可以把每个人的网络活动记录下来,他访问过的网站、电子商务交易、玩了什么游戏、导航去了何地、看了什么影片,而把这些网络行为记录下来的就是大数据。一般认为,大数据主要来源有三个:一是传感器记录的数据;二是人们在互联网上的行为;三是人们在社交网络里的行为。大体上说,大数据就是人的行为和物的移动轨迹的记录。实际上,这些就是人们的网络行为或网络活动的数据记录。

有人讲现在"数据是爆炸了,信息却很贫乏",即是说数据不同于信息。数据是客观事物的属性记录,是信息的表现形式,数据经过加工处理后,才能够成为信息。数据和信息又是相互依存的。信息需经过数字化转变成数据后才能通过计算机进行存储和传输。比如,城市与乡村之间人口的流动,流动信息是通过流动群体的人员数量、空间位置、时间、频度、热度等数据来表现和存储的。由此可见,信息可以理解为数据中包含的有用的内容。数据量和信息量之间不存在线性比例关系,数据量大并不代表信息量就大,数据中信息量的大小,取决于数据本身的价值而不是单纯的数据量。

现今城乡互动中几乎所有事物和行为都与数据有关,人流、物流、环境、金融、医疗……每天都在产生着大量数据,个人进城下乡、打电话、发微信、搜索信息、上淘宝购物等,也在产生着大量数据。这些数据的价值在于从大量的、不完全的、有噪声的、模糊的、随机的数据中提取隐含在其中的、预知的,但又是潜在有用的信息和知识,要对这些数据去冗分类、去粗存精,发现数据背后隐藏的规律性东西,把数据"由厚变薄"。因此,数据挖掘技术和数据分析工具就显得尤为重要。

2. 城乡要素互动的大数据实现

在城乡各要素的互动中会产生海量的数据,从城乡大数据中提炼出可用于政府或企业决策的知识,首先需要具备三个基础。

一是城乡要素互动过程的数据化。要能够实时采集城乡要素互动中产生的大量数据,并且这些数据应有一定质量保障。这就要求与城乡要素互动相关的工作业务如人流、物流、信息流等基本实现数字化。通过大数据平台的支撑,逐步实现城乡互动行为线上化,并且能够对城乡互动每个阶段、过程、环节进行实时数据分析,为大数据分析和应用提供数据基础。

二是大数据处理技术的发展。包括城乡要素数据的收集、传输、存储、计算和数据展示等一系列技术。城乡要素互动产生的数据包括结构化数据,也包括相当一部分非结构化数据。设计大数据应用时,需要弄清大数据的应用场景,要从城乡要素互动行为的实时性和一致性两个维度来考虑。大数据分析结果要求是秒级的还是可以离线的,对一致性要求是否必须百分之百一致等。对于实时数据、离线数据,都要考虑完整的解决方案。传统的数据处理,往往是事后进行的,而城乡要素的互动是动态的,要求大数据能够反映城乡之间要素的动态状况。这就要求把城乡互动看作以数据作为城乡要素互动的开始,把数据的应用贯穿于要素互动过程中,并且以数据为终点的一个动态的过程。

三是大数据人才。要实现城乡大数据的价值至少需要三类关键人才:进行大数据资深分析型人才、精通使用大数据分析的管理者、实现大数据的技术支持人才。此外,由于大数据应用涵盖内容广泛,所需的高端技术人才不仅应包括高级程序员和数据库工程师,同时也需要农业、人口、地理、生态、数学和统计方面的专家,甚至社会网络学和社会行为心理学方面的专家等。

在具备可靠的数据来源和先进的数据处理技术基础上,可以大数据为基础构建城乡要素互动数据平台。这个平台的构建过程可分为四个方面。

首先,通过大数据技术准确及时还原城乡要素互动业务,也就是及时准确地采集城乡互动中运行的数据,并按照不同层次和需求展示出来。其中,对于城乡要素互动的图形化展示非常重要,应运用计算机图形学和图像处理技术,将数据转换为图形或图像并进行交互处理,将抽象的要素互动数据表现成为可见的图形或图像,帮助发现数据中隐藏的内在规律。

其次,通过大数据对城乡互动效果进行评估。城乡互动的效果如何以及进展到何种程度,应该有一个计算和衡量的尺度。这就要建立描述城乡互动效果的各项指标体系,结合对城乡互动大数据分析,实现城乡互动工作业务的评估,可以使我们对城乡互动工作有更深刻的理解并不断改进完善。同时,利用数据可以对城乡互动绩效进行排名,不同省区可以起到很好的比较和激励作用。

再次,利用大数据对工作进行预测。预测一直是大数据应用的核心,也是大数据价值之所在。通过大数据可以预测城乡互动中的趋势、潜在问题,或者设定某一目标并结合现有数据对未来目标的达成情况进行预测,将会发生哪些方面的问题,以及采取何种措施等。大数据的预测很多是利用数据之间的相关性,预测的准确度是一个重要衡量指标。对于城乡要素互动而言,如果能够事前做到对城乡资源要素量进行预测,那么,对于协调城乡之间的资源合理分配意义重大,不仅能够促进城乡之间的良性互动,而且能够有效避免资源的浪费。

最后,利用大数据进行智能决策。决策的有效性不仅取决于城乡互动工作对预测准确性的包容度,更在很大程度上依赖于预测的准确性。当前,比较现实可行的方式是人机结合,利用大数据和人工智能技术,为政府提供辅助决策,让政府决策更为客观、合理。目前基于大数据的深度学习技术,以及人工智能领域的研究都取得了突破,为城乡要素互动中的智能决策提供了非常大的发展空间。

二、大数据在城乡一体化中的应用

城乡一体化是我国现代化和城镇化发展的一个新阶段。城乡一体化是一个需要不断探索和逐步完善的过程,目前我国城乡一体化发展还处于初级阶段。从全国范围看,我国城市形态多样、乡村各异,多个民族、多元文化并存,各地城乡建设情况不同,经济社会发展程度不一,各地政府经济实力和能力差异也比较悬殊,推进城乡一体化是一项极其复杂的工作。在以往的城乡建设发展中,传统的决策理论方法,如系统论、控制论、信息论等,这些理论主要适用于对简单、可控的平衡状态下社会系统的研究,理论自身存在很大的局限性,无法有效应对城市和农村一体化发展面对的纷繁复杂、动态多变的巨系统问题。而对体量巨大、复杂性高的处理恰恰是大数据的特性。大数据的特点在于从各样类型的巨量数据中,快速获得有价值的信息,这些数据可以是结构化数据,也可以是非结构化数据,可以是静态数据,也可以是动态数据。比如对于城市和乡村的静态数据、历史数据。通过这些数据,我们能了解城市和乡村历史发展情况,明确城乡发展之间的内在联系;比如城乡一体化发展过程中动态产生的数据,这些数据具有多源、异构、相关、非结构化、不一定可靠以及不一致性的特征,如人员的流动、物质的流动等,以及人与物流动中产生的大量数据,借助物联网、云计算、移动互联网、车联网、手机、平板电脑、PC以及遍布城乡各个角落、各式各样的传感器,使这些人流和物流数据的采集和存储成为可能。通过对这些大数据的分析,可以实时监控城乡一体化过程动态,数据分析会告诉我们城乡一体化发展中正在发生什么,将会发生什么,我们应该采取何种策略和预案等,为之于未有,治之于未乱。大数据的基础是数据。在城乡一体化的过程中,只要是能够产生数据的地方,都可以用到大数据,因此,大数据的应用是非常广泛的,可应用于城乡规划、产业发展、公共服务、市场建设和社会治理一体化等方面。

(一) 大数据与城乡规划一体化

在当前城市与乡村建设发展中,出现了严重不协调的问题,一些城市迅速膨胀,人口暴增,随之而来的是交通拥堵、环境污染、土地资源告缺等问题;而伴随城市繁荣的另一面,与以往相比乡村面貌并未有太大的改变,甚至有的乡村进一步被挤压,出现破败荒废的现象。城市与乡村是一个整体,要使城市的发展能够长远可持续,必须城市与乡村共同协调发展,不能孤立乡村而让城市畸形发展,才能化解城市发展中的矛盾,改变城市乡村孤立发展的被动局面。

改变这一状况的前提是城市与乡村在规划建设方面的一体化,即城乡规划一体化,统筹规划,一体化设计,以此才能实现城乡发展的可持续化,在城市发展的同时也顾及乡村的同步发展,以乡村的发展支持城市的更好发展,逐步消灭城乡差别,使城乡协调发展、共同繁荣,最终使城市与乡村融为一体。

城乡规划一体化首先应从智慧地对城乡进行规划开始。智慧地对城乡进行规划就是统筹城市与乡村的各种资源、各自禀赋与特点,通盘考虑,理清城乡之间的内在联系,确定优先发展什么,然后发展什么,如何发挥城乡各自优势和特点,而大数据可为城乡一体化规划提供规划辅助决策与支持,使智能城乡一体化规划成为可能。城市中的通信、电商、交通、社交、医疗、银行等,每天都产生着大量的数据。随着互联网特别是无线互联网向乡村的普及,宽带进村,乡村每天也会产生大量的数据。把这些数据聚集起来、挖掘出来并加以分析利用,就可以获得许多有价值的东西。比如一些工业设施、综合性商场、农产品批发市场、科技园等的选址问题,通过大数据可以统筹城乡特点实现智能选址。通过大数据,可全面综合考虑辖区内城市与乡村的位置、人口分布、消费水平和结构、聚集效应、交通等因素,充分对城乡空间数据与属性数据进行数据挖掘,可以因地制宜地对不同等级的选址地点进行合理规划和布局。也可对各类典型用地分别建立规划选址模型,借助虚拟现实(VR)等技术,通过多源信息融合、交互式的三维动态视景可仿真城乡的现状及未来发展愿景,让智能的城乡一体化规划变得如同身临其境。通过大数据平台,还可方便地查询某城市或乡村的总体规划,历史文化名城保护规划,控规一张图,以及教育、文化、文物资源普查等各层次的规划成果,也可以查看城市各典型历史时期空间格局的演变成果,也可以查询辖区外乃至全国、全球的现状及历史地图、影像等空间信息,把城乡放到更大的空间里来布局,使得城乡规划的视野更宽广,更为合理。大数据与城乡一体化规划设计的结合,本着以人为核心以及城乡统筹发展的理念,可为城市与乡村规划注入更多的智慧,可使决策者有更广阔的视野,可让城市与乡村的建设发展沿着智慧的轨道运行。用数据说话、用数据决策、用数据管理、用数据创新,大数据可以为城乡一体化规划科学合理决策提供支持。

大数据可以使城市与乡村的规划更为精细。大数据应用能够揭示传统技术方式难以表现的城乡要素之间的关联关系,促进城乡之间的数据融合和资源整合,提升政府整体数据分析能力和决策水平,为处理城乡之间复杂的社会问题提供全新的手段。比如城市与乡村的人口数据,通过从城乡传统统计数据到进一步"大数据"的加工,利用宏观人口报告、统计资料和抽样调查的样本,可以生成当前辖区内城市与乡村居民就业和家庭全样本数据,基于这些数据就可进行精细化城市与乡村动态模拟,从而实现城市与乡村一体化关联的深度探索,为城乡一体化发展提供更为精准的服务。例如,当前在城里务工而在乡村居住的人员越来越多,利用城市及周边乡村的公交卡刷卡记录,就可以分析辖区内每个公交站点的居住和就业类型,并识别市内每个交通小区、乡镇、村居的居住和就业强度,市民及村民公交出行的时空分布、通勤的轨迹和时间等。再比如,通过移动定位技术和手机移动通信数据可以得到每个城市居民或村民一天大致的活动轨迹,基于此就可以分析城市内部和城乡之间的交通出行,还可以分析居民类型及其空间分布。例如某居民在工作日总是8:00出门、18:00回家,那他一般是上班族。如果他的轨迹局限在市内,那他可能是城市居民或在城市永久居住,如果轨迹在城乡之间来回变化,那他可能是在城里务工而在乡村居住。另外,在全部乡村通水电煤气的前提下,还可以通过水电煤气的数据,分析得到城市与乡村不同区域的资源消耗情况,进一步可以从微观层面判断城市某个居住单元里住了多少人,某个村居多少人,城乡之间的人员流动情况,借此就可以对城乡人口的空间分布与动态变化情况作出比较精准的判断,进而为城乡一体化规划决策提供参考。

大数据使政府在城乡一体化规划中视野更为宽阔。比如通过遥感,可以站在全县、全市甚至全省角度比较直观地比对和测度城市与乡村发展状态,其中比较关键的是"城市与乡村联系度"的测量。在过去,由于缺乏直接反映城乡联系的数据,一些反映城市与乡村的指标相对独立,内在联系较少,而且数据大多是样本数据,并不能很好地反映整体或全体情况,应用效果上也是差强人意。大数据可以客观地反映城市与乡村之间的联系度,如基于个人空间物理位置的"人员流动联系",基于微信的"社交联系"等,通过遍布城乡的互联网以及移动互联网可获取反映城乡要素变化的大数据,将为我国城乡一体化规划提供有力信息数据支撑。

城市与乡村的发展过程中正产生着海量的数据,这些数据资源的巨大价值正等待我们去挖掘。大数据不仅给城乡一体化提供了丰富的数据资源,同时也带来了全新的决策分析手段,它将改变我们观察城乡、研究城乡的方法。大数据时代要求我们,必须树立基于数据的城乡一体化规划思路,把城乡规划的过程和阶段理解为获取数据、挖掘数据、分析数据、用数据决策的过程。通过大数据使得城乡一体化的规划更为合理、更为科学,更能发挥城市与乡村各自的特点,使城乡协调发展、持续发展。

(二) 大数据与城乡产业融合

城乡一体化要通过城乡要素的流动与交换实现城乡发展互促与共融,城乡融合发展是通过城乡之间要素的平等交换和公共资源均衡配置,实现城乡共同发展,产业融合是城乡融合发展的基础和重点。从城乡要素交换关系角度讲,城乡融合发展就是实现城乡生产要素的合理流动和优化组合,逐渐缩小城乡收入差距从而实现城乡经济一体化。为此,需要立足城乡一体化的思想与方法,大力发展城乡"产供销一体化大数据",全面整合城乡产供销链条上各个企业和农户,使他们的采购、生产和销售等各项职能能够协调发展,使整个农产品供应链成为一个有机的整体,直至促进全国性大市场的形成。

城乡产业融合的前提与基础是信息的融合。大数据与云计算为城乡产业融合提供了新工具、开辟了新空间。"互联网+金融"、"互联网+众筹投资模式"和"互联网+产品个性化定制生产模式"等各种新模式、新业态,不仅给城乡生产、交换、流通和消费领域带来了革命性变化,形成了一整套与传统城乡产业发展不同的生产、服务、流通和销售方式,而且还为城乡产业融合开辟了新空间。大数据、云计算、"互联网+"等信息技术可以有效地突破制约城乡产业融合的行业壁垒和体制机制,推动城乡产业融合创新,并形成新的经济发展形态。

城市和农村互动的主要内容是城乡经济互动,而城乡产业是城乡经济互动的主体,是连接城乡经济活动的纽带。尽管近几年城乡间产业互动加强,但城市在互动中仍然处于优势地位,乡村特有的禀赋优势并未真正释放出来。要实现城乡之间产业的良性互动,就必须将城市和农村放在同等重要的地位。

应整合利用城市产业、乡村产业、政府、科研机构、大学等数据资源,利用大数据分析其内部关联性与特点,根据城乡产业发展与演变规律,通过政策引导和切实可行的措施,推动城乡间产业要素的合理流动与分配。

城乡产业应逐步实现向数字经济转型,让传统产业焕发生机活力,使城乡传统产业与大数据产业深度融合发展,形成新的产业生态。这种融合的落脚点就是通过大数据技术,使城乡不同企业、分散农户,甚至是不同行业的业务高效率、无缝隙地连接在一起。其中,大数据与互联网为城乡产业间深度融合提供了平台,金融服务、物流服务、交易服务、通信服务等生产性服务业,是城乡产业融合的发展方向。城乡产业融合的形式:从农户层面看,按照种植、养殖、农产品加工等把不同类别分散经营的农户汇聚成一个群体,统购统销,抱团取暖,形成合力;从企业层面看,通过网络把城乡大量异质性企业联结为一个整体,形成互生、共生乃至再生的价值共同体;从行业层面看,把城乡不同的行业如第三产业和第一产业、第二产业融合在一起,形成城乡产业一体化融合机制;从社会层面看,将不同的市场部门跨越地域与行业限制融合形成一个统一的社会协作平台。从我国城乡的产业结构来看,一方面产业规模尽管很大,但其中中小企业数量比较多,而且结构比较分散,市场化效率不够高。另一方面产业发展不均衡,大企业规模大,实力雄厚,而大部分的小企业,在资金、人才、管理方面都存在很大不足。以大数据为基础的城乡产业融合发展、构建新产业生态,是发挥出它最大价值的有效途径。真正的大数据融合发展,必须是要沟通农业、工业、服务业这三大传统产业,并且触及生产、流通、消费三个经济环节,用大数据来带动传统产业的数字化转型。"互联网+"的本质就是融合,融合就是跨界,通过融合产生出新的业务模式。大数据的价值也在于融合,应推动大数据与城乡产业各领域的深度融合,围绕工业、交通、物流、商贸、金融、电信、能源等能够产生大量数据的行业领域,开展大数据开发利用,深入挖掘大数据的商业价值,发挥大数据在预测和辅助决策方面的重要作用,促进城乡产业提质增效升级。

城乡市场一体化体系建设是实现城乡产业一体化的关键。在城乡产业一体化发展中,要规范城乡要素流动的市场秩序,为城乡要素合理流动创造良好市场环境。城乡间要素流动具有数量大、来源分散、形式多样等特点,对政府监管能力、监管方式及监管体系提出了新要求,同时也带来了新的发展机遇。首先,要用好大数据。城乡之间劳动力、资本、土地等要素流动会产生大量的数据,这些数据中蕴含着许多有价值的信息,通过对这些数据的研究分析,有利于政府更加准确地了解城乡市场主体需求,提高服务和监管的针对性和有效性。政府相关部门应结合各地实际,在市场监管中积极、充分、安全、可靠地运用大数据等现代信息技术,高效采集、有效整合、充分运用城乡要素流动中产生的大量数据,并结合政府数据和其他社会数据进行综合分析,将深入挖掘数据价值作为提高政府治理能力的重要手段。其次,要加强社会信用体系建设。运用大数据推动社会信用体系建设,应以国家统一的信用信息共享交换平台为基础,建立跨地区、多部门的信用联动机制,努力构建公平诚信的市场环境。充分运用大数据理念、技术和资源,加强对市场主体的全生命周期监管,完善对城乡市场主体的全方位服务。根据服务和监管需要,有序推进政府购买服务。最后,运用大数据创新政府服务方式。充分运用大数据,深入了解城乡不同地区、不同行业、不同类型企业的共性以及个性化需求,在注册登记、项目投资、招标投标、检验检测、市场准入、税收征缴、进出口、产业联盟、兼并重组、法律服务等方面提供更具针对性的服务,全面提供一站式服务。此外,应加强政府数据公开共享,加强政府部门间的合作及部门数据联合分析等数据服务,充分挖掘政府掌握的海量数据背后的价值,根据宏观经济数据、市场需求变化、产业发展动态、质量监管状况等信息,充分运用大数据技术,提高各地区经济运行监测预测和风险预警的预知性,并及时向社会发布相关信息,主动引导市场。积极拓宽大数据应用领域和潜在价值,引导大数据研发专业机构和行业组织深度挖掘大数据的价值,运用大数据完善城乡市场服务。

(三) 大数据与城乡公共服务一体化

近年来,我国城乡基本公共服务均等化取得了比较显著的成效,乡村的公共服务基础设施有了较大程度的改善,但城乡之间基本公共服务水平依然差距明显。医疗卫生方面,优质医疗卫生资源主要集中在大城市、大医院,农村医疗卫生设施显著落后、人才缺乏,且普遍专业水平较低。教育领域同样如此。社会保障方面,尽管经过多年的改革发展,已初步建立起统一的城乡居民社会保障制度,但我国的社会保险事业仍未摆脱城乡二元结构的局面,城乡分割的社会保险运营机制没有根本改变。互联网的特殊价值在于开放、平等、协作、快速、分享,应充分利用互联网泛在性、均等化的特性,实施"互联网+教育"、"互联网+医疗"、"互联网+文化"等,打通公共服务通往城乡社区的"最后一公里",促进城乡基本公共服务均等化。

1. 大数据与城乡教育一体化

随着"互联网+"时代的到来,移动互联网、大数据、人工智能等相继应用到教学工作中,教育大数据作为教育信息化发展的崭新阶段,也将成为促进城乡教育公平、提高乡村教育质量、助推乡村教育改革的有效手段。大数据与城乡教育的深度融合,使得从城乡一体化的角度采集和汇聚城乡教育中的各类数据成为可能。但由于乡村教育形式复杂、无标准化的操作流程和模式,乡村教育人才的多元化特性、多样化的教学模式与方法,缺少标准化的业务流程以及学生学习方式的多样性和学习地点的不确定性,导致城乡教育大数据的采集异常复杂,要求城市与乡村遵循一体化的教学模式、管理标准和数据技术,把过去基于教学流程的系统建设,转化到基于数据系统体系建设上来。应该认识到,城乡教育一体化大数据的建设不是一蹴而就的,首先需要进行顶层规划设计,然后分阶段、分区块、分步骤建设实施。

大数据技术可以实现城乡之间学生、教师以及教学管理者之间的互动交流,实现城乡教育资源的共享。大数据可记录学生的学习行为,使学生学习过程数据化、可视化、可存储、可回放,便于教师对学生的评定及学生的自我评估,同时能够促进知识在学生中的内化。同时,大数据可优化教学环节,提高教学效果和教学的针对性,使教师能够根据城乡学生的不同特点有针对性地开展教学。大数据的核心价值在于预测,大数据能够收集与城乡教育有关的数据形成数据库,在此基础上进行系统、科学的分析,对城乡教育的内在规律进行研究。

通过完善各级教育管理公共服务平台,能够促进城乡教育基础数据的伴随式收集和全国互通与共享。通过建立统一的城乡各阶段适龄入学人口基础数据库、学生基础数据库和终身电子学籍档案,可实现学生学籍档案在城乡之间不同教育阶段的纵向贯通,逐步形成城乡全覆盖、城乡协同、全网互通的城乡教育资源云服务体系。在变革乡村教育方式、促进教育公平、提升乡村教育质量方面,大数据能够很好地发挥数据支撑作用。

2. 大数据与城乡文化一体化

我国城乡之间公共文化服务存在明显的两极分化现象。长期以来,政府在公共文化产品和服务的投放上,一直存在着严重的城市偏向,农村文化投入严重不足,绝大多数文化资源如图书馆、青少年宫、博物馆以及文化人才等大都集中在县级以上的城市。实现城乡文化一体化,就是让城乡居民平等、便利地享有基本文化服务,让城乡文化充分交融。当前,行之有效的措施就是通过"互联网+文化",基于互联网跨越时空的特性,通过建设网上数字图书馆、数字档案馆、数字博物馆、数字美术馆和数字文化馆等公益设施,最终形成城乡文化传播大数据综合服务平台,让山沟里的农民和孩子也能享受到城市一样的文化服务。

我国大数据产业正处于高速发展期,在这种趋势下,文化产业的生产方式、传播方式和发展方式,也将面临着信息科技下的重组和重塑,同时也为城乡文化服务一体化发展带来了机遇。城乡文化服务一体化,前提是涉及城市与乡村的文化资源一体化,这就要发展城乡文化大数据。而发展城乡文化大数据的一个基本出发点,就是城乡居民基于历史和地域的所有生活方式都被数字化,这就要构建城乡特色文化资源大数据平台。首先,引入大数据技术构建城乡特色文化资源大数据平台。通过多种方法实现各类文化资源的数字化,不仅要彰显城市与乡村文化各自的特色,让城乡居民对中国优秀传统文化有更加全面深入的了解,而且通过对数据的整合利用,极大地促进城乡文化产业的快速发展,凸显传统文化的当代价值。其次,城乡特色文化资源大数据平台能够很好地实现城市与乡村的文化资源共享。利用网络新媒体等技术,可以实现城乡居民随时随地获取、利用及传播文化信息,充分展示中华优秀传统文化成果。最后,通过建设城乡特色文化资源大数据平台,还能有助于一些特色民族文化的保护、开发和利用,尤其是对于一些濒危消失的民族文化,可以借助当代数字技术进行虚拟化重构,可利用大数据分析技术对古文献、古画、艺术品等进行鉴别和修复,对历史文化进行更为深入的研究。该平台应包括以下三大功能:一是可以实时获取城乡文化消费方面的数据;二是能够实现城乡文化信息的汇总梳理；三是能够精准分析各种与城乡文化有关的数据，为城乡文化消费政策的制定、产品设计、活动推广、宣传推介提供决策依据。

城乡文化一体化的过程，应该是文化要素信息在城乡之间互动的过程，通过文化要素的融通最终实现城乡文化融合。首先，应在观念上消除城乡文化意识的对立，城乡文化之间应取长补短、共同繁荣。通过互联网打造城乡网上文化交流共享平台，促进城乡优秀文化交流互鉴。推动城乡居民情感交流、心灵沟通，让农村居民了解城市优秀文化，同时让城市居民也了解农村优秀文化，共同推动城乡文化繁荣发展，丰富人们精神世界。此外，建设城乡一体化的文化产业与文化市场。将文化融合的意识贯穿到城乡一体化的全过程和各个方面，巩固城乡文化各自优势，利用城乡各自的文化生产要素，特别是城市现代服务资源和农村特色文化资源，建立一体化的地方文化产业和文化市场，实现城乡文化资源、市场、环境的一体化，延伸文化产业链，集聚化地发展城乡文化产业，拓展城乡文化产业发展和消费增长的空间，实现城乡居民文化生活方式的一体化。

3. 大数据与城乡医疗一体化

当前，国内医疗资源大多集中在城市，而乡村的医疗资源奇缺。城乡一体化中有一系列问题亟待解决，而城乡医疗服务均等化问题更为突出。当前我国城乡医疗领域公共服务水平的差距，一方面是由于城乡经济发展水平差距造成的，另一方面是由于现行医疗体制的诸多弊端加剧了医疗服务的分配不公。而以大数据应用为特征的智慧医疗，其优势在于信息可以跨越物理时空的限制，在医务人员位置区域不变的前提下，通过医疗信息的高速传递，有效提升乡村落后的医疗水平，即使在医疗卫生资源极度匮乏的落后地区，借助智慧医疗也可以达到比较显著的效果，有效解决村民看病难以及城乡之间来回奔波的困境。

随着我国城镇化进程加快以及人口老龄化的加速，民众健康意识不断增强，人民群众对医疗健康的需求也越来越高，日益增长的医疗健康需求和我国原有分级诊疗、以药养医的僵化体制的矛盾日益突出，以大数据应用为突破口的城乡医疗一体化，给解决上述问题带来了契机。利用好大数据，可以提升城市特别是乡村医疗水平和服务供给，形成以城乡一体为特征又凸显城乡特色的医疗体系新模式。通过对患者健康历史数据进行分析,并对患者健康信息进行有效整合,能够为病人疾病的诊断和治疗提供更好的依据,通过城乡居民健康知识库体系建设,能够大幅改善城乡居民健康状况。在个性化药物的开发领域,研发药物时,大数据技术也可应用于研究遗传变异、患者特定疾病的易感性和对特殊药物的反应三者之间的关系,使得药物研发和用药过程中能够充分考虑个人的遗传变异因素,并针对不同患者采取相对应的诊疗方案,或者根据患者的不同情况调整药物用量。此外,大数据还可应用于城乡居民健康保健方面。依托城乡医疗统一的技术标准和管理规范,通过大数据技术,可以对城乡居民健康状况进行全生命周期管理,实现在城乡任何地点、任何时间都可以访问相关信息,从而保证了个人健康信息的一致性和完整性,有效地对个人健康状况进行分析并及时采取措施,而不受患者是在城市或乡村位置空间的困扰。利用大数据技术还可以生成个人健康状况风险指数,通过对比自己的健康风险指数和同龄、同性别人群的平均风险指数,明确自己健康状况风险在同龄人群中的排位,实现用户健康状况自我评估并及时采取相应措施。医院电子病历管理系统所产生和保存的病案信息是医疗卫生"大数据"的重要来源,利用大数据能客观、完整、连续地记录患者的诊疗经过、病情变化、治疗效果等,应用在医院医疗、教学、科研等领域,具有提高诊疗水平、防控流行病疫情等的重要作用。未来,随着对海量医疗卫生大数据处理的深化,大数据会在精准行医、医药供给侧改革、商业健康保险等领域得到进一步应用,创造出更多新模式,并产生巨大的商业价值。

　　大数据的应用,可从多个方面改善城乡医疗公共服务的质量。医疗大数据的数据源包括医院的临床数据、制药企业数据、居民健康数据以及行为数据等。移动互联网特别是智能手机的普及以及大数据存储和处理技术的发展,使得医疗大数据的采集、存储和分析成为可能。对患者近期医治信息的获取可以使患者减少在不同医疗地点做不必要的重复检查,从而提高医疗过程的效率。在医疗过程中,通过医疗大数据的分析和知识提取可以完善医疗决策质量,提高医疗过程的效率,从而大大减少完成医疗任务的时间。医院在患者护理或治疗期间收集和存储的患者相关数据,能够提高该患者下一次就医的效率和医疗单位之间的信息共享。

应通过建设城乡医疗健康服务大数据,积极推进城乡医疗一体化。主要内容包括:一是要统一城乡标准。建设城乡统一的居民健康档案、患者病历数据库等,统一城乡公共卫生、医疗保障、医疗服务、药品供应和综合管理业务的医疗健康管理和服务数据标准。二是要推动工作创新。积极推进"互联网+"与医疗卫生行业的深度融合,探索预约挂号、分级诊疗、城乡远程医疗、检查检验结果共享、防治结合、医养结合、健康咨询等服务,逐步形成城乡一体化的信息共享、标准规范、互信互利的诊疗流程。三是要推广应用。应采取积极有效措施与手段,鼓励并逐步规范相关企业和社会组织开展医疗健康大数据创新应用研究,共同构建城乡综合健康服务应用体系。

推进大数据在城乡医疗一体化应用的重点,是建设全国性的医疗综合信息系统。对此,必须打破各医疗部门间的信息孤岛和数据烟囱,鼓励不同医疗部门之间数据公开与共享,深入挖掘数据的价值。同时,政府要为城乡医疗大数据设置统一标准,便于数据在不同部门间的互联、互通和互用。

三、大数据在新型城镇化规划中的应用

大数据为动态实时掌握城市发展和运行的情况,为预防和解决城市问题提供了新的方法和手段。[①] 大数据时代环境下的城市规划、规划思路与方法都发生了改变,核心从"城市建设"转变到了"城市生活"。综合运用大数据以及遥感地图、GIS 和数据可视化等新技术,可形成多领域相互协调的发展局面,并利用此来编制城市规划方案,建成良好的动态追踪体系。[②]

(一) 大数据与城市总体规划

大数据时代的到来,推动了城市规划的思维方式、价值导向和技术方法的创新,这对于传统的物质空间规划向动态过程规划、综合规划转型具有重

---

① 赵莹等:《基于手机数据可靠性分析的旅游城市功能空间识别研究》,《人文地理》2018年第 3 期。

② 李凯、程洁:《探究大数据时代的城市规划》,《价值工程》2016 年第 35 期。

要意义。① 城市规划中大数据的应用不仅能够提高数据处理效率,而且也是顺应时代发展的要求,有效运用大数据提升城市规划的水平。例如利用大数据进行人口发展规模、城市发展方向、城市功能定位的选择,根据大数据展现的人流特征、信息流特征进行综合判断。再比如机场的选址,如何对航空布局合理规划,关键要获取大量乘客需求信息。过去乘客需求信息只能通过调查问卷获取,属于小样本数据。这种方式成本高、样本数量有限,而且受个体主观的影响,调查结果往往不能表达真实情况。在大数据时代,通过移动互联网和智能手机,可以多渠道、大面积收集乘客需求信息,比如通过乘客上传的"航空搜索数据",就可从侧面了解航空乘客的潜在需求。比如,基于航空乘客需求的数据研究表明,受"高铁+航空"双轮驱动模式的影响,我国航空中转乘客将大幅增加,受此影响而导致北京机场吞吐量增长的趋势将放缓,而郑州、成都、沈阳等机场的作用和压力将凸显。因此,根据乘客需求及空间分布的变化情况而着手"郑州航空港综合实验区"建设,很多方面就来自于乘客信息大数据这方面的研究。

(二) 大数据与城市功能区规划

为满足居民不同的生活需求,城市发展逐渐形成了居住区、工业区、商业区和混合功能区等不同的功能单元②,不同功能单元的空间分布和组合模式是城市空间结构的重要组成部分,也反映出城市中各物质要素在空间上的分布和组合规律③,如何准确把握这些区域分布对制定合理的城市规划有着重要的意义。居民行为大数据能够展现人口空间集散规律并揭示城市功能空间的分布特征,是一种极具潜力的城市规划辅助工具。

对于城市功能区来讲,某一区域的城市功能往往不会是单一的,例如在科学文教区里就可能还有饭店和商业设施的存在。因此,一个区域可能同时包含多项功能,一个区域需要由一个功能的分布来表达(如 40%的功能为商业,

---

① 席广亮、甄峰:《过程还是结果?——大数据支撑下的城市规划创新探讨》,《现代城市研究》2015 年第 1 期。

② 周干峙:《城市及其区域——一个典型的开放的复杂巨系统》,《城市规划》2002 年第 2 期。

③ 胡俊:《中国城市:模式与演进》,中国建筑工业出版社 1995 年版,第 76 页。

40%的功能为住宅,20%的功能为教育)。由于一个功能区域内混杂了居民不同类别的兴趣点,并且每个兴趣点的作用和被访问频度都很难测定,这就给城市的合理规划造成很大困扰。比如说商店,同样都是商店,一个小区里的小卖部和大型超市所反映的区域功能是完全不一样的。借助大数据,通过居民的活动规律并结合个人兴趣点数据就可以分析出城市中不同的功能区域。比如从出租车获取的个人的移动数据,如图(a)所示,图中所采用的人的移动数据是从出租车的轨迹数据中提取出来的,该轨迹数据包含乘客上车和下车地点信息。人的移动数据可用来区分相同类别的兴趣点的热度,也可用于揭示一个城市区域的功能。例如在一个区域内,大部分人都是上午八点左右离开,晚上七点左右返回,则这个区域很有可能就是住宅区。如果一个区域的主要功能是文教,但并不代表该区域的任何一个地点都服务于文教。因此,给定一种功能,我们需要判定它的核心区域所在。图(b)显示了成熟商业区的核心区域,颜色越深代表该区域是成熟商业区的概率越大。

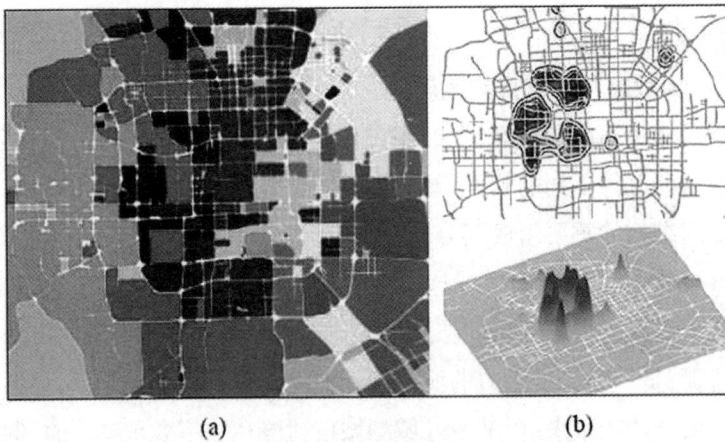

(a)　　　　　　　　(b)

图 12-1　出租车轨迹数据与成熟商业区核心区域

(三) 大数据与城市交通规划

大数据技术应用于城市道路交通,使得城市发展中诸如交通拥堵、出行难等问题能够得以有效缓解。在城市道路交通领域,其数据来源包括城市道路定点检测器监测的数据、流动车数据、车辆牌照检测数据、公交 IC 卡数据、公交运行管理数据和移动通信数据等。① 在美国，大数据在缓解交通拥堵问题、解决天气原因引发的交通问题、掌握道路交通状况、找到发生拥堵问题的地点等方面有着广泛的应用。在中国，大数据在交通管理领域与交通运输领域都有较为广泛的应用，但近年来在规划领域的落地与应用开始在各大城市的科研单位和规划部门持续升温。② 北京市已在数据驱动决策平台整体的逻辑架构设计与社会小汽车新的采集源和数据分析开展工作；上海市自 2006 年开始建设的综合交通信息平台，对于交通特征分析更加专业、深入、全面；重庆市综合主城区交通规划数据库与综合交通信息平台等项目的建成，使得重庆市交通信息化发展更上一个台阶。

大数据的实时性、分布性、高效性与预测性将给城市交通的发展带来巨大变化③，城市智能交通系统是将先进的传感技术、数据通信技术、数据处理技术、计算机技术、协同控制技术等与传统交通系统相融合，实现对城市交通运行的全方位、实时、准确、高效的控制与管理。这不仅是未来交通系统发展方向，也是解决当前城市交通问题的重要途径。其整个处理流程可以概括为数据采集、数据导入和预处理、数据存储、数据处理和结果呈现。④ 智能交通的发展，在解决城市交通安全与交通拥堵等问题，构建合理的城市交通管理体系方面都具有重要意义。

此外，可利用出租车行驶轨迹数据分析城市交通路段拥堵情况。通过分析城区内出租车 GPS 记录下来的轨迹数据及车速，可以发现城区的交通繁忙路段，合理规划城市交通的空间分布，进而有效解决交通道路网中的问题。大数据还可应用到城市规划审批中，通过数据挖掘和分析，可以发现哪一类的房产开发商在哪种情况下更容易作出超出规划设计的行为，从而预先采取有效措施。对城市规划有价值的大数据还包括金融数据、房地产数据，城市居民超市购物、就医等数据，以及视频监控、遥感等方面的数据。

---

① 罗淑兰等：《大数据在城市交通中的应用研究》，《现代交通技术》2016 年第 13 期。
② 周涛等：《大数据环境下的城市交通规划与管理——中国城市交通发展论坛第十二次研讨会讨论精选》，《城市交通》2016 年第 14 期。
③ 张红等：《基于大数据的智能交通体系架构》，《兰州理工大学学报》2015 年第 41 期。
④ 陆化普等：《智能交通系统概论》，中国铁道出版社 2004 年版，第 110 页。

四、大数据在新型城镇化管理中的应用

新型城镇化过程中必定会产生大量的数据,通过移动互联网、大数据、云计算、地理信息系统、智能识别、人工智能等新技术与传统方式的深度融合,能够全面搜集、整合、挖掘、开发和利用这些数据和信息,以数据为基础,形成一个智能化城镇大数据分析系统,全面提高城镇化运行效率和管理水平,使得城乡规划、建设、管理和服务等更加智慧化。

(一) 大数据与人口流动管理

城镇化进程必然产生城乡之间的人口迁徙。实时地了解一个区域内城乡之间人口迁入、迁出情况,并结合历史数据作进一步的分析研究,就可以深入把握某区域内城市与乡村发展状况并对内在规律作出预测。腾讯大数据不仅为这种预测提供了可能,其做法也值得借鉴。

现在使用微信服务的人越来越多。腾讯拥有海量用户,产生的大数据、流量以及应用场景,不仅可以满足政府及各类企事业单位基于位置信息服务的多种需求,也可以应用于城乡人口迁徙方面的研究,为政府、科研机构和行业提供有力的预研、决策数据支撑和大数据可视化展示。大数据应用可动态地展示城乡之间人口流动的情况,更为直观地显示某些异常情况,使决策者对一些潜在问题做到提前预知。同时,腾讯位置服务还具备开放位置人工智能领域的能力,通过腾讯强大的位置人工智能计算能力及洞察能力,可为城乡良性互动做好未来发展的规划和布局。

在腾讯大数据中,"城市热力图"是实时地反映人群聚集情况的大数据可视化产品。它以用户在使用定位功能时的地理位置数据为基础,通过一定的空间计算,并在地图上进行叠加,通过不同的颜色来反映人群的不同聚集程度。这些数据来自所有使用了腾讯地图定位服务的手机应用,包括微信、QQ、大众点评、腾讯新闻、滴滴打车等,而且不仅限于腾讯地图软件。用户在使用这些软件时主动发起的定位请求都将被记录下来,比如使用腾讯地图查看位置信息、通过微信和别人共享位置、打开腾讯新闻浏览本地新闻、用大众点评查看附近的餐厅……截止到 2017 年 5 月,腾讯位置服务每天可接收到超过500 亿次定位请求,广泛的、大量的定位数据来源保证了城市热力数据的准确性。通过对于大数据的挖掘和运算,就可以相对准确地估算出这个区域的实时人口数量。

以往我们对城乡之间人口迁徙的数据是静态的,而且时间上有很大的滞后性。而通过腾讯大数据可以实时地了解到,区域内城市和乡村实时人口的密度,知道哪个区域人多,哪个区域人少,人流密度和流量变化,进一步可分析为何这些人会迁徙到某个城市。通过大数据分析人口迁徙情况,预测发展趋势,可采取有效措施合理地引导某个群体的迁徙动机,减少盲目性。城市热力图还可应用到出行、旅游、警务安全、城市规划和研究等多个方面。城市热力图的应用非常广泛,借此警方可监控大型活动区域的人流密度和流量变化也有重要作用,它可以帮助警方实时监测区域内的人流、车流,为精准指挥调度、合理调派警力、预警突发性事件、科学高效地制定分流疏导策略提供数据支持。对个人来讲,城市热力图也可使个人合理避开拥挤地区或城市,合理规划日常出行以及科学制定个人发展规划。

(二)大数据与智能交通管理

通过城市中安装了车载 GPS 定位装置的行驶车辆(如出租车与公交车等)、居民使用的一卡通以及安装在交通路口的摄像头、微波等信息设备可以把城市交通状况的数据实时采集下来,以此作为智能化交通研究的数据样本,使得以数据分析与决策为特征的智能交通成为现实。与城市交通有关的数据主要包括:车辆行驶数据、人流数据、道路监控数据、GIS 数据等,通过对这些交通大数据的分析,可实时显示城市交通的运行状况并预测潜在运行趋势,为居民出行提供城市交通导航、推介等智能化服务,并能为政府城市空间规划布局决策提供依据。

通过大数据实现城市智能化交通管理大体上可分为数据采集和数据应用两个阶段。一是城市交通数据采集。交通数据采集就是通过多种信息设备对城市交通进行感知。感知是城市交通数据分析的前提与基础,通过感知城市的总体交通运行情况,包括市内行驶车辆及出行人员的交通行为特征,以此建立数学分析模型,通过进一步的数据分析、交通状态评估等就可实现城市交通的智慧化管理。比如,通过公安部门的道路监控系统的交通监控数据和实时路况监测,可以对城市中重点路段的交通堵塞、交通事故等进行检测,包括交通违章、交通异常、平均通勤时间评估等,提供对交通现场情况最直观的反映,极大提高城市道路交通管理的效率。再比如,通过对于城市行驶车辆和居民出行行为数据的挖掘分析,可以帮助深入理解城市交通运行的模式,并对交通流量进行评估、预测和有效管理等服务。二是城市交通大数据应用。城市交通大数据应用主要集中在为城市交通的管理与运行提供决策服务等方面。如最佳路径导航服务。通过实时采集到的城市交通数据并结合路况分析,借助地理信息系统,就可以为居民或车辆出行提供路径选择导航服务,以避开繁忙拥堵路段。通过分析驾驶技术娴熟、熟悉路况的出租车司机的驾驶路径并用图像的方式显示出来,形成包含路况选择、驾驶知识的地标图并用于路径导航,可以提高城市车辆在拥堵时段的行驶效率。通过对城市内出租车驾驶行为的研究,分析不同出租车找寻乘客方式以及乘客行为模式特点,进而提出出租车载客与乘客乘车优化策略,缩短出租车空驶时间与乘客等车时间,提高出租车运行效率和乘客出行效率。北京航空航天大学的 Taxi Waiter 打车辅助系统,就是在对近千辆出租车与乘客数据分析的基础上,立足满足出租车与乘客双方需求,通过对道路旁打车概率的统计分析提出出租车寻客最优路线和乘客打车最佳地点等,以优化出租车寻客方式和乘客打车方式。

行车最优路线选择。微软亚洲研究院设计的 T-Drive 系统,是利用装有定位装置的出租车来感知城市交通流量,结合微软"必应地图"的城市街道图片服务,从而为出租车司机设计最快驾车线路。它采用了一种基于"地标图"的路由算法,出租车司机走过的最频繁路段称为一个地标,并用一个红点表示,红点之间的连线就表示连接两个地标点的一条虚拟边,这条边代表连续经过这两个地标点的出租车轨迹的聚合。再根据出租车行驶的轨迹数据,就可以计算出任何一条虚拟边的最佳通行时间。系统还进一步把天气及个人驾车习惯、技能和道路熟悉程度等因素考虑在内,进而计算出个性化的最优路线。通过使用该系统,不仅可以缩短司机六分之一的驾车时间,还可有效缓解可能出现的道路交通拥堵问题。

　　出租车打车服务。打车难是很多大城市面临的一个难题,特别是在上下班的客流高峰期更是如此。如果能找到一种方法预测乘客所在位置的打车概率以及需要等待的时间,告诉乘客所在地点是否能打到车且需要等待的时间;如果不能打到车,则推荐附近可以打到车概率较高的位置在哪儿,这将是一件很有现实意义的研究。T-Finder 就是通过分析出租车乘客的上下车记录数据,提供了一个面向出租车司机和乘客的打车服务。首先,这个系统会向出租车司机推荐一些地点,到这些地点或在驶往这些地点的路上司机会在最短的时间内拉到乘客。其次,该系统也向乘客推荐一些寻找到空车的概率较高的周边路段(如图 12-2(a)所示)。再次,系统还可以预测周边的一些出租车停靠站在未来一段时间内将驶入的空车数目,以便出租车司机更好地规划行车线路。本系统对有效解决高峰时段打车难问题有所助益,但并不能真正解决高峰期拥堵问题。于是,T-Share 提出了出租车实时动态拼车方案来解决这一问题。通过该系统,用户能够通过手机提交打车请求,标注自己上下车地点、乘客人数和目的地及预期时间等信息,系统后台在接收到请求后,在所有出租车的状态中检索出满足用户条件的最优出租车和车上已有乘客数量等信息。最优指的是出租车去接一个新用户所增加的行驶里程最小(如图 12-2(b)所示)。图中出租车被规划为先后接 u_1 和 u_2 用户,放下 u_1 接 u_3 用户,再放 u_2 用户,然后放 u_3 用户(图中+号表示上车,-号表示下车)。通过采用该系统,乘客能打到出租车的概率提高了近 3 倍,打车费用降低了 7%,而出租车司机的收入增加了 10%。基于大数据分析的出租车打车服务,不仅可以节省乘客大量的时间,也为在城市中空车行驶的出租车司机带来了更高收入,节省了油耗,同时还能很好地解决城市交通难题。

　　公共交通线路优化。以大数据应用为主要特征的智能交通技术还可用在优化城市公共交通等方面。如通过 GPS 数据可以分析城市交通状况及市民出行信息,对公交车的行车路线进行重新设计优化,用以满足市民在不同时段对公交线路的不同需求。此外,大数据还可应用于轨道交通的优化。随着各个城市轨道交通系统的发展,乘地铁出行越来越成为城市居民的首选,特别是人口比较密集的大城市,因此对轨道交通状况的研究也越来越多。如北京航

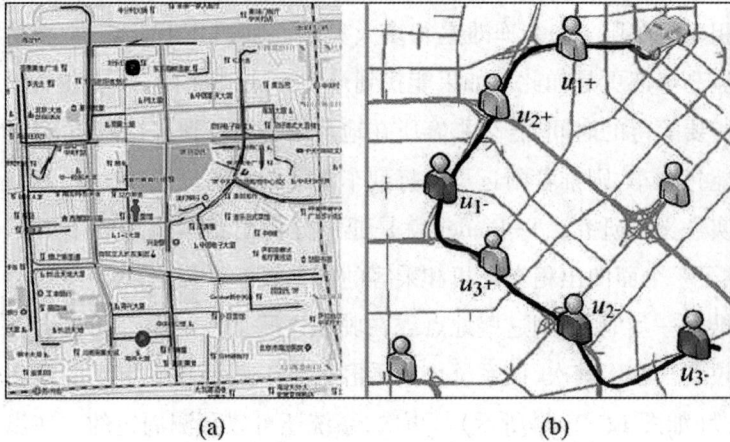

图 12-2　T-Finder 出租车双向推荐服务

空航天大学通过研究北京地铁系统的大量客流数据,对北京市轨道交通的负载流量进行了预测分析,通过地铁系统的客流拥堵模式进行系统分析,提出了避免地铁拥堵的技术方案,其研究成果对于提高轨道交通运行安全、提高运营效率都有着重要的现实意义。有些研究工作,利用乘客在地铁系统中的刷卡记录来预测某个地铁站点的拥挤程度和不同站点间的通行时间,从而帮助市民优化出行线路、出行时间和出行方式等。除此之外,综合利用城市多种交通工具采集的客流数据,还可以对辖区内通勤时间作出预计并对市民出行进行合理的规划设计,在此基础上建立的城市交通公共服务系统,对于优化城市通勤效率、增加市民出行幸福感以及提高交通体验等都有着非常重要的价值。

（三）大数据与环境监测管理

　　相比较其他环境监测技术而言,大数据技术的应用可以收集更为全面和动态的环保数据,这些环保数据不仅数量繁多,而且能够及时更新,具有良好的时效性、动态性和系统性。通过对这些数据的深入分析,能够对当前的环境状况有个比较全面的了解,进而对整个环境态势进行分析和预判,及时作出合理的决策和部署。大数据的信息平台与一般的业务信息的应用系统在一定程度上有着本质的区别,大数据能够将多方数据进行汇聚、整合和运用,其中包括空气以及污染源方面的数据等,也能将社会各类和各个行业的数据进行组织和集成,从而系统、直观地展现城市环境状况。这些多元、结构化和非结构化数据的集合,通过大数据技术对数据深层次的挖掘,能够有效提高数据的利用价值。大数据应用,可以促进环境治理的精准化,提高环境监测和环境监察执法的水平。充分利用卫星遥感、环境、物联网、互联网和政务等多种数据来源,采用大数据挖掘与分析技术,可实现对大气、水、土壤等生态环境的动态监测,创新环境监察执法方式,提高环境监管有效性,促使环境监察执法由过去的被动响应向主动查究违法行为转变。

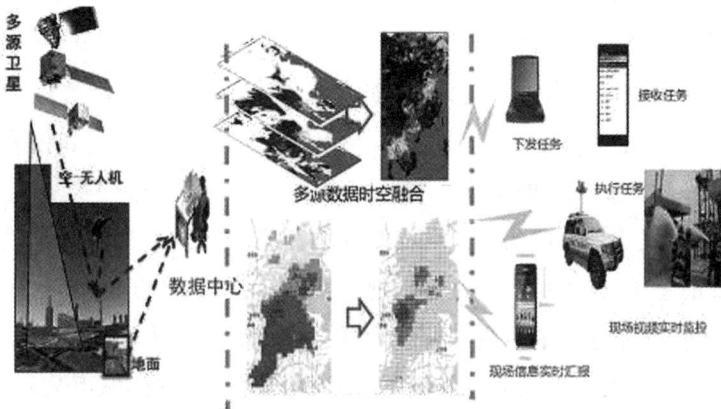

图 12-3　环境监测与大数据污染状况分析

从环境监测的角度来看,应用大数据的优势主要在于四个方面。

第一,提高生态环境综合预警能力。过去认为环境监测就是提供数据,实际上环境监测还包括对这些数据的分析,环境监测应在收集到的大量数据基础上,为生态环境的变化、自然灾害以及环境的应急管理作出预警。

第二,提升环境保护决策水平。过去信息化手段应用于环境保护,存在体制机制不畅、基础设施和系统建设分散等问题,环境保护相关部门之间存在"信息孤岛"和"数据烟囱",部门间业务协同和信息资源综合开发利用水平低,公众服务能力和提供综合支持的能力较弱等突出问题。环境保护决策过程中,也存在着靠以往经验和直觉决策,利用数据决策、智慧决策方面有待提高。为适应和满足新时期生态环境保护工作要求,实现生态环境综合决策科学化,应把环境大数据分析作为支撑生态环境管理科学决策的重要手段和依据,实现用数据决策、智慧化决策。在环境状况综合研判、相关政策措施的制定、环境风险预测预警等方面,充分利用大数据技术,提高生态环境综合治理的科学化水平。

第三,提高环境健康风险评估能力。环境的好坏关系到每个人的健康,环境大数据能够分析环境风险与个人健康之间的关系,并以直观的形式展现出来,使个人或对特殊气候环境敏感的特殊群体能够及时采取预防措施。

第四,提升公众环境服务能力。过去,公众对环境的关注主要是通过环保部门公布的环境数据,并结合他们的认知对环境作出评价,大数据可以把环境监测数据以公众更乐于接受的形式展现给公众。通过互动环境监管平台,政府能够广泛地收集公众需求信息、诉求信息、反馈信息等,与环境保护部门的数据充分融合,形成多层面、全覆盖的环保大数据,为政府部门和相关企业治理并保护好环境提供数据支撑。

当前,空气质量方面的信息对控制环境污染和保护人们身体健康有着越来越重要的意义,许多城市通过建设地面空气监测站来实时感知地面空气质量,但由于监测站建设成本高,监测站点设置数量有限,无法完全覆盖整个城市。但空气质量受多方面因素影响,如地表植被覆盖情况、城市交通流量、楼房和辖区人口密度等,空气质量随这些因素的不均匀影响而不断发生变化。因此,鼓励广大市民参与发挥群体感知的力量,就是解决此类问题的一种有效方式。例如,北京城区现有空气监测站点 22 个,平均约 100 平方公里一个站点,站点覆盖的盲点区域内,就无法准确测定该区域空气质量的好坏,用笼统的数据来概括整个城市的空气状况也是不合理的。美国麻省理工学院感应化城市实验室"哥本哈根车轮"项目设计,为解决类似问题提供了一种思路。该项目通过在市民自行车车轮上安装传感器,借助手机将车轮上传感器收集的数据发送至系统平台的后台服务器,通过这种方式来感知整个城市不同角落的温度、湿度和二氧化碳浓度等,并将其与城市用地布局、交通道路结构、人口资源分布等结合起来。这种感知方式也有其局限性,由于受传感器大小和感知时间的限制,车轮上安装传感器的方式只适用于部分气体,如一氧化碳和二氧化碳的监测,对于细颗粒物诸如 PM2.5 这样的悬浮物的测量,所用传感器体积大且不便于携带,而且需要 2~4 小时的连续测量才能产生较为精确的数据。为解决此类问题,U-Air 利用地面监测站有限的空气质量数据,结合城市交通流量、道路结构、市民兴趣点分布、气象条件和市民流动规律等大数据,基于机器学习算法建立大数据与城市空气质量之间的映射关系,从而推导出整个城市细粒度的空气质量。

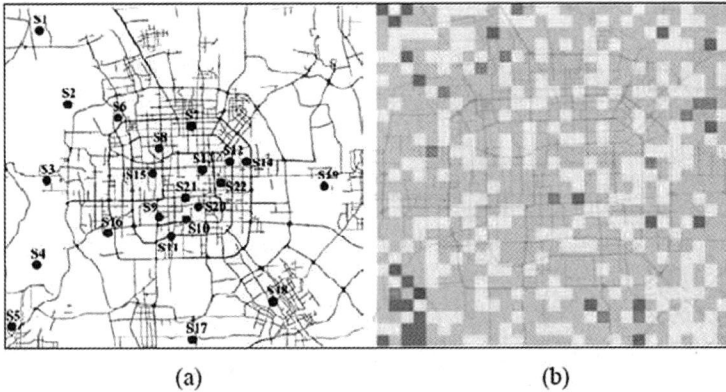

(a)　　　　　　　　　　　　(b)

图 12-4　空气质量监测站与某时刻细粒度空气质量

(四) 大数据与社交娱乐管理

社交网络中的推荐系统。随着微信、微博等社交网络的普及,尤其是基于位置服务的社交网络的风靡,人们的网络行为会产生大量的数据,这些数据中包含网民的搜索行为、物品偏好、关注热点、位置信息以及用户关系图等,这些数据不仅如实记录了网民的个人偏好和行为习惯,也从总体上反映了整个城市的活动规律和生活方式。基于这些数据的大数据分析,可创造出诸如朋友推荐、社区推荐、地点推荐、旅行线路推荐和行为活动推荐等商业或生活模式,优化并提升人们的城市生活认知。城市计算中的大数据社交应用更注重从大量用户的社交网络数据中提取出共性的东西,也就是群体偏好,人被看作一个重要的城市感知和计算单元,并参与到城市计算的过程中。例如在选择最优观光路线方面,单个人的位置数据或带有地标的照片数据是不确定的,原因在于个人会不停地变换位置,借此我们无法对某个人选择的具体线路作出准确判断。但是,把大量人员的不确定数据叠加到一起,就可能找出最有可能的线路选择。如图 12-5,左边图(a)代表不确定,右边图(b)代表确定,即从大量不确定的个体数据中找出群体活动的规律性的东西。如同分子的运动是无规律的,但由分子构成的物质的运动却呈现出稳定的状态和规律性。此类应用可以帮助人们规划最优旅行线路,例如在某个城市的观光中,一个用户想在一条线路中去 A、B、C 三个地方,把这三个点输入到系统里,根据众人的位置数据就可为该城市计算出一条最热门的观光路线。

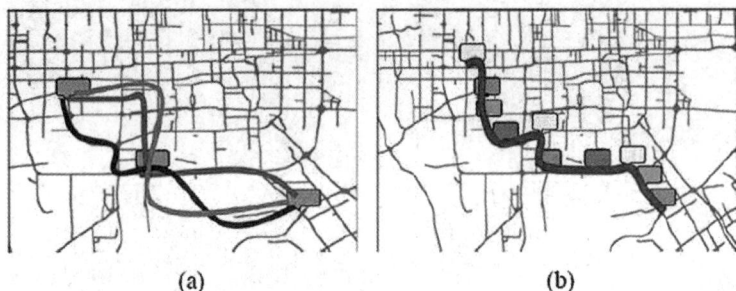

(a)   (b)

图 12-5　最优观光路线选择

预测网民的行为趋势。社交媒体数据的应用非常广泛,例如,谷歌使用搜索引擎预测流感趋势。谷歌通过分析人们在谷歌上的搜索记录,例如"咳嗽、发烧"等词条,在处理了 4.5 亿个不同的数字模型后发现,他们的预测结果与美国疾病控制与预防中心的官方数据相关性高达 97%,技高一筹的是,它能比预防中心至少提早一周觉察出某地区是否有流感暴发。2009 年,波及美国及全世界的甲型 H1N1 流感暴发的几周前,谷歌的工程师就在《自然》杂志上预测了流感的发生,结果令美国公共卫生官员们感到惊讶不已,它的成功之处就在于从大量看似无关的数据中提取出规律性的东西。美国麻省理工学院的一项研究,通过对手机的通话、短信和空间位置等信息的数据进行分析处理,提取人们社会行为的时空规律性,进而对犯罪动机和行为进行预测。此外,也可通过网民在搜索引擎输入的搜索信息或在社交网络中发布的信息来预测房价走势、发现社会异常事件、防止群体性事件或灾难、分析交通流量、设计广告推送和商业选址等,通过社交网络还能分析一个城市的风格以及不同城市之间的相似性,等等。

（五）大数据与突发事件管理

尽管当今世界已高度发达，但频繁出现的能源、金融危机、瘟疫等全球性灾难又告诉我们，政府的传统决策方法得到有价值信息并及时采取行动却总是滞后于危机的出现，而大数据时代将引发决策方式的革命。从本质上来说，大数据使人类增强了洞察世界的能力，为我们看待世界提供了一种全新的方法。在城市安全管理方面，大数据能够提供风险预警、事态研判、资源调度、事件评估等诸多服务，大数据能使得城市生活更安全、更和谐、更稳定。

比如，2014 年 12 月 31 日夜间发生在上海外滩因人群拥挤导致的一起严重踩踏事件，事件造成 36 人死亡、49 人受伤，是一起严重安全事故。试想，如果事发前上海有关部门能利用大数据及时掌握人群聚集场所现场情况，并对安全风险进行预测，就有可能减少甚至杜绝拥挤踩踏事件的发生。通过事后调查评估发现，这起安全事故的发生是由一连串决策失误造成的，如果数据运行及时得当，是有可能斩断事件演变的链条并避免悲剧发生的。例如在事发前，活动变更的信息并未及时向市民和游客发布，甚至有的市民还在通过各种渠道查询和咨询活动情况，但来自市民游客的这些重要风险警示信息并未引起有关部门的高度重视。此外，事发当晚人员流量持续不断增加，而官方研判的人员流量与实际情况相去甚远，而来自微博、微信等社交网络上的大量信息已经表明现场人员陡增，通过事后的人群热力图分析也证实了这一状况。事故的发生也有一个从量变到质变的过程，如果事发前采用大数据分析技术，对现场人流情况进行实时分析并作出预警，是有可能掌握人流量变化规律和人群运动趋势进而避免安全事故发生的。

对突发事件的处理应对，应树立大数据思维，大数据思维是一种模糊化、相关性和整体化的思维方式。大数据注重从海量数据中发现问题，用全样本数据来分析和解决问题。城市运转过程中，总会存在一些传统方法难以预知的突发事件，如易导致人员密集的大型赛事、商业促销活动、交通事故和临时管制、群体性事件和自然灾害等，如果能及时感知或预知突发事件的发生，将会极大提高政府应对突发事件的能力，保障城市安全，减少人民群众物质和生命财产方面的损失。大数据可应用于突发事件和应急管理的事前准备、事中响应和事后救援与恢复的每一过程和阶段，而大数据的应用也会因不同阶段的特点和应对内容的不同而有所差别。大数据会给包括应急管理在内的很多公共领域的治理带来深刻变化。

比如,通过分析城市内出租车的行车轨迹就可预先发现城市中潜在的异常事件。当城市中的一些异常事件发生前,事件地点附近的交通流量一般会出现一定程度的紊乱。如果连通的两个城市区域之间出现了交通流异常,但问题本身可能并不发生在这两个区域,其原因可能在这两个区域附近有重大赛事或商业活动而导致了交通管制。根据出租车行车路线的变化来捕捉城市交通异常情况,并进一步结合社交网络如微信中提取的热词来进一步分析异常的原因,就能够对某些突发事件作出预判,进而采取应急措施,避免或降低突发事件造成的危害。

主要参考文献

《马克思恩格斯选集》第 1 卷,人民出版社 2012 年版。

《马克思恩格斯选集》第 3 卷,人民出版社 2012 年版。

《马克思恩格斯文集》第 5 卷,人民出版社 2009 年版。

《马克思恩格斯文集》第 10 卷,人民出版社 2009 年版。

《马克思恩格斯全集》第 3 卷,人民出版社 2002 年版。

《邓小平文选》第 3 卷,人民出版社 1993 年版。

《江泽民文选》第 3 卷,人民出版社 2006 年版。

习近平:《决胜全面建成小康社会　夺取新时代中国特色社会主义伟大胜利——在中国共产党第十九次全国代表大会上的报告》,人民出版社 2017 年版。

习近平:《之江新语》,浙江人民出版社 2007 年版。

《十五大以来重要文献选编》(中),人民出版社 2001 年版。

《十六大以来重要文献选编》(上),中央文献出版社 2005 年版。

《十八大以来重要文献选编》(上),中央文献出版社 2014 年版。

《习近平关于社会主义社会建设论述摘编》,中央文献出版社 2017 年版。

《中共中央关于制定国民经济和社会发展第十三个五年规划的建议》,《求是》2015 年第 22 期。

《国家新型城镇化规划(2014—2020 年)》,《人民日报》2014 年 3 月 17 日。

《国务院关于进一步推进户籍制度改革的意见》,《人民日报》2014 年 7 月 31 日。

《国务院关于深入推进新型城镇化建设的若干意见》,《人民日报》2016

年2月7日。

《中共中央国务院关于进一步加强城市规划建设管理工作的若干意见》，《人民日报》2016年2月22日。

《中共中央国务院关于建立健全城乡融合发展体制机制和政策体系的意见》，《人民日报》2019年5月6日。

习近平：《关于〈中共中央关于全面深化改革若干重大问题的决定〉的说明》，《求是》2013年第22期。

习近平：《辩证唯物主义是中国共产党人的世界观和方法论》，《求是》2019年第1期。

习近平：《在省部级主要领导干部学习贯彻党的十八届五中全会精神专题研讨班上的讲话》，《人民日报》2016年5月10日。

《习近平在中共中央政治局第二十二次集体学习时强调健全城乡发展一体化体制机制让广大农民共享改革发展成果》，《人民日报》2015年5月2日。

李克强：《协调推进城镇化是实现现代化的重大战略选择》，《行政管理改革》2012年第11期。

国家统计局：《中华人民共和国2018年国民经济和社会发展统计公报》，《人民日报》2019年3月1日。

国家统计局：《2014年全国农民工监测调查报告》，《中国信息报》2015年4月30日。

国家统计局：《2015年农民工监测调查报告》，《中国物流与采购》2016年第10期。

国家统计局：《2016年农民工监测调查报告》，2017年4月28日。

《城市规划基本术语标准》，中国建筑工业出版社1999年版。

潘家华等：《中国城市发展报告》，社会科学文献出版社2010年版。

[美]阿瑟·奥莎利文：《城市经济学》，周京奎译，北京大学出版社2008年版。

潘家华等：《农业转移人口的市民化》，社会科学文献出版社2013年版。

覃国慈：《社会转型期的农村留守问题研究》，湖北科学技术出版社2014年版。

王成新等:《结构解读与发展转型:中国城市化综合思辨》,人民出版社2017年版。

王格芳等:《科学发展观视角下的城镇化研究》,山东大学出版社2007年版。

陈丽华、张卫国:《中国新型城镇化包容性发展的路径选择——基于城镇化的国际经验比较与启示》,《世界农业》2015年第8期。

陈炎兵:《我国新型城镇化理论创新取得新突破》,《中国经贸导刊》2017年第11期。

陈彦光、张莉:《信阳城市人口—城区用地异速生长分析》,《地理科学进展》2014年第8期。

陈彦光、余斌:《异速生长定律与城市郊区化的分维刻画》,《华中师范大学学报(自然科学版)》2004年第3期。

陈雯等:《城市群区域一体化与旅游共享合作机制——长三角的经验借鉴》,《热带地理》2017年第6期。

崔学刚等:《新型城镇化背景下我国城市贫困问题及对策研究》,《宏观经济管理》2015年第7期。

第三期中国妇女社会地位调查课题组:《第三期中国妇女社会地位调查主要数据报告》,《妇女研究论丛》2011年第6期。

丁琳琳等:《新型城镇化背景下失地农民福利变化研究》,《中国人口·资源与环境》2017年第3期。

段爱明:《城镇化与农村经济发展关系研究综述》,《武汉金融》2001年第8期。

冯奎:《从三个时间段看“十二五”城镇化》,《经济要参》2012年第37期。

辜胜阻:《中国二元城镇化战略构想》,《中国软科学》1995年第6期。

[美]顾定国:《乡村都市化:香港、广州和珠江三角洲》,李长虹译,《广州研究》1988年第12期。

傅晨、任辉:《农业转移人口市民化背景下农村土地制度创新的机理》,《经济学家》2014年第3期。

高磊:《农民工市民化的障碍及实现途径》,《中共银川市委党校学报》

2018 年第 2 期。

胡必亮:《关于城市化与小城镇的几个问题》,《唯实》2000 年第 1 期。

黄学贤、吴志红:《建国以来我国农村的城镇化进程——兼论行政规划的发展》,《东方法学》2010 年第 4 期。

洪银兴、陈雯:《城市化模式的新发展》,《经济研究》2000 年第 12 期。

贾高建:《社会整体视野中的城乡关系问题》,《中共中央党校学报》2007年第 2 期。

金兰、张秀娥:《以人为核心的新型城镇化实现路径》,《经济纵横》2015年第 12 期。

晋军:《结构的力量:"泰坦尼克号"上的生与死》,《读书》2016 年第 8 期。

荆宝洁:《城市规划矛盾引发"超级城市病"》,《今日国土》2011 年第2 期。

李圣军:《城镇化模式的国际比较及其对应发展阶段》,《改革》2013 年第3 期。

李为、伍世代:《城镇化发展国际比较:经验及镜鉴》,《发展研究》2015 年第 5 期。

李晓林等:《交通用地的高效利用与城市可持续发展》,《北京师范大学学报(社会科学版)》2007 年第 2 期。

黎力:《城市贫困问题分析及反贫困的对策研究》,《才智》2012 年第20 期。

林存银、褚宏启:《城乡教育一体化及其制度保障》,《教育科学研究》2011年第 5 期。

刘继生、陈彦光:《山东省城市人口—城区面积的异速生长特征探讨》,《地理科学》2005 年第 2 期。

刘建春:《打好新型城镇化攻坚战必须以人为本》,《中外企业家》2016 年第 19 期。

刘通:《"十一五"期间提高城市水资源承载能力的思考》,《经济研究参考》2006 年第 77 期。

刘望辉:《新型城镇化背景下农民工市民化:现状、困境与对策》,《理论园地》2014 年第 29 期。

刘志军：《论城市化定义的嬗变与分歧》，《中国农村经济》2004 年第 7 期。

牛永辉：《乡村振兴视域下农民工返乡创业的动因、困境及对策研究》，《内蒙古农业大学学报（社会科学版）》2018 年第 1 期。

彭焕才：《新型城镇化"以人为核心"的内涵与路径》，《中央社会主义学院学报》2015 年第 5 期。

曲苒、倪晓莉：《农村留守妇女家庭关系、消极情感对生活满意度的影响：有调节的中介模型》，《中国临床心理学杂志》2016 年第 2 期。

全国妇联课题组：《全国农村留守儿童城乡流动儿童状况研究报告》，《中国妇运》2013 年第 6 期。

沈越：《走有中国特色的城市化道路——新世纪我国城镇化战略刍议》，《中国特色社会主义研究》2001 年第 3 期。

盛广耀：《关于城市化模式的理论分析》，《江淮论坛》2012 年第 1 期。

唐玉英：《失地农民问题产生的原因及对策》，《现代农业科技》2012 年第 14 期。

唐子来等：《"美好城市"VS"城市病"》，《城市规划》2012 年第 1 期。

田国良：《解决我国农村贫困问题的出路》，《改革与理论》1997 年第 1 期。

王成新、王波涛：《基于结构视角的中国人口城市化与土地城市化异速增长研究》，《中国人口·资源与环境》2016 年第 8 期。

王道勇：《失地农民问题的对策：理念更新与制度变革》，《中共中央党校学报》2006 年第 10 期。

王格芳：《科学发展对中国新型城镇化的内在要求》，《理论学刊》2013 年第 10 期。

王格芳：《建设共享城市：新时代以人为本新型城镇化的必由之路》，《理论学刊》2018 年第 1 期。

王格芳：《我国快速城镇化中的"城市病"及其防治》，《中共中央党校学报》2012 年第 10 期。

王潇谊、赵玉佩:《解决农村"三留守"问题的关键探析》,《农村经济与科技》2017 年第 6 期。

王云航:《关于农村留守妇女生态权益保障研究综述》,《环境与可持续发展》2016 年第 1 期。

魏后凯:《坚持以人为核心推进新型城镇化》,《中国农村经济》2016 年第 10 期。

魏后凯、苏红键:《中国农业转移人口市民化进程研究》,《中国人口科学》2013 年第 5 期。

吴庆华:《共享街区:城市空间治理的实践原则与路径》,《理论导刊》2017 年第 7 期。

吴晁:《警惕:中国"大城市病"愈演愈烈——问诊中国"大城市病"(上篇)》,《生态经济》2011 年第 5 期。

吴晁:《大城市:拿什么拯救你?——问诊中国"大城市病"(下篇)》,《生态经济》2011 年第 6 期。

项继权:《城镇化的"中国问题"及其解决之道》,《华中师范大学学报(人文社会科学版)》2011 年第 1 期。

肖庆华:《农民工子女就学政策的演变、困境和趋势》,《学术论坛》2013 年第 10 期。

谢扬:《中国城镇化战略发展研究》,《城市规划》2003 年第 2 期。

辛章平:《中国城乡二元结构的演变与应有的方向》,《黑龙江社会科学》2011 年第 2 期。

杨世松:《刷新"农村城市化"概念》,《决策探索(下半月)》2008 年第 2 期。

杨雪林:《城镇化进程中失地农民再就业途径研究》,《农业经济》2014 年第 12 期。

张传文:《中国集体城市病:谁在掌控城市?》,《中国减灾》2011 年第 10 期。

张海敏、贾津生:《中国城市"贫民窟"形成的潜在压力及阻断机制分析》,《云南师范大学学报(哲学社会科学版)》2006 年第 4 期。

张桂文:《推进以人为核心的城镇化促进城乡二元结构转型》,《当代经济研究》2014 年第 3 期。

张许颖、黄匡时:《以人为核心的新型城镇化的基本内涵、主要指标和政策框架》,《中国人口·资源与环境》2014 年第 S3 期。

张占斌:《新型城镇化的战略意义和改革难题》,《国家行政学院学报》2013 年第 1 期。

赵任植:《首尔共享城市:依托共享解决社会与城市问题》,《景观设计学》2017 年第 3 期。

周加来:《"城市病"的界定、规律与防治》,《中国城市经济》2004 年第 2 期。

周天勇、张弥:《城乡二元结构下中国城市化发展道路的选择》,《财经问题研究》2011 年第 3 期。

朱红根等:《城镇化发展的国际经验及其借鉴》,《农村经济》2005 年第 11 期。

周晓唯、魏召君:《我国农民工市民化存在的问题及解决途径》,《四川理工学院学报》2011 年第 4 期。

周小刚:《中国人口城市化的理论阐述与政策选择》,《江西社会科学》2009 年第 12 期。

鲍晓倩:《早日走出"垃圾围城"的困境》,《经济日报》2012 年 5 月 30 日。

陈柳钦:《以"健康城市"理念化解"城市病"》,《中国社会科学报》2011 年 9 月 15 日。

党国英:《正确认识"城镇化"》,《北京日报》2010 年 3 月 1 日。

顾德伟:《新闻背景:世界城市化的发展》,《国际商报》2000 年 7 月 5 日。

顾仲阳等:《城镇化不是"造城运动"》,《人民日报》2013 年 3 月 10 日。

胡必亮:《城镇化道路适合中国发展》,《南方周末》2003 年 8 月 7 日。

霍桃:《环境保护部发布〈2011 年中国环境状况公报〉》,《中国环境报》2012 年 6 月 5 日。

梁嘉琳:《报告称全球 10 大空气污染城市 7 个在中国》,《经济参考报》2013 年 1 月 15 日。

陆娅楠：《二〇一九年新型城镇化建设重点任务明确》，《人民日报》2019年4月9日。

欧阳彪：《城镇化的要义是转变生产方式》，《中国经济导报》2005年5月21日。

任远：《从"乡土中国"到"流动中国"》，《解放日报》2014年1月24日。

任仲平：《越是文明进步，越要崇尚节约——论加快建设节约型社会》，《人民日报》2007年5月28日。

陶希东：《共享城市：城市规划的未来趋势》，《学习时报》2016年11月7日。

唐黎明：《城市病源于战略眼光的欠缺》，《社会科学报》2010年12月16日。

屠启宇：《改善管理迎战"城市病"》，《中国教育报》2012年4月5日。

王德学：《大力推进城市安全发展》，《人民日报》2012年5月19日。

王栋琳：《城镇化不能演变成"造城运动"》，《中国证券报》2012年12月6日。

关信平：《击碎贫困不要城市贫民窟》，《21世纪经济报道》2003年1月29日。

叶子：《城镇化是个"天大的问题"》，《中国青年报》2011年5月23日。

张丽敏：《以全面小康为目标加快城乡一体化进程》，《中国经济时报》2015年9月15日。

张然：《大城市步入"城市病"爆发期》，《京华时报》2012年2月10日。

陈冲：《基于公共政策视角下我国农村留守问题分析》，武汉科技大学硕士学位论文，2002年。

何绍田：《制度创新推动中国珠三角新型城镇化研究》，武汉大学博士学位论文，2014年。

黄耀冬：《城乡一体化背景下的社会保障制度整合与优化研究》，中国社会科学院研究生院博士学位论文，2017年。

刘鹏：《全面深化改革视域下的新型城镇化建设研究》，南京师范大学硕士学位论文，2017年。

罗松华:《基于以人为本的中国新型城镇化道路研究》,武汉大学博士学位论文,2014 年。

齐大伟:《"以人为本"视角下的新型城镇化建设研究》,西南科技大学硕士学位论文,2016 年。

王素斋:《科学发展观视域下中国新型城镇化发展模式研究》,南开大学博士学位论文,2014 年。

王格芳:《科学发展观视域下的中国城镇化战略研究》,山东师范大学博士学位论文,2013 年。

朱孔芬:《"以人为本"视角下的中国城镇化问题研究》,中共山东省委党校硕士学位论文,2014 年。

后　记

正值中秋收获季节，该书写作也终于完成。在该书即将付梓之际，我最想表达的是浓浓的感谢之情。

一是要感谢这个伟大的时代。正如习近平总书记在党的十九大报告中所指出，"经过长期努力，中国特色社会主义进入了新时代"。"近代以来久经磨难的中华民族迎来了从站起来、富起来到强起来的伟大飞跃，迎来了实现中华民族伟大复兴的光明前景"。我们有幸处在这个伟大的时代，有幸研究以人为核心的新型城镇化道路这个时代课题。如果该书能够为中华民族伟大复兴中国梦的实现做点贡献，那么我们所有的创作辛苦都会甘之若饴。

二是要感谢该书的创作团队成员。作为集体智慧的成果，该书凝结着大家的辛勤汗水。各章的主要执笔人分别是：王格芳、朱孔芬（第一章），王成新、郝兆印（第二、三章），郭振宗（第四章），张登国（第五章），卓惠萍（第六章），王格芳（第七章），陈晓红（第八章），彭松森（第九章），陈秀红（第十章），成长群（第十一章），杜艮之（第十二章）。在协作攻关过程中，大家不仅提升了学术水平，更增进了深厚友谊。这份经历和友谊弥足珍贵。

三是要感谢该书的编辑人员。他们提出了宝贵的指导意见，付出了大量艰辛的劳动，保障了该书的顺利诞生。他们的所有辛苦都放在了幕后，把一切荣耀都给了我们。这份感恩之情，我们永远铭记在心。

四是要感谢我所在的单位中共山东省委党校。这是一个温暖向上的大家庭，给了我们最大的正能量。学校的创新工程支撑项目，也为该书的出版提供了支持。

路漫漫其修远兮。限于作者水平,书中错误难免,敬请读者批评、指正。您的每一个建议,都是我"上下求索"的动力。让我们携手共进,为深化以人为核心的新型城镇化道路研究贡献智慧和力量!

王格芳

2019 年 9 月

责任编辑:毕于慧

封面设计:姚 菲

版式设计:王 婷

图书在版编目(CIP)数据

以人为核心的新型城镇化道路研究/王格芳 等 著. —北京:人民出版社,2020.1
ISBN 978－7－01－021702－4

Ⅰ.①以… Ⅱ.①王… Ⅲ.①城市化-研究-中国 Ⅳ.①F299. 21

中国版本图书馆 CIP 数据核字(2020)第 005406 号

以人为核心的新型城镇化道路研究

YI REN WEI HEXIN DE XINXING CHENGZHENHUA DAOLU YANJIU

王格芳 等 著

人民出版社 出版发行

(100706 北京市东城区隆福寺街 99 号)

天津文林印务有限公司印刷 新华书店经销

2020 年 1 月第 1 版 2020 年 1 月第 1 次印刷
开本:710 毫米×1000 毫米 1/16 印张:17. 5
字数:270 千字

ISBN 978－7－01－021702－4 定价:55.00 元

邮购地址 100706 北京市东城区隆福寺街 99 号
人民东方图书销售中心 电话 (010)65250042 65289539

版权所有·侵权必究
凡购买本社图书,如有印制质量问题,我社负责调换。
服务电话:(010)65250042